高等院校"十二五"规划教材

实用办公自动化技术

主　编　邱　林

副主编（按姓氏笔画排列）

　　　　王宝权　叶　蓉　许立莺　何　锴
　　　　陆学松　郑金权　居再宏　顾晓梅

苏州大学出版社

图书在版编目(CIP)数据

实用办公自动化技术/邱林主编. —苏州：苏州大学出版社，2012.9(2016.1重印)
高等院校"十二五"规划教材
ISBN 978-7-5672-0255-9

Ⅰ.①实… Ⅱ.①邱… Ⅲ.①办公自动化-高等学校-教材 Ⅳ.①C931.4

中国版本图书馆CIP数据核字(2012)第220244号

书　　名：	实用办公自动化技术
主　　编：	邱　林
责任编辑：	杨　华
封面设计：	刘　俊
出版发行：	苏州大学出版社(Soochow University Press)
社　　址：	苏州市十梓街1号　邮编：215006
印　　装：	虎彩印艺股份有限公司
网　　址：	http://www.sudapress.com
E - mail：	yanghua@suda.edu.cn
邮购热线：	0512-67480030
销售热线：	0512-65225020
开　　本：	787mm×1092mm　1/16　印张：16.25　字数：406千
版　　次：	2012年9月第1版
印　　次：	2016年1月第3次印刷
书　　号：	ISBN 978-7-5672-0255-9
定　　价：	29.00元

凡购本社图书发现印装错误，请与本社联系调换。服务热线：0512-65225020

前 言

本书根据作者对文科类毕业生在企事业单位工作情况的调研,结合作者多年从事办公自动化课程教学的体会进行编写,系统地介绍了办公自动化的基本理论知识,以及微博、多功能一体机、iPad和网络视频会议等新技术、新方法和新设备在办公中的应用。

全书共11章。第1章介绍办公自动化的基本知识;第2—6章重点介绍办公中文字、数据、图像和声音的处理方法,以及办公中演示文稿的制作;第7—10章介绍办公中的桌面信息管理,办公局域网的组建与运用,办公中的因特网资源应用,办公中的网络视频会议及其实现;第11章介绍常见办公自动化设备的使用与维护等。

对于具有一定计算机操作基础的读者来说,通过本书的学习,可以进一步提高办公实践操作技能,逐步达到熟练使用IT工具分析和解决办公业务中的实际问题。

本书为苏州大学出版社高等院校"十二五"规划教材,主要可作为外语类、文秘类、管理类、财经类等文科专业办公自动化课程的教材或教学参考书。本书的出版得到了扬州大学出版基金的资助。

由于编者水平有限,再加上办公自动化的理论与现代办公技术的飞速发展,书中难免有疏漏和不当之处,敬请读者批评指正。编者的电子邮箱为 yzqiulin@hotmail.com。

编　者
2012年9月

目录

第1章 办公自动化的基础知识

1.1 办公自动化的概念 /1
    1.1.1 季斯曼定义 /1
    1.1.2 我国专家定义 /2
    1.1.3 办公自动化学科定义 /2

1.2 办公自动化的发展 /2
    1.2.1 国外办公自动化的发展 /3
    1.2.2 我国办公自动化的发展 /3
    1.2.3 未来办公自动化的发展 /4

1.3 办公自动化系统的构成 /6
    1.3.1 办公自动化系统的层次 /6
    1.3.2 办公自动化系统的组成 /8
    1.3.3 办公自动化系统的功能 /10

1.4 办公自动化的关键技术 /11
    1.4.1 数据处理技术 /11
    1.4.2 文字处理技术 /11
    1.4.3 语音处理技术 /12
    1.4.4 图形图像处理技术 /12
    1.4.5 网络通信技术 /12
    1.4.6 决策支持技术 /12

1.5 办公自动化系统的安全与保密 /13
    1.5.1 办公自动化系统安全概述 /13
    1.5.2 办公自动化系统保密 /14
    1.5.3 影响办公自动化系统安全与保密的因素 /15
    1.5.4 办公自动化系统安全要求 /15
    1.5.5 办公自动化系统安全政策 /17

习题1 /18

第2章 办公中的文字处理

2.1 公文处理工作概述 /19

2.2　常用文字处理软件介绍　/ 20
2.3　一般公文的制作流程及其公文向导应用　/ 21
　　2.3.1　公文的制作流程　/ 21
　　2.3.2　利用 Word 公文向导制作"通知"　/ 22
2.4　公文编辑处理技巧　/ 24
　　2.4.1　使用 Word 制作较复杂的长文档　/ 24
　　2.4.2　PDF 格式文档的制作和使用　/ 31
习题 2　/ 35

第 3 章　办公中的数据处理

3.1　利用 Excel 进行数据分析与处理概述　/ 41
3.2　数据库表的建立　/ 41
　　3.2.1　建立人力资源管理数据库框架　/ 41
　　3.2.2　员工编号列的自动序列填充　/ 42
　　3.2.3　性别、出生年月日、年龄的自动填充功能设置　/ 43
　　3.2.4　采用"记录单"录入信息　/ 44
3.3　数据分析与处理　/ 44
　　3.3.1　对员工信息表内容进行排序　/ 44
　　3.3.2　对员工信息表内容进行筛选　/ 46
　　3.3.3　对员工信息表中的数据进行分类汇总　/ 49
　　3.3.4　对员工信息表进行数据透视分析　/ 50
习题 3　/ 53

第 4 章　办公中的音频处理

4.1　音频技术的基本知识　/ 56
　　4.1.1　音频的基本概念　/ 56
　　4.1.2　音频技术的硬件知识　/ 57
　　4.1.3　音频数字化及编码　/ 58
　　4.1.4　音频文件的格式　/ 61
4.2　音频的处理方法　/ 62
　　4.2.1　音频录制　/ 62
　　4.2.2　音频文件的压缩　/ 62
　　4.2.3　音频文件格式的转换　/ 63
　　4.2.4　音频的其他处理　/ 63
　　4.2.5　音频在办公中的应用实例　/ 64
4.3　常用的音频处理软件　/ 64
　　4.3.1　Windows 录音机　/ 64
　　4.3.2　Windows 媒体播放器　/ 65
　　4.3.3　RealPlayer 播放器　/ 66

    4.3.4　Cool Edit 音频编辑软件　/ 67
  习题 4　/ 79

第 5 章　办公中的图片与视频处理
  5.1　办公中的图片处理技术　/ 80
    5.1.1　图片　/ 80
    5.1.2　图像素材的获取　/ 82
    5.1.3　图像素材的处理　/ 85
  5.2　办公中的视频处理技术　/ 92
    5.2.1　关于视频的相关简介　/ 92
    5.2.2　视频的获取与格式转换　/ 93
    5.2.3　视频的处理　/ 96
  习题 5　/ 101

第 6 章　办公中的演示文稿制作
  6.1　PowerPoint 演示文稿及其制作术语　/ 102
    6.1.1　PowerPoint 概念　/ 102
    6.1.2　PowerPoint 演示文稿制作术语　/ 102
  6.2　演示文稿的创建　/ 103
    6.2.1　建立演示文稿的基本步骤　/ 103
    6.2.2　快速创建演示文稿框架　/ 103
    6.2.3　幻灯片中文字的编排　/ 107
    6.2.4　演示文稿中各种对象的添加　/ 109
  6.3　办公中演示文稿的应用　/ 112
    6.3.1　对象的缩放、复制、移动、删除　/ 113
    6.3.2　幻灯片的复制、移动、删除　/ 113
    6.3.3　演示文稿模板的更换和设计　/ 114
    6.3.4　幻灯片版式的更新　/ 114
    6.3.5　幻灯片背景的修改　/ 114
    6.3.6　幻灯片配色方案的修改　/ 115
    6.3.7　演示文稿母版的设计　/ 116
    6.3.8　页眉和页脚的添加　/ 117
    6.3.9　演示文稿的放映　/ 117
    6.3.10　演示文稿的显示与打印　/ 122
    6.3.11　演示文稿的其他常用操作　/ 124
  习题 6　/ 126

第 7 章　办公中的桌面信息管理
  7.1　桌面信息管理　/ 128

7.1.1　管理日程　/129
　　　7.1.2　安排会议　/129
　7.2　桌面管理软件介绍　/130
　　　7.2.1　界面总体介绍　/130
　　　7.2.2　主要功能预览　/130
　7.3　电子邮件的使用　/136
　　　7.3.1　设置电子邮件帐户和目录　/136
　　　7.3.2　电子邮件使用注意事项　/144
　7.4　日记和便笺的使用　/145
　　　7.4.1　日记的使用　/145
　　　7.4.2　便笺的使用　/146
习题7　/147

第8章　办公局域网的组建与运用

　8.1　计算机网络的基础知识　/148
　　　8.1.1　计算机网络的含义　/148
　　　8.1.2　计算机网络的功能　/148
　　　8.1.3　计算机网络的分类　/149
　　　8.1.4　计算机网络的拓扑结构　/151
　　　8.1.5　计算机网络中的基本硬件设备及通信协议　/152
　8.2　办公局域网的组建　/154
　　　8.2.1　软硬件的准备与安装　/154
　　　8.2.2　网络配置　/155
　　　8.2.3　设置计算机的网络标识　/156
　8.3　办公局域网网上资源的共享　/158
　　　8.3.1　设置共享文件夹　/158
　　　8.3.2　设置共享设备　/160
　　　8.3.3　搜索和访问网上计算机　/161
　　　8.3.4　映射网络驱动器　/162
　8.4　办公局域网常见故障的处理　/162
　　　8.4.1　故障分类　/163
　　　8.4.2　ping命令检查网络故障　/163
　　　8.4.3　网卡故障　/164
　　　8.4.4　双绞线故障　/165
　　　8.4.5　交换机故障　/165
习题8　/165

第9章　办公中的因特网资源应用

　9.1　因特网基础及其在办公中的应用　/167

9.1.1　因特网概述　/ 167
　　9.1.2　IP 地址和域名　/ 167
　　9.1.3　内部网（Intranet）概述　/ 169
　　9.1.4　网间网（Extranet）概述　/ 169
　　9.1.5　因特网在现代办公中的应用　/ 170
　　9.1.6　因特网的接入方式与实现技术　/ 171
9.2　网上信息的浏览与保存　/ 175
　　9.2.1　浏览网页　/ 175
　　9.2.2　搜索信息　/ 176
　　9.2.3　收藏网页　/ 178
　　9.2.4　保存网页内容　/ 179
　　9.2.5　打印网页内容　/ 180
9.3　IE 浏览器的设置　/ 182
　　9.3.1　主页的设置　/ 182
　　9.3.2　临时文件夹的设置　/ 182
　　9.3.3　代理服务器的设置　/ 183
　　9.3.4　网络安全措施的设置　/ 185
　　9.3.5　IE 浏览器的其他设置　/ 187
9.4　微博在办公中的应用　/ 189
　　9.4.1　微博的概念　/ 189
　　9.4.2　微博的特点　/ 190
　　9.4.3　微博在电子政务中的运用　/ 190
　　9.4.4　微博在企业传播中的运用　/ 191
　　9.4.5　微博的申请与使用　/ 192
习题 9　/ 197

第 10 章　办公中的网络视频会议及其实现

10.1　网络视频会议简介　/ 198
　　10.1.1　网络视频会议的概念　/ 198
　　10.1.2　网络视频会议的典型应用　/ 198
　　10.1.3　网络视频会议的优势分析　/ 199
　　10.1.4　网络视频会议的性能要求　/ 199
　　10.1.5　网络视频会议系统的组成结构　/ 200
10.2　NetMeeting 软件及其功能　/ 200
10.3　利用 NetMeeting 实现网络视频会议　/ 200
　　10.3.1　利用 NetMeeting 实现网络视频会议的工作流程　/ 201
　　10.3.2　NetMeeting 服务器的设置　/ 201
　　10.3.3　NetMeeting 客户端的设置　/ 202
　　10.3.4　NetMeeting 的基本操作　/ 206
习题 10　/ 213

第 11 章　办公自动化设备的使用与维护

11.1　办公自动化设备的概念　/ 214
 11.1.1　办公自动化设备的定义　/ 214
 11.1.2　办公自动化设备的分类　/ 214
 11.1.3　办公自动化设备的发展　/ 215

11.2　多功能一体机　/ 216
 11.2.1　多功能一体机的基本知识　/ 216
 11.2.2　多功能一体机的构造与操控面板　/ 217
 11.2.3　多功能一体机的使用　/ 218
 11.2.4　多功能一体机的维护与保养　/ 220

11.3　投影机　/ 223
 11.3.1　投影机的性能指标　/ 223
 11.3.2　投影机的种类　/ 223
 11.3.3　投影机的使用　/ 225
 11.3.4　投影机的保养　/ 227

11.4　数码照相机　/ 228
 11.4.1　数码照相的基本知识　/ 228
 11.4.2　数码照相机的使用　/ 230
 11.4.3　数码照片的存储　/ 231
 11.4.4　数码照相机的维护与保养　/ 231

11.5　平板电脑　/ 234
 11.5.1　平板电脑的优势　/ 235
 11.5.2　平板电脑的分类　/ 235
 11.5.3　iPad 平板电脑简介　/ 235
 11.5.4　iPad 平板电脑在商务办公中的运用　/ 238

11.6　其他办公设备　/ 240
 11.6.1　网络存储器　/ 240
 11.6.2　移动存储设备　/ 241
 11.6.3　考勤机　/ 243
 11.6.4　交互式电子白板　/ 244

习题 11　/ 246

主要参考文献　/ 247
主要参网站　/ 247

第1章 办公自动化的基础知识

办公自动化(Office Automation)是将现代化办公和计算机网络功能结合起来的一种新型办公方式,是当前新技术革命中的一个技术应用领域,属于信息化社会的产物。办公自动化于20世纪70年代首先在工业发达的国家兴起,20世纪80年代在我国开始创建并初见成效。本章讲述办公自动化的基本概念、办公自动化的产生与发展、办公自动化系统的构成、办公自动化的关键技术及办公自动化系统的安全与保密。

1.1 办公自动化的概念

办公自动化作为一个术语,最早提出这一概念的人是美国通用汽车公司的职员D. S. 哈特,他在1936年提出了"办公室自动化"的建议和构想。不同单位对办公自动化有不同的要求,不同的时期也会有不同的办公自动化标准。目前较具权威的定义有如下两个。

1.1.1 季斯曼定义

20世纪70年代,美国麻省理工学院季斯曼(M. C. Zisman)教授对办公自动化作了如下的定义:办公自动化是将计算机技术、通信技术、系统科学及行为科学应用于传统的数据处理难以进行、数据庞大且结构不明确、包括非数值型信息的办公事务处理的一项综合技术。这里所说的"数据庞大且结构不明确"的办公事务,实际上就是指通常的办公活动内容。具体包括:

(1) 书面信息的生成与处理,如文件起草、图表编制、公文批阅、资料整理、相关记录、照片摄影等。

(2) 书面信息的传递与管理,如电子邮件、网络传输、传真及文件资料的收发、保存、复制、检索等。

(3) 口头信息的生成与处理,如开会、请示、汇报、指示、谈话、报告、讨论等。

(4) 口头信息的传递与管理,如视频、电话、录音、广播等。

(5) 办公时间的安排,如日程表编制、工作计划制订、拟订会议程序等。

(6) 办公资源的运用,如时间安排、设施(会议室、音响系统、视频系统和摄影摄像器材等)的调度与计划执行、检查等。

季斯曼教授的说法在一定程度上反映了办公自动化的本质属性,已被许多学者所接受。

1.1.2 我国专家定义

20世纪80年代中期,我国专家在第一次全国办公自动化规划讨论会上提出的定义为:办公自动化是利用先进的科学技术,不断地使人的一部分办公业务活动物化于人以外的各种设备中,并由这些设备与办公人员构成服务于某种目标的人机信息处理系统,其目的是尽可能充分地利用信息资源,提高生产率,工作效率和质量,辅助决策,求取更好的效果以达到既定(即经济、政治、军事或其他方面的)目标。

在现阶段,办公自动化的支持理论是行为科学、管理科学、社会学、系统工程学、人机工程学等,其直接利用的技术是计算机技术、通信技术、自动化技术等。一般来说,一个比较完善的办公自动化系统,应包括信息采集、信息加工、信息传输、信息保存这四个基本环节,其核心任务是向它的主人(各领域、各层次的办公人员)提供所需运用的信息。

办公自动化的定义还在发展中,包括它的名称也叫法不一,有的叫做办公自动化,有的称为办公自动化系统、办公信息系统等。2002年,国务院发展研究中心邓寿鹏提出:办公设备 + 自动化 = 办公自动化,办公自动化 + 系统化 = OIS,OIS + 网络 = EG/EB(E-Government/E-Business)。

我们可以看到办公自动化理论和实践在不断发展,从政府到企事业单位,人们对办公自动化始终有着巨大的需求,而这些正是办公自动化这门学科兴旺发展的动力所在。

1.1.3 办公自动化学科定义

从我国专家给办公自动化的定义不难看出,办公自动化强调如下特点:
(1)利用先进的、综合的科学技术和现代化的办公设备。
(2)办公人员和办公设备构成人机信息系统。
(3)办公自动化的目的是要提高办公效率,改进办公质量。

现在人们已经普遍接受了办公自动化是一门正在发展的综合性学科的观点,于是可以这样定义:办公自动化是以管理科学为前提,以行为科学为主导,以系统科学为理论基础,把行为科学、社会学、人机工程学、系统工程学、决策学等多门社会科学与技术科学结合在一起,综合运用计算机技术、通信技术和自动化技术等,来研究如何实现各项办公业务自动化的一门文理交叉型的综合性学科。由此,办公自动化理论体系就必然包括办公自动化理论基础和技术支撑、办公自动化系统软硬件环境及系统建设等内容。

1.2 办公自动化的发展

现代意义上的办公自动化是20世纪70年代后期在美国形成的。办公自动化系统的产生与发展主要来自以下两个方面的推动。

第一,进入20世纪70年代,随着工厂自动化的推进,发达国家的生产效率迅速提高,办公系统出现了明显的不适应。于是,人们开始关注办公信息处理手段的变革。

第二,20世纪80年代初,微电子、计算机、通信三大技术迅猛发展并相互结合,为办公自动化的发展提供了技术手段。以微处理芯片为核心的各种新式办公机器的问世,新的通信媒体的涌现,计算机通信网络的发展,推动了办公自动化系统的应用与发展。

1.2.1 国外办公自动化的发展

美国是推行办公自动化最早的国家,其发展大致经历了四个阶段。

1. 单机设备应用阶段(1975年以前)

主要是在办公室工作中使用文字处理机、复印机、传真机等设备,以完成单项办公业务处理,支持事务处理类工作。

2. 局域网阶段(1975—1982年)

主要是以计算机和程控交换机为中心,利用局域网将各种设备连接起来,实现部分业务处理的自动化。

3. 一体化阶段(1983—1990年)

即综合利用各种技术与设备,如计算机、多功能工作站、传真机、缩微设备、专用或公用的通信网络等,建立集成化、一体化的办公自动化网络,实现办公业务综合管理的自动化。1984年1月,美国康涅狄格州哈特福特市,将一幢旧金融大厦进行改建,定名为"都市办公大楼"(City Place Building),用计算机统一控制空调、电梯、供电配电、防火防盗系统,并为客户提供语音通信、文字处理、电子邮政、市场行情查询、情报资料检索、科学计算等多方面的服务,成为世界上公认的第一幢智能大厦。

4. 智能化运用阶段(20世纪90年代以后)

办公自动化系统进入了一个新阶段。光存储设备、智能化办公机器、语音处理设备与图形图像处理设备进入了运用阶段,成为办公自动化系统的重要组成部分。特别是1993年9月,美国正式宣布了"国家信息基础设施"计划,以光纤网技术为先导,谋求实现政府机关、科研院所、学校、企业、商店乃至家庭之间的多媒体信息传输,使得办公系统与其他信息系统结合在一起,形成一个高度自动化、综合化、智能化的办公环境。内部网可以和其他同域或广域网相连,以获取外部信息源产生的各种信息,更高效地满足高层办公人员、企业人员的信息需求,达到辅助决策的目的。

日本的办公自动化起步稍晚于美国。初期阶段(1979—1982年)主要是引入单机设备,实现文字处理、传真等单项业务的自动化。发展阶段(1983—1987年)的重点是实现办公机械化,推行各种办公业务管理方式的统一化与标准化,实现各种办公作业过程的自动化。1988年以后进入成熟期,实现了办公系统的一体化,使全部系统有机地结合起来。此阶段完成的日本东京都政府办公大楼是一座综合利用各种现代先进技术的智能大厦,代表了当代办公自动化的先进水平。目前,日本办公自动化系统的发展程度已与美国不相上下。

1.2.2 我国办公自动化的发展

虽然我国办公自动化工作开始于20世纪80年代初,但发展却十分迅猛,大致经历了以下三个阶段。

1. 第一阶段(20世纪80年代中期之前)

20世纪80年代初,世界性的新技术革命浪潮也对我国形成了冲击,管理现代化、决策科学化的重要性引起了各级领导的重视。在这一背景下,国内一批科技、信息工作者踊跃投身于办公自动化的理论研究与基本知识的传播,同时借鉴国外先进经验,与国外公司联合举办展览会、研讨会,并进行办公自动化技术与设备的引进。特别需要指出的是,计算机汉字信息处理技术突破性的进展,为办公自动化系统在我国的实用化铺平了道路。

1985年,国务院电子振兴领导小组成立办公自动化专业领导小组,拟定我国办公自动化的发展规划,确定有关政策,为全国办公自动化系统的初创与发展奠定了基础。

2. 第二阶段(20世纪80年代中期—20世纪90年代初期)

在有了比较充分准备的基础上,国务院及其所属各部委和各省级人民政府在国内率先推进办公自动化工作,对办公自动化系统在全国普及起到了促进作用。1987年10月,上海市政府办公信息自动化管理系统通过鉴定并取得了良好的效果,在全国具有一定的示范性。

在这一阶段,我国的单机应用水平与国外相近,并且鉴于此时国内通信设施落后的情况,着手对全国通信网络进行全面改造。

3. 第三阶段(20世纪90年代初期至今)

伴随着全球网络化的热潮和全国分组交换网投入使用,我国的办公自动化系统在20世纪90年代呈现出网络化、综合化的趋势。这一阶段有两个发展群体,一个是国家投资建设的经济、科研、银行、铁路、交通、气象、邮电、电力、能源、军事、公安及国家高层领导机关等12类大型信息管理系统,体系较为完整,具有相当的规模。其中,由国务院办公厅秘书局牵头的"全国行政首脑机关办公决策服务系统"于1992年启动,以国务院办公厅的计算机主系统为核心结点,覆盖全国省级和国务院主要部门的办公机构,已经取得了很大的进展,到1997年底初步实现全国行政首脑机关的办公自动化、信息资源化、传输网络化和管理科学化。另一个群体是各企业、各部门自行开发的或者是一些软件公司推出的商品化的办公自动化软件。这些软件往往侧重于几个主要功能,或者适合于某种规模,或者满足某些特殊需要,在一些中小型单位具有较大的市场。

我国办公自动化系统的发展,经历了与发达国家类似的过程。目前影响系统发展的因素,有些是系统内部的问题,如设备、技术水平等,有些则需要借助各级领导乃至全社会的努力。值得我们重视的因素有:①基础设施(如网络通信),②思想观念与工作作风,③特殊需求(如汉字输入问题)等。特别是目前我国处于经济转轨时期,管理体制、管理方法等还未稳定,这也影响我国办公自动化系统的设计、使用与发展。不过,相信这些问题会随着国家形势的发展、观念的转变及技术的进步逐步得到解决。

1.2.3 未来办公自动化的发展

1. 数字化

办公自动化的发展方向之一是数字化办公。所谓数字化办公,即几乎所有的办公业务都在网络环境下实现。从技术发展角度来看,特别是互联网技术的发展,在安全技术发展和软件理论发展的情况下,实现数字化办公是可能的。但从管理体制和工作习惯的角度来看,要实现全面的数字化办公尚需时日,原因有两点。首先,数字化办公必然冲击现有的管理体制,使现有管理体制发生变革,而管理体制的变革意味着权力和利益的重新分配;其次,管理人员原有的工作习惯和工作方式有很强的惯性,短时间内不易改变。尽管如此,全面实现数字化办公是办公自动化发展的必然趋势。

2. 人性化

传统的办公自动化功能比较单一,人们容易使用,随着功能的不断扩展,人们对功能的需求也不尽相同,这就要求系统必须具有人性化设计,能够根据不同人员的需要进行功能组合,将合适的功能放在合适的位置给合适的人员访问,实现真正的人本管理。

3. 无线化

利用新技术,使移动办公自动化协同应用成为未来增长点。信息终端应用正在全面推进融合,3G 无线移动技术在办公中的应用已经成为现实,这个融合了计算机技术、通信技术、互联网技术的移动设备将成为个人办公必备信息终端,在此载体上的移动办公自动化协同应用将是管理的巨大亮点,实现无处不在、无时不在的实时动态管理,这将给传统办公自动化带来重大飞跃。目前国内一些主流办公自动化软件企业正积极利用手机移动技术,移动办公、无线掌控将可信手拈来,随时随处可行。

4. 智能化

随着网络和信息时代的发展,人们在进行业务数据处理时,面对越来越多的数据,如果办公软件能帮助其做一些基本的商业智能(BI)分析工作,帮助其快速地从这些数据中发现一些潜在的商业规律与机会,提高工作绩效,将对其产生巨大的吸引力。微软 Office 2007 版本中已经提供了一些基本的商业智能的功能,如通过不同颜色显示数据的大小,按照进度条来反映数值的大小,等等。另外,办公软件还有一些其他的发展趋势,今后办公自动化软件本身将更加智能化,如可自定义邮件、短信规则,具有强大的自我修复功能,能进行人机对话,具有影视播放功能,可使界面更加绚丽多彩,等等。

5. 协同化

近年来不少企业都建立了自己的办公系统,并启用了财务管理软件,还陆续引入了进销存、ERP、SCM、HR、CRM 等系统,这些系统在提升企业效率和管理的同时,却也形成了各自为政的信息孤岛,无法形成整合效应来帮助企业更加高效管理及决策。因此,能整合各个系统、协同这些系统共同运作的集成软件成了大势所趋,将愈来愈受企业的欢迎。未来办公自动化将向协同办公平台大步前进。协同办公自动化系统能把企业中已存在的 MIS 系统、ERP 系统、财务系统等存储的企业经营管理业务数据集成到工作流系统中,使得系统界面统一、账户统一,业务间通过流程进行紧密集成,将来还有可能与电子政务中的公文流转、信息发布、核查审批等系统实现无缝集成协同。因此协同理念和协同应用将更多地被纳入办公自动化中,实现从传统办公自动化到现代协同办公自动化的转变。强调协同,不仅仅是办公自动化内部的协同,更应该是办公自动化与其他多种业务系统间的充分协同、无缝对接。

6. 通用化

20 世纪 90 年代初出现了"项目式开发办公自动化"及之后的"完全产品化办公自动化",但其满足用户"个性需求"、"适应性需求"和"低成本普及"方面则实在让人难以乐观,而"通用办公自动化"是办公自动化技术不断进步的结果,正如 Windows 最终替代了 DOS 系统,其更强的通用性、适应性及适中的价格,更符合人们的广泛需求,创造了大规模普及的充分条件,通用办公自动化显然是符合未来软件技术发展潮流的。但为解决部分人员对"通用等于无用"的疑虑,通用化应具有行业化的某些特性,而不是空泛粗浅的通用化,能结合行业的应用特点、功能对口需求,未来办公自动化的应用推广将更为迅捷有效。

7. 门户化

办公自动化是一种企业级跨部门运作的基础信息系统,可以联结企业各个岗位上的各个工作人员,可以联结企业各类信息系统和信息资源。在基于企业战略和流程的大前提下,通过类似"门户"的技术对业务系统进行整合,使得 ERP、CRM、PDC 等系统中的结构化数据能通过门户在管理支撑系统中展现出来,提供决策支持、知识挖掘、商业智能等一体化服务,实现企业数字化、知识化、虚拟化,这时它可能不叫办公自动化,换为更能体现其价值的名称如"企业知识门户 EKP"、"管理支撑平台 MSS"等更为适合,转变成为"一点即通"的企业综合性管理支撑门户。

8. 网络化

信息的日新月异,将现有的办公自动化系统与互联网进行衔接是办公自动化未来发展趋势。如 Google 推出的网上在线的文档处理软件和电子表格软件,实现了网上办公的无缝衔接;微软 Office 用户可直接在 Office 软件中搜索到与其工作相关的网络上的资源,用户可在 Office 软件中直接撰写自己的 BLOG,并将其发送到网上的 BLOG 空间,从而实现移动办公。这给我国办公自动化软件商指明了未来的前进方向,即如何将现有的办公自动化系统与互联网有效地衔接互动,而不是"另起一页",这将决定我国办公自动化软件商的竞争力和市场地位。

总而言之,办公自动化是一个不断发展、不断提高、不断完善的有机体,随着社会需求、支撑技术的发展,它必将不断呈现出新的面貌。

 ## 1.3 办公自动化系统的构成

从办公自动化的基本概念可知,办公自动化不是一项单纯的技术应用,它不仅仅是将计算机引入办公室,它更是一个综合系统,是各类人员、组织机构、信息及其处理过程与技术和设备的综合体。简而言之,办公自动化系统是由系统的功能及支持这些功能的硬件与软件共同构成的。

1.3.1 办公自动化系统的层次

办公自动化系统、信息管理级办公自动化系统和决策支持级办公自动化系统是广义的或完整的办公自动化系统构成中的三个功能层次。三个功能层次间的相互联系可以通过程序模块的调用和计算机数据网络通信手段进行。一体化的办公自动化系统的含义是利用现代化的计算机网络通信系统把三个层次的办公自动化系统集成为一个完整的办公自动化系统,使办公信息的流通更为合理,减少许多不必要的重复输入信息的环节,提高整个办公系统的效率。

一体化、网络化办公自动化系统的优点是,不仅在本单位内可以使办公信息的运转更为紧凑有效,而且也有利于与外界的信息沟通,使信息通信的范围更广,能更方便、快捷地建立远距离的办公机构间的信息通信,并且有可能融入世界范围内的信息资源共享。以下具体介绍几种不同层次办公自动化系统。

1. 事务型办公自动化系统

办公自动化技术分为三个不同的层次。第一个层次只限于单机或简单的小型局域网上的文字处理、电子表格、数据库等辅助工具的应用,一般称之为事务型办公自动化系统。事务型办公自动化中,最为普遍的应用有文字处理、电子排版、电子表格处理、文件收发登录、电子文档管理、办公日程管理、人事管理、财务统计、报表处理、个人数据库等。这些常用的办公事务处理的应用可制成应用软件包,包内的不同应用程序之间可以互相调用或共享数据,以便提高办公事务处理的效率。这种办公事务处理软件包应具有通用性,以便扩大应用范围,提高其利用价值。此外,在办公事务处理级上可以使用多种办公自动化子系统,如电子出版系统、电子文档管理系统、智能化的中文检索系统(如全文检索系统)、光学汉字识别系统、汉语语音识别系统等。在公用服务业、公司等经营业务方面,使用计算机替代人工处理的工作日益增多,如订票、售票系统,柜台或窗口系统,银行业的储蓄业务系统等。事务型办公自动化系统的功能都是处理日常的办公操作,是直接面向办公人员的,为了提高办公效率,改进办公质量,适应人们的办公习惯,而提供的良好的办公操作环境。

2. 信息管理型办公自动化系统

信息管理型办公自动化系统是第二个层次。随着信息利用重要性的不断增加,在办公系统中对与本单位的运营目标关系密切的综合信息的需求日益增加。信息管理型办公系统,是把事务型办公自动化系统和综合信息(数据库)紧密结合的一种一体化的办公信息处理系统。综合数据库存放有关单位的日常工作所必需的综合信息。例如,在政府机关,这些综合信息包括政策、法令、法规,上级政府和下属机构的公文、信函等政务信息;一些公用服务事业单位的综合数据库包括与服务项目有关的所有综合信息;公司企业单位的综合数据库包括工商法规、经营计划、市场动态、供销业务、库存统计、用户信息等。作为一个现代化的政府机关或企事业单位,为了优化日常的工作,提高办公效率和质量,必须具备供本单位的各个部门共享的这一综合数据库。这个数据库建立在事务级办公自动化系统基础之上,构成信息管理型的办公自动化系统。

3. 决策支持型办公自动化系统

决策支持型办公自动化系统是第三个层次。它建立在信息管理型办公自动化系统的基础上。它使用由综合数据库系统所提供的信息,针对所需要作出决策的课题,构造或选用决策数字模型,结合有关内部和外部的条件,由计算机执行决策程序,作出相应的决策。

随着三大核心支柱技术,即网络通信技术、计算机技术和数据库技术的成熟,世界上的办公自动化已进入到新的层次,在新的层次中系统有四个新的特点。

(1) 集成化:软硬件及网络产品的集成,人与系统的集成,单一办公系统同社会公众信息系统的集成,组成了"无缝集成"的开放式系统。

(2) 智能化:面向日常事务处理,辅助人们完成智能性劳动,如汉字识别,对公文内容的理解和深层处理,辅助决策及处理意外等。

(3) 多媒体化:包括对数字、文字、图像、声音和动画的综合处理。

(4) 运用电子数据交换(EDI)：通过数据通信网,在计算机间进行交换和自动化处理。

这个层次包括信息管理型办公自动化系统和决策支持型办公自动化系统。

1.3.2 办公自动化系统的组成

一个完整的办公自动化系统大致包括六个方面：办公人员、组织机构、办公制度、技术工具、办公信息和办公环境。

1. 办公人员

在计算机应用中,信息处理与数值运算之间的一个关键性区别是处理过程中人的作用。后者是趋向于少人/无人干预,而前者则是不能离开人的参与。办公系统是一个信息处理系统,那么,它当然是一个人—机系统。在办公自动化系统中,人是一个至关重要的因素。按照工作性质,系统中的人员可以分为三大类。

(1) 信息使用人员

这类人员主要是决策人员和管理人员,他们主要承担的是重复性较小、具有创造性或决策性的工作。其中,决策人员主要是利用系统提供的信息完成科学决策,管理人员则利用信息了解决策执行情况并控制其执行过程。这类人员应该对系统有一个基本的认识,明确系统的信息范围(时间跨度、行业/学科范围、数据类型等)、服务方式等,以便知道系统能给自己提供哪些信息、解决哪些类型的问题。另外,系统应能使他们通过一些简单操作进行人—机对话,直接使用系统。

(2) 系统使用人员

这类人员主要是办公室工作人员,其中既有从事重复性事务处理活动的一般办公人员,如秘书、会计、统计员、通信员等,又有从事决策辅助工作的知识型人员,如行业专家、法律顾问等,他们的工作是辅助决策、管理人员减少事务性工作,简化工作程序,提高工作效率,因此,他们是利用系统完成业务工作的人员。这类人员应该熟悉系统和自己工作相关的部分,熟悉这部分的结构、功能、信息输入/输出格式、有关模型及可能出现的问题和解决办法,应该能熟练地操作系统的相应部分完成工作。

(3) 系统服务人员

这类人员是随着办公自动化系统而出现的人员,包括系统管理员、软硬件维护人员等。他们的工作主要是保证系统的正常运行,提高系统的工作效率,因而他们非常熟悉整个系统的情况。

上述三类人员共同构成办公自动化系统中的人员要素,他们的自身素质、业务水平、敬业精神、对系统的使用水平和了解程度等,对系统的运行效率乃至成败至关重要。

2. 组织机构

现行办公组织或办公机构的设置很大程度上决定了办公自动化系统的总体结构。目前我国的组织机构多采用管理职能、管理区域、管理行业和产品、服务对象及工艺流程等划分方法,实际应用中,常综合上述方法进行划分。办公自动化系统必须考虑这一现状,以使其既有对现有机构的适应性,又能在机构调整时显示出一定的灵活性。另一方面我们也应该看到,在信息社会里,由于先进科学技术的冲击,办公组织机构也会与传统状况发生背离。随着办公自动化系统应用的不断普及与深化,也应该运用系统科学的方法,重新分析、设计、组织办公机构,以适应社会的变革和技术的发展。当前国外普遍存在的一种办公组织——"行政支持"就是在文字处理机进入办公室之初,为了合理投资而对办公组织进行改革的结果。我国一些大的行政机构在推行办公自动化系统时设置了新部门——办公信息处理中心,现已被很多机构所效仿,这也不失为一种行之有效的组织方式。

3. 办公制度

办公制度是有关办公业务办理、办公过程和办公人员管理的规章制度、管理规则,也是设计办公自动化系统的依据之一。办公制度的科学化、系统化和规范化,将使办公活动易于纳入自动化的轨道。应该注意的是,由于办公自动化系统往往要模拟具体的办公过程,在这过程中办公制度的某些变化必然会导致系统的变化,同时,在新系统运行之后,也会出现一些新要求、新规定和新处理方法,这就要求自动化系统与现行办公制度之间有一个过渡和切换。

4. 技术工具

技术工具包括支持办公活动的各种设备和技术手段,是决定办公质量的物质基础。办公自动化系统中的设备主要为三大类:计算机、通信设备和其他办公设备,如传真机、复印机、多功能一体机、缩微系统、印刷机、碎纸机等。技术手段中,主要包括计算机技术、网络通信技术、信息处理技术、人—机工程等,其中,信息处理技术中含有数据处理、文字处理、语音处理、图形图像处理等。技术工具的水平及成熟程度,直接影响办公自动化系统的应用与普及。

5. 办公信息

办公信息是各类办公活动的处理对象和工作成果。办公信息覆盖面很广,按照其用途,可以分为经济信息、社会信息、历史信息等;按照其发生源,可分为内部信息和外部信息;按照其形态,可分为数据、文字、语音、图形、图像等。各类信息对不同的办公活动提供不同的支持:

- 为事务工作提供基础
- 为研究工作提供素材
- 为管理工作提供服务
- 为决策工作提供依据

办公自动化系统是要辅助各种形态办公信息的收集、输入、处理、存储、交换、输出乃至利用的全部过程,因此,对于办公信息的外部特征、办公信息的存储与显示格式、不同办公层次的需要与使用信息的特点等方面的研究,是研制办公自动化系统的基础性工作。

6. 办公环境

办公环境包括内部环境和外部环境两部分。内部环境指部门内部的物质环境(如办公室格局、建筑、设施、地理位置等)和抽象环境(如人际关系、人与自动化系统的关系、部门间协调等)的总和。外部环境指和本部门存在办公联系的社会组织,或者是和本系统相关的其他系统。作为办公环境的社会组织与本部门之间,有的是上下级关系,有的是业务关系,也有的是服务与被服务关系。外部环境作为组织机构边界之外的实体原不包括在系统之内,但它对办公自动化系统的功能和运行给出了约束条件,因此外部环境也可视为系统不可缺少的一个组成要素。

办公机构的划分与设置、资金分配等因素直接影响办公环境的界定,也影响办公自动化系统的规模与功能。

1.3.3 办公自动化系统的功能

办公自动化就是用信息技术把办公过程电子化、数字化,就是要创造一个集成的办公环境,使所有的办公人员都在同一个桌面环境下一起工作。具体来说,主要实现下面七个方面的功能。

1. 建立内部的通信平台

建立组织内部的邮件系统,使组织内部的通信和信息交流快捷通畅。

2. 建立信息发布的平台

在内部建立一个有效的信息发布和交流的场所,如电子公告、电子论坛、电子刊物,使内部的规章制度、新闻简报、技术交流、公告事项等能够在企业或机关内部员工之间得到广泛的传播,使员工能够了解单位的发展动态。

3. 实现工作流程的自动化

这牵涉到流转过程的实时监控、跟踪,解决多岗位、多部门之间的协同工作问题,实现高效率的协作。各个单位都存在着大量流程化的工作,如公文的处理、收发文、各种审批、请示、汇报等,都是一些流程化的工作,通过实现工作流程的自动化,就可以规范各项工作,提高单位协同工作的效率。

4. 实现文档管理的自动化

可使各类文档(包括各种文件、知识、信息)能够按权限进行保存、共享和使用,并有一个方便快捷的查找手段。每个单位都会有大量的文档,在手工办公的情况下这些文档都保存在每个人的文件柜里。因此,文档的保存、共享、使用和再利用是十分困难的。另外,在手工办公的情况下文档的检索存在非常大的难度。文档多了,需要什么东西不能及时找到,甚至找不到,对正常的办公造成巨大的困难。办公自动化使各种文档实现电子化,通过电子文件柜的形式实现文档的保管,按权限进行使用和共享,使得手工办公的问题得以解决。实现办公自动化以后,比如说,某个单位来了一个新员工,只要管理员给他注册一个身份文件,给他一个口令,自己上网就可以看到这个单位积累下来的文档,如规章制度、各种技术文件等,只要身份符合权限可以阅览的范围,他自然而然都能看到,这样就减少了很多培训环节。

5. 辅助办公

辅助办公涉及的内容比较多,像会议管理、车辆管理、物品管理、图书管理等工作,实现了这些辅助办公的自动化。

6. 信息集成

每一个单位,都存在大量的业务系统,如进销存、ERP 等各种业务系统,企业的信息源往往都在这个业务系统里,办公自动化系统应该跟这些业务系统实现很好的集成,使相关的人员能够有效地获得整体的信息,提高整体的反应速度和决策能力。

7. 分布式办公

支持多分支机构、跨地域的办公模式及移动办公。由于全球化速度日益加剧,企业业务涉及的地域分布越来越广,移动办公和跨地域办公成为很迫切的一种需求。

 ## 1.4 办公自动化的关键技术

办公自动化是多种设备和先进技术的综合,也是人机一体的有机整体。办公自动化系统的关键技术有计算机技术、通信技术、自动化技术、数据库技术和中间件技术等。从物化的角度看,技术就是办公自动化系统的硬件和软件。

办公自动化系统的软件包括系统支撑软件、办公自动化系统通用软件和专用软件。其中,系统支撑软件是维护计算机运行和管理计算机资源的软件,有操作系统如 Windows、Unix 和中间件服务器如 Web 服务器、邮件服务器等。通用软件是指可以商品化和大众化的办公应用软件,如 Word、Excel 等。专用软件是指面向特定单位、部门,有针对性地开发的办公应用软件,如文件处理、会议安排等。

1.4.1 数据处理技术

数据是计算机加工处理的对象。在办公自动化系统中,数据是指所有能输入到计算机并被计算机程序处理的符号的介质的总称,数据的含义很广,包括数字、字母、汉字、图形、图表、图像,以及声音、动画等信息。数据处理是指利用计算机对数据进行收集、存储、加工、传播等一系列活动的总和。数据处理是计算机的一项重要功能。办公室的中心任务是信息处理,它要涉及大量的数据与文件,因而,数据处理是办公自动化的一项关键技术。在办公室中,以下工作都属于计算机数据处理工作:收文、发文、文件的传阅跟踪、档案的归档检索、编制工作日程和通讯录、制订计划、会议法规,以及计算机在人事、工资、福利、财务、科技成果、物资、基建、房产等行政管理工作中的应用。

数据处理的特点是:数据量大,数据结构复杂,时间性强;从运算上看,没有太复杂的数学计算,只涉及一般的算术运算和逻辑运算。例如,分类、归总、比较、判断和选择等工作。所以,数据处理中存储数据所需要的存储空间远远大于操作数据的程序所占用的空间。数据处理的关键是数据结构和程序设计语言、编程工具的应用。

20 世纪 60 年代发展起来的数据库技术使数据处理技术上升到一个新的阶段,随着大型数据库的应用逐渐成熟,信息管理系统的应用得到了进一步的发展。

1.4.2 文字处理技术

办公自动化的文字处理技术提供了文稿编辑和文件管理等现代化的手段。文字处理包括起草文件、文字编辑、表格编辑等工作。计算机文字处理系统具有文件的输入、输出、修改、删除、打印、存储及自动制表、自动排版等功能。

最早较有影响的是 Miropro 公司在 1979 年研制的 WordStar(文字之星,简称 WS),并且很快成为畅销的软件,风行于 20 世纪 80 年代。1982 年,Microsoft 公司开始了字处理软件市场争夺,比尔·盖茨将 Microsoft 开发的这款字处理软件命名为 MS Word。1983 年,它正式推出 Word 1.0 版。随着 1989 年 Windows 的推出和巨大成功,Microsoft 的字处理软件

Word 成为文字处理软件市场主导产品。

1.4.3 语音处理技术

语音处理和识别是利用计算机对语音信号进行分析和综合处理,从而实现对人类语音的自动理解和处理的一门技术,包括语音的输入、识别、合成和存储。与机器进行语音交流,让机器明白你说什么,这是人们长期以来梦寐以求的事情。语音识别技术就是让机器通过识别和理解过程把语音信号转变为相应的文本或命令的高技术。语音识别技术主要包括特征提取技术、模式匹配准则及模型训练技术三个方面。微软推出 Windows 7 语音识别功能可以使用声音命令指挥电脑,实现更方便的人机交互。通过声音控制窗口、启动程序、在窗口之间切换,使用菜单和单击按钮等功能。利用声音让计算机听写文本,只要大声地朗读字词,就可以创建文本文档,也可在文档中进行修改或更正错误。但此项技术并不是很成熟,存在文本识别率不高,许多非微软的程序不支持 Windows 的语音命令等缺陷。

1.4.4 图形图像处理技术

图形与图像处理就是使用计算机对图形与图像进行处理的技术,主要包括图形与图像数字化、图形与图像增强与复原、图像数字编码、图像分割和图像识别等。其主要原理是用电视摄像机或扫描器对图形与图像进行扫描,产生视频信号,通过模—数转换,变成数字信号,然后输入计算机进行处理。由于图形与图像所占用的空间远远超过文本所占用的空间,所以计算机图形与图像处理系统可以对图像进行压缩与恢复。某些图像如果模糊不清,如年代久远的档案上的字迹,经过计算机处理后可以恢复清晰。

图形与图像的处理技术能够用来传递传真信息、召集远程电话会议及实现图像与形式的信息通信等。

1.4.5 网络通信技术

网络通信技术是指通过计算机和网络通信设备对图形和文字等形式的资料进行采集、存储、处理和传输等,使信息资源达到充分共享的技术。通信网是一种由通信端点、节(结)点和传输链路相互有机地连接起来,以实现在两个或更多的规定通信端点之间提供连接或非连接传输的通信体系。用户终端是通信网的外围设备,它将用户发送的各种形式的信息转变为电磁信号送入通信网络传送,或将从通信网络中接收到的电磁信号等转变为用户可识别的信息。用户终端按其功能不同,可分为电话终端、非话终端及多媒体通信终端。电话终端指普通电话机、移动电话机等;非话终端指电报终端、传真终端、计算机终端、数据终端等;多媒体通信终端指可提供至少包含两种类型信息媒体或功能的终端设备,如可视电话、电视会议系统等。网络通信技术是现代办公事务处理的需要,电话网是各种业务的基础,数据网可由传输数据信号的电话电路或专用电路构成。

1.4.6 决策支持技术

决策支持系统是辅助决策者通过数据、模型和知识,以人机交互方式进行半结构化或非结构化决策的计算机应用系统。它是管理信息系统(MIS)向更高一级发展而产生的先进信息管理系统。它为决策者提供分析问题、建立模型、模拟决策过程和方案的环境,调用各种信息资源和分析工具,帮助决策者提高决策水平和质量。

决策支持系统提供了复杂的分析、演绎等人工智能办公自动化技术,是信息管理系统发展的高级阶段。决策者利用决策支持技术进行大量数据的收集和分析处理,寻求解决问题的方法和模型,从而作出正确的决策。

1.5 办公自动化系统的安全与保密

随着办公自动化设备的逐渐普及和联网范围的不断扩大,现代办公室更多地依赖于办公自动化系统来处理和传输信息,网络通信也日益频繁和重要。如今的办公自动化系统在系统内纵向贯通,在系统间横向渗透,构成了一个庞大的系统。由于系统每天将处理大量的数据,特别是系统繁忙时需采集或检索大量的数据,并即时进行处理。这样,任一时刻的系统故障都有可能给系统带来不可估量的损失,这就要求系统具有高度的可靠性。同时,由于系统处理的数据中有很多是秘密数据,因此还必须充分考虑安全性。这使得办公自动化系统的安全运转变得空前重要,需要对其安全性给予高度重视,并把安全第一的思想贯穿于办公自动化系统建设的全过程之中。

1.5.1 办公自动化系统安全概述

办公自动化系统的运行必须建立在安全性的基础之上。如果办公自动化系统安全得不到保障,办公自动化将面临绝境,即在失去安全的同时也会失去市场。

1. 定义

办公自动化系统安全目前还没有统一的定义。国际标准化组织(ISO)对计算机安全下的定义是:"(计算机安全)是为数据处理系统建立和采取的技术及管理的安全保护,保护计算机硬件、软件、数据不因偶然的或恶意的原因而遭破坏、更改、显露。"美国国防部1983年的桔皮书对计算机信息系统安全作如下定义:计算机系统有能力控制给定的主体对给定客体的存取。这里的"客体"有重要的业务数据、敏感的业务数据、系统资源、网络资源等;"主体"可以是内部合法用户、内部其他用户、合作伙伴、竞争对手、黑客等。

我们认为,办公自动化系统安全是指办公自动化系统的硬件、软件、信息、网络和操作人员的人身安全受保护,不因自然的和人为的因素而遭到破坏,保证系统能连续正常地运行。

2. 主要内容

办公自动化系统安全是一个多维度、多层次、多因素、多目标的体系。虽然办公自动化系统安全的目标是保障信息在系统内的任何地方、任何时候和任何状态下的安全性、完整性和保密性,但孤立和单纯地去寻求直接保护信息的方式,是无法保障信息安全的。因此,有必要从系统工程的角度去理解和构造办公自动化系统的安全体系。办公自动化系统安全体系框架应包括下列内容。

(1)实体安全

为充分发挥办公自动化系统的性能,确保系统设备及相关设施运行正常,对计算机及其附属设备、设施(包括机房建筑、供电电源、空调等)、环境、人员等要采取适当的安全措施,这就是办公自动化系统实体安全(或物理安全)。它包括:机房的安全技术要求、实体访问控制、防磁场、防静电、防电磁波辐射及干扰问题、电源保护、环境噪声的隔离或屏蔽保护、磁介质的保护和处理手续、应急备份措施及考虑温度、湿度、空气洁净度、采光照明等对系统的影响。

(2) 软件安全

软件是办公自动化系统的核心,也是驱动设备的工具,是重要的系统资源,也是一种特殊的产品。软件是办公自动化系统安全控制中关键的技术措施,又是危害系统安全的环节和手段。因此,在系统安全中,软件具有二重性。一方面,它是安全保护的对象,是安全控制的措施;另一方面,它又是危害安全的途径和手段。

(3) 信息安全

办公自动化系统安全的核心是信息安全,即确保系统内信息资源与信息传输的安全,亦即数据与数据传输的安全。信息安全是为了使系统拥有的和产生的数据和信息完整、有效,使用合法,不被破坏或泄露。它是系统安全保密的关键,主要包括数据存取安全、数据传输安全等内容,如输入、输出、用户识别、存取控制、加密、审计与追踪、备份与恢复。

(4) 网络安全

计算机网络应用,提供了资源的共享性,提高了系统的可靠性,但同时也增加了网络安全的脆弱性和复杂性。资源的共享和分布增加了网络受攻击的可能性,使得对单系统的安全控制已不足以保证网络的安全。目前,网络安全主要是要保证系统资源和信息资源使用合法。为此,在进行网络的安全设计时需要确定网络的安全方针,选择网络的安全功能和网络的安全措施。安全方针是网络的安全目标,安全功能是达到安全目标所需具备的功能与规定,安全措施则是实现安全功能的具体技术机制、方法与设施。

网络安全目标是网络的保密性、完整性和可用性的具体化。基本的安全目标包括:防止未经授权的修改数据,防止未经发觉的遗漏或重复数据,防止未经授权的泄露信息,确保数据的发送者和接收者正确无误,根据保密要求与数据源对数据作标记,数据的发送者、接收者及数据交换量仅仅对发送者与接收者是可见的,提供可供安全审计的网络通信记录,确保系统中的数据不会经隐蔽通道而被泄露,可能独立的第三方证明通信过程已经实现并且通信内容已被正确接收,在取得明确的可访问系统的授权后才能与该系统通信。

(5) 操作人员人身安全

由于人与系统接触频繁,因此,保证操作人员的人身安全就成为系统安全的重要组成部分。它包括防触电保护和确保操作人员健康两项内容。系统内的重要电器设备,特别是高压、大功率电器设备,必须有可靠的接地防护措施,以避免人体触电;与人关系密切的终端显示设备在屏幕前最好加装防辐射板,还要按人体工程学要求,确保工作人员工作舒服,不易疲劳,免除心情烦躁;对于长期在恒温、恒湿条件下工作的人员,要适当增加户外活动时间,以增强人体对环境的适应能力,保持身体健康。

1.5.2 办公自动化系统保密

保密是指为防止有意窃取信息资源行为的发生,使机关企事业单位免受损失而采取的措施。

利用办公自动化设备进行信息处理对提高办公室工作效率和质量是必不可少的,但对于机密信息的收集、维护、使用或传输过程中可能出现的保密性危害却大为增加了,这使得对数据信息记录及敏感信息保护成为必需。加密技术是对传输过程中的数据进行保护的重要方法,又是对存储在各媒体上的数据内容加以保护的一种有效手段,它是实现系统安全目标的有效而又必不可少的技术手段。

1.5.3 影响办公自动化系统安全与保密的因素

影响办公自动化系统的安全和保密的因素是多方面的,归纳起来有以下三大类。

1. 人为因素

人为因素是指系统运行中由人的行为造成的不利因素,主要有两类。一类是系统的合法使用者失误造成的损失,如操作失误、管理不善、录入错误、应急措施不足等;另一类是故意制造的损失,即各种类型的计算机犯罪、计算机病毒制造、信息窃取和篡改等。应该指出的是,在办公自动化系统的安全控制中,故意或者说恶意的人为破坏可能会极大地危害办公系统,甚至是危害国家利益,因而必须予以注意。操作失误因素对办公自动化系统的危害是每时每刻都可能发生的,其造成的损失同样是不可估量的。

2. 自然因素

自然因素是指各种由自然界、环境等的影响造成的对办公信息系统的不利因素,如水灾、火灾、雷电、地震及环境空间中存在着的电磁波等。这一类因素的危害主要针对系统设备、存储介质、通信线路等。

3. 技术因素

技术因素主要涉及三个方面。第一是物理方面,主要指计算机系统及各种附加设备的管理与维护,包括主计算机系统的可靠与稳定、存储介质的保管、网络结构的合理与使用、电源电压的变化或中断故障处理及是否有电磁泄漏抑制措施等。第二是软件方面,主要指软件(包括系统软件、支撑软件和应用软件)是否有重大缺陷,软件在发生故障或者遭受破坏后是否具有自我恢复能力等。第三是数据方面,主要指系统的数据保护能力,例如,能否限制和制止数据的恶意修改、窃取和非法使用,是否有数据的安全性、正确性、有效性、相容性检查与控制等。

4. 计算机病毒因素

计算机病毒具有极强的传染力和破坏力,它可以多种方式侵入办公自动化系统,并不断繁殖、扩散、传播有害信息,一旦发作,就会破坏系统和数据,可使整个系统瘫痪或崩溃,从而造成严重损失和不良后果。

1.5.4 办公自动化系统安全要求

在办公自动化系统设计中,在兼顾先进性的前提下,有必要采用成熟可靠的软硬件产品及开发与管理技术,并在该信息网络的重要环节提供安全措施,保证电子数据的安全性、完整性和保密性。例如,系统所面临的安全威胁主要有两种:一是外部侵入,二是内部破坏。防范前者,可采用物理上完全隔绝的内部和外部两个网络来闭合用户群,保证外部的用户无法侵犯内网数据；采用设备、链路、路由的冗余和备份措施，确保网络的可靠运作，同时对网络进行实时监控，及时排除故障。对于后者，可采用一系列软硬件保密措施，使用户操作受制于权限控制、设备钥匙、密码控制、系统日志监督、数据更新严格凭证等多种手段，以防止数据被窃取或篡改。而后者则是办公自动化系统安全的主要威胁。当办公自动化系统完成联网之后，每个办公室的信息安全也就不再能完全为自己所控制。如果把系统比喻成一个链条，那么一旦最薄弱的环节出了问题，就有可能引起整个系统的崩溃。从这个意义上来讲，联网行为本身就降低了每个部门的信息安全水平。在所有部门成为一个整体的情况下，一旦有熟知系统结构和运行方式或掌握重要密码的内部人员，为了报复或销毁某些记录而突然发难，在系统中植入病毒或改变某些程序设置，那么就有可能引发很大的混乱。内部人员针对计算机系统的这种恶意破坏在许多腐败案件中已有先例。其实，内部人员的破坏活动并不局限于破坏计算机系统，还包括越权处理公务、窃取机密数据等。因此，我们在全力防范针对系统的外部入侵的同时，对存在于系统内部的安全隐患也要给予重视。

针对以上威胁，办公自动化系统安全的具体要求如下。

1. 用户身份验证

每一用户有一个用户标识符文件和口令，保证用户身份被可靠验证。

2. 文档安全性

对每件收文与发文的正文、处理单或发文稿进行权限设置，分为可阅读者、可编辑者，限定每件公文的阅读、修改权限。

3. 数据库安全性

每一数据库有一存取控制表，有七级存取权限：不能存取者、存放者、读者、作者、编辑者、设计者、管理者。

4. 操作安全性

特定操作人员，如系统管理员、公文管理员、档案管理员、网页管理员具有不同的权限，系统管理员具有系统管理最高权限，通过系统管理员对公文管理员、档案管理员、网页管理员授权。

5. 网络安全性

网络安全是办公自动化系统安全体系的基础，各应用部门应该根据实际业务需要，制定严格的网络隔离及虚拟网络划分等原则，限定网络访问的主体，通过路由设备、防火墙设备、入侵检测等设备保证对 IP 地址、访问的数据、访问的权限等进行严格限定，并进行有效的监控与跟踪。

当然，就是否安全而言，不管在技术、管理、政策法律上采取什么安全措施，要获得绝对的安全是根本不可能的，我们只能将安全分等级控制在预期的相对的范围内。同时，出于系统造价和使用方便考虑，不宜试图把系统的安全措施搞得过于完善。而要以保证本单位对安全保密的要求，并尽可能节省安全保密费用为原则，采用一般安全措施，再加上有力的管理手段，这样也可收到较好的效果。

1.5.5 办公自动化系统安全政策

信息安全问题涉及计算机安全和密码使用，有关的政策法规也因此分为计算机安全管理政策法规和关于密码使用的政策法规。在信息安全问题出现的早期阶段,各国立法和管理的重点集中在计算机犯罪方面。近几年,立法和管理的热点转移到对于密码的应用管理方面。

计算机犯罪是指利用计算机或针对计算机故意地毁坏或非法占有他人、集体或国家的合法财产所有权,造成严重后果的行为。计算机犯罪的构成要件有:该罪侵犯的是社会公有财产和公民所有的合法财产所有权;该罪的客观方面是利用计算机或针对计算机,故意地或有意地非法占有或毁坏公共财产和公民私人合法财产的犯罪行为,并造成一定的损害结果;该罪的主观方面是故意地实施侵害行为;该罪的主体是特殊主体,他们都具有一定的计算机知识或技能,他们的知识水平越高,犯罪隐蔽性越强,危害性也可能越大。当然,反过来讲,计算机犯罪也促进了计算机安全技术措施和管理水平的相应提高,并增加了对安全技术措施的投入,进而又抑制了犯罪率。

计算机安全法律是调整计算机安全领域内各种社会关系的法律规范的总称,是社会一般现行法律的组成部分,是由政府有关部门制定并通过国家机器强行实施的。它涉及行政法、刑法、民法、诉讼法等若干法律部分的相关法律、法规、条文的集合,也可以看做是一个相对独立的体系,目前已成为计算机用户及有关人员必须遵循的行为规则,成为保护计算机用户正当合法利益的有效手段。

在办公自动化系统安全问题研究的总的范畴内,不同领域的系统由于环境、要求的差异,安全需求会有所侧重,这是合理且符合逻辑的。其实,在办公自动化系统的各种安全措施中,树立安全意识是最重要的。也正因为如此,需要加强信息安全的法律建设。如今已经出现的计算机法学涉及计算机硬件的法律保护,计算机软件的法律保护,计算机贸易的法律保护,计算机经济应用的法律调整和计算机犯罪问题研究等,也是这方面研究的成果。

安全制度及法律的健全对犯罪分子具有威慑作用,相应地也可起到抑制犯罪率的作用;此外,加强对工作人员的道德教育和法制教育也能相对地降低犯罪的可能性。今后我国的信息安全管理工作应该主要从增强全民信息安全意识和培养优秀的信息安全人才,加快建立健全相关法律体系和最大限度地发挥信息安全主管部门的管理职能等三方面进行。

现有的信息安全技术、防火墙技术、病毒防治技术、数据库安全保护技术在一定程度上能够满足办公自动化系统的安全需求。另外,为了规范办公自动化系统的建设和使用,增强系统的安全性,人们已经制定了一系列信息安全标准和安全信息系统标准。然而,有效的信息安全管理措施仍是实现信息安全的一个重要环节。目前,我国信息安全最大的隐患在于管理。在民族信息产业尚未成熟到与发达国家相抗衡的程度时,应该从管理的规章制度和网络安全的角度多做一些防范。

为办公自动化系统建立一套科学的管理制度是从制度上避免环境和人为因素造成安全威胁并加强内控机制建设的一项有力措施。信息安全管理以严格的法律规范为依据,以必要的组织机构为保证,以素质良好的人员队伍为根本。管理制度可包括机房管理、操作管理、权限密码管理、档案管理等,以保证办公自动化系统有一个安全的运行环境。信息安全管理的原则和要求体现在政府制定的政策法规和机构部门制定的规范制度上,而管理能否落实则取决于人们的信息安全意识,对安全管理的重视程度,以及对管理原则理解的深度和执行的力度。我国现在正积极采取一些措施,包括制定严格的规章制度、网络关口的技术保障等,在信息安全防范与保障方面,已发挥出很好的作用。

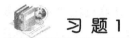

习 题 1

一、简答题

1. 什么是办公自动化?它包括哪些层次?
2. 办公自动化的关键技术包括哪些内容?
3. 办公自动化的未来发展将体现哪些特点?
4. 为什么必须加强办公自动化系统安全和保密管理?常用的对策措施有哪些?

二、论述题

1. 结合当前办公自动化的现状和发展,论述开展办公自动化的意义。
2. 结合办公自动化的发展趋势,论述智能化办公的特点。

第 2 章 办公中的文字处理

2.1 公文处理工作概述

公文是公务文件或公务文书的简称,是指机关、部门、团体在处理公务活动的过程中,按特定体式形成与使用的、具有法定效用的文件,它包括收文、发文、内部文件和其他文字材料。

公文处理工作,广义上说,就是运用科学的原则、程序和方法对机关公文的拟制、办理、管理及立卷归档所进行的一系列衔接有序的工作。可以从以下几个方面来理解。

（1）从发文阶段来说,从思想观点的酝酿、材料的收集与整理、文字起草与讨论修改、审核把关与领导签定定稿以至印制发出所必须经历的一系列处理环节。

（2）从收文阶段来说,从来文的签收、登记、分发、传阅、拟办、批办到承办、催办及答复等,也必须经历一系列处理环节。

（3）从公文的管理来说,机关秘书部门应当切实做好公文的管理工作,既要充分发挥公文的效用,又要有利于公文的保密,还必须建立一系列管理环节。

（4）从公文的立卷归档阶段来说,公文在处理完毕以后,人们还要将其中对今后的机关工作活动仍然具有一定查考利用价值的文件,进一步整理立卷,进行归档保存,必须经历一系列的处理环节。

从狭义方面来说,公文处理工作主要是指机关内文书工作人员所承担的公文的收发、登记、催办、整理与保管等方面的具体工作。

图 2-1 所示为公文处理的基本过程。

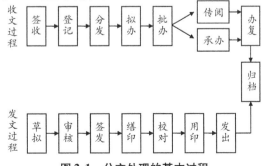

图 2-1 公文处理的基本过程

2.2 常用文字处理软件介绍

文字处理是公文处理工作中最基础、最大量的工作,也是计算机进入办公室后最早涉及的工作领域。

文字处理必须具有文件输入、输出、排版、存储和编辑等功能,可自动控制边界、行距和分页。多数软件有多窗口功能,可同时观察、编辑和归并一个或几个文件的多个部分。

文字处理工作需要借助文字处理软件来实现。一个文字处理软件,不仅仅是一个誊写工具,更重要的是,它能够帮助用户完成写作的全过程:文章的构思、编写大纲、输入编辑、结构控制、格式编排直至打印输出。在网络环境的支持下,还可以实现多人协同编辑文档,通过设置可以保留每个人的修改"痕迹",对多人的修改可以进行合并处理。

1. 文字处理软件的主要功能

文件处理软件应该包括以下几个主要功能。

(1) 文件存储:用户可以在操作中的任何时候将文件存储起来,使文件不致被破坏、丢失,同时可以在需要的时候调出,这是后面编辑、排版、输出的基本前提。

(2) 内容编辑:包括光标移动、定位与选择、移动、复制、修改、插入、删除、查找、替换等操作,同时在操作错误时能够及时进行撤销。

(3) 简单排版:包括字符、段落、页面的排版处理,同时包括一些特殊对象的修饰。

(4) 输入校验:软件应该具有内置词典,可以对输入的文字进行查错、纠错或者错误提示处理,必要时还可以进行语法错误检查,同时还要允许用户建立相应的词典。

(5) 输出:包括打印输出版面、特殊输出效果的定义和设计,以及直接利用网络将文字处理软件制作的文档作为电子邮件或者网页输出到其他地方。

(6) 提供输出/输入结构:使得软件具有开放性,可以方便地同其他软件或者系统进行信息交互,如与电子表格、数据库、排版系统及其他业务处理系统等交互。

(7) 对象的嵌入与链接:可以将其他系统下制作的公式、表格、图画乃至声音、动画、视频等作为对象与文本链接,实现动态更新和多个软件之间的协同使用。

2. 常用的几种文字处理软件

目前常用的文字处理软件主要有 Microsoft Office、WPS Office 和 Adobe Acrobat 等。

(1) WPS:1989 年香港金山电脑公司推出的 WPS,是完全针对汉字处理重新开发设计的,其优点主要表现在:字体格式丰富,控制灵活,表格制作方便,下拉菜单方便,模拟显示实用有效。在当时我国的软件市场独占鳌头,但不能处理图文并茂的文件。从 WPS 97 起,吸取了 Word 软件的优点,功能、操作方式与 Word 相似,成为国产字处理软件的杰出代表。

(2) Word:1982 年,微软公司开始了字处理软件的市场争夺,比尔·盖茨将微软开发的这款字处理软件命名为 MS Word。1983 年,MS Word 正式推出,成千上万的用户被 Word 1.0 版的新功能所倾倒。人们第一次看到 Word 使用了一个叫"鼠标"的东西,复杂的键盘操作变成了鼠标"轻轻一点"。Word 还展示了所谓"所见即所得"的新概念,能在屏幕上显示粗体字、下画线和上下角标,能驱动激光打印机印出与书刊印刷质量媲美的文章……这一切造成了强烈的轰动效应。随着1989年Windows的推出和巨大成功,微软的字处理软件Word成为文字处理软件销售的市场主导产品。早期的字处理软件是以文字为主,现代的字处理软件可以集文字、表格、图形、图像、声音于一体。

（3）Adobe Acrobat:越来越多的电子公文、电子图书、产品说明、公司文告、网络资料、电子邮件开始使用PDF格式文件。PDF格式文件目前已成为电子公文发行和数字化信息传播事实上的一个标准,各级机关单位的日常公文处理大多基于PDF文件。PDF格式文件可以分为交互功能较弱的静态PDF文件和带有高智能交互功能的动态PDF文件。

PDF文件依赖Acrobat软件,该软件有两个版本:Acrobat Reader,专门阅读PDF文件的阅读器,可以免费得到,但不具有制作功能。Acrobat Professional是一个集制作、管理、审阅、安全、阅读于一体的大型专业软件,包含了Acrobat Reader的所有功能。

2.3 一般公文的制作流程及其公文向导应用

办公室文字处理的对象主要是公文（公文文书）。一般来说,公文具有统一规定的种类和格式,每种公文只适用于一定的范围,表达一定的内容,使用一定的格式。办公自动化系统中的文字处理,应能满足其格式要求,符合文本的处理规范。

2.3.1 公文的制作流程

一般来说,公文的制作都遵循如图2-2所示的操作流程。

图2-2 公文制作操作流程

流程中各个步骤的含义如下:

（1）输入:包含文字的录入、符号的录入,以及图片、声音等多媒体对象的采集、导入。

（2）编辑:内容录入完成后,必须对文档内容进行编辑,主要包括选取、复制、移动、添加、修改、删除、查找、替换、定位等。

（3）排版:文档格式的排版包括字体、段落格式设置,分页、分节、分栏排版,边框、底纹设置,文字方向、首字下沉、图文混排设置等。

（4）页面设置:文档在正式打印之前,必须根据需要进行页面设置,包括纸张设置,页面边界设置,装订线位置设置,宽度设置,每页行数、每行字数设置,页眉/页脚设置等。

（5）打印预览:先在屏幕上模拟文档的打印效果。如果效果可以,就可以进行打印操作。

（6）输出:文档的输出主要有两个方向。一个是打印到纸张上,形成纸质文件进行传递和保存;另一个是制作网页或者电子文档通过网络发布。打印输出环节包括打印机的选择、打印范围的确定、打印份数设置及缩放打印设置等。

2.3.2 利用 Word 公文向导制作"通知"

为方便使用模板,Word 专门设计了模板向导。运行一个向导,跟着"向导"走,根据"向导"的提示键入或修改文本,文档就会很快建好。现以"公文向导"为例介绍模板向导的使用方法。

(1)启动 Word 2003,进入程序主界面后,选择"文件"→"新建"命令,在弹出的"新建文档"任务窗格中,单击"模板"区的"本机上的模板",打开"模板"对话框,选择"报告"选项卡,并选中"公文向导"模板。

(2)单击"确定"按钮,弹出"公文向导"对话框,从对话框左边了解该向导的设计制作流程,接下来将根据向导的提示,一步一步完成通知文档的初步定制。

一般公文向导的内容设置包括"公文样式"、"公文大小"、"标题"、"内容"、"附件/注释"、"其他"六个步骤,如图 2-3 所示。

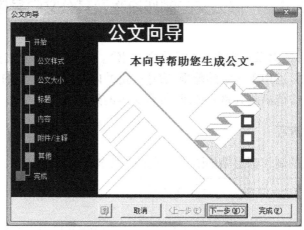

图 2-3 "公文向导"对话框

(3)单击"下一步"按钮,开始进入"公文样式"设计的步骤,选择"流行格式",如图 2-4 所示。

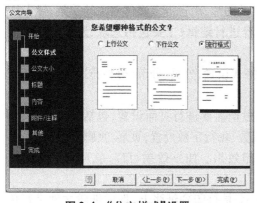

图 2-4 "公文样式"设置

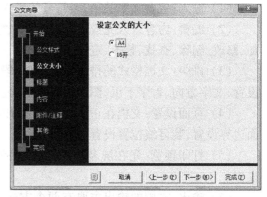

图 2-5 "公文大小"设置

(4)单击"下一步"按钮,进入设置公文大小页面,这里选择"A4",如图 2-5 所示。

(5)单击"下一步"按钮,进入设置公文的标题页面,根据通知的具体内容输入收文机关名称、发文机关名称、发文标题、发文编号等内容,如图2-6所示。

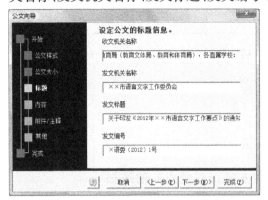

图2-6 "标题"设置　　　　　　　　图2-7 "内容"设置

(6)单击"下一步"按钮,进入设置公文"内容"步骤,如图2-7所示。根据需要输入通知的正文内容或给出正文输入标记,如图2-8所示。

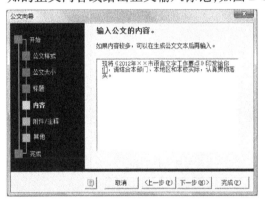 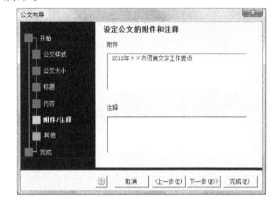

图2-8 输入正文内容　　　　　　　　图2-9 "附件/注释"设置

(7)单击"下一步"按钮,进入设置"附件/注释"步骤,给出文档需要添加的附件或注释说明,如图2-9所示。

(8)单击"下一步"按钮,进入设置"其他"步骤,这里可以添加上通知中的主题词、抄送机关、发文日期等内容,如图2-10所示。

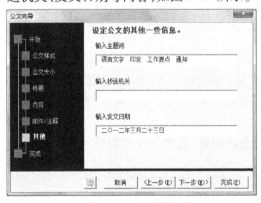 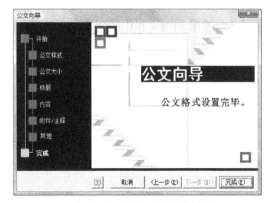

图2-10 "其他"设置　　　　　　　　图2-11 通知文档定制完成

(9)单击"完成"按钮,就完成了通知文档的初步定制,如图2-11所示。

(10) 返回 Word 编辑窗口后,可以看到通知文档的标题框架已经成型,如图 2-12 所示。

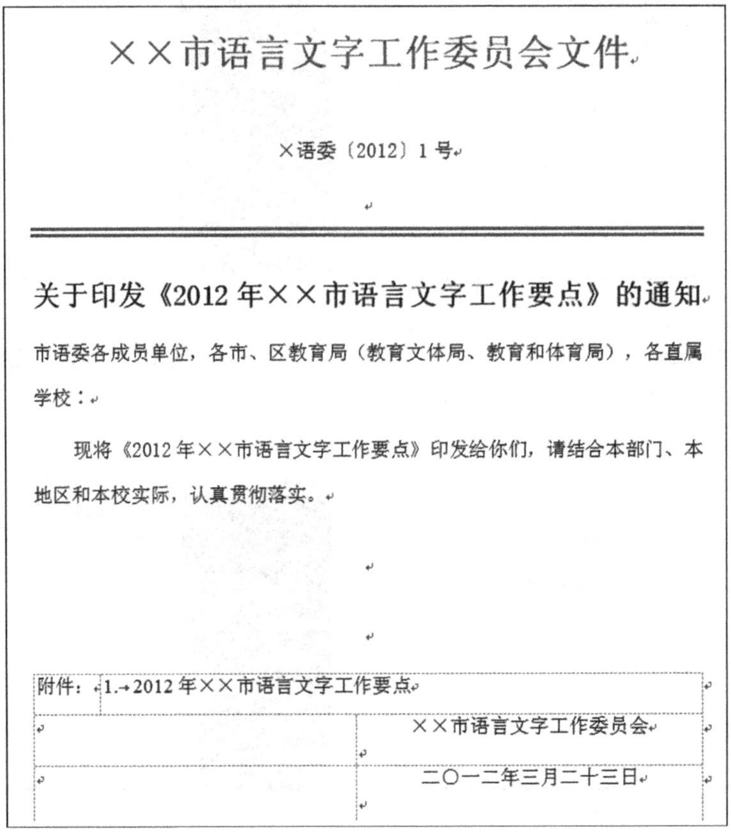
××市语言文字工作委员会文件

×语委〔2012〕1 号

关于印发《2012 年××市语言文字工作要点》的通知

市语委各成员单位，各市、区教育局（教育文体局、教育和体育局），各直属学校：

现将《2012 年××市语言文字工作要点》印发给你们，请结合本部门、本地区和本校实际，认真贯彻落实。

附件：	1. 2012 年××市语言文字工作要点	
		××市语言文字工作委员会
		二〇一二年三月二十三日

图 2-12　通知文档的标题框架

2.4　公文编辑处理技巧

2.4.1　使用 Word 制作较复杂的长文档

在日常使用 Word 办公的过程中,长文档的制作是常常需要面临的任务。比如,调查报告、研究论文、宣传手册、活动计划等类型的长文档。由于长文档的纲目结构通常比较复杂,内容也较多,如果不注意使用正确的方法,那么整个工作过程费时费力,而且质量还不能让人满意。

本节讨论长文档的制作,在介绍合理制作观念的同时,提供长文档制作过程中有助于提高效率的必备技能。

1. 设置纸张和文档网格

从菜单中选择"文件"→"页面设置"命令,显示"页面设置"对话框,选择"纸张"选项卡。

通常纸张大小都用 A4 纸,所以可采用默认设置。有时也会用其他纸型,只需从"纸张大小"中选择相应类型的纸即可,如图 2-13 所示。

图 2-13 "页面设置"对话框

图 2-14 "文档网格"选项卡

由于长篇文档文字较多,对于密密麻麻的文字阅读起来比较费力,因此还可以调整一下文字。通常,很多人都采用增大字号的办法。其实,在"页面设置"对话框中可以调整字与字、行与行之间的间距,即使不增大字号,也能使内容看起来更清晰。

在"页面设置"对话框中选择"文档网格"选项卡,如图 2-14 所示。

选中"指定行和字符网格",在"字符"设置中,默认为"每行 39"个字符,可以适当减小,如改为"每行 36"个字符。同样,在"行"设置中,默认为"每页 44"行,可以适当减小,如改为"每页 40"行。这样,文字的排列就均匀清晰了。

2. 设置样式

样式,简而言之,就是格式的集合。通常所说的"格式"往往指单一的格式,例如,"字体"格式、"字号"格式等。每次设置格式,都需要选择某一种格式,如果文字的格式比较复杂,就需要多次进行不同的格式设置。而样式作为格式的集合,它可以包含几乎所有的格式,设置时只需选择某个样式,就能把其中包含的各种格式一次性设置到文字和段落上。

通常情况下,只需使用 Word 提供的预设样式就可以了,如果预设的样式不能满足要求,只需略加修改即可。

在文档中应用样式,首先要考虑的问题是文档中应该使用几种样式,一般包括各级标题样式及文档正文样式,以及一些在文档中要反复使用的样式,如图表、项目列表等。

此处拟创建 5 个段落样式,分别是"报告正文"样式,应用于报告正文内容;"报告标题 1"样式,应用于报告一级标题;"报告标题 2"样式,应用于报告二级标题;"报告标题 3"样式,应用于报告三级标题;"报告标题 4"样式,应用于报告四级标题;"摘要"样式,应用于报告的摘要和关键字文字。具体操作如下:

(1) 选择"格式"→"样式和格式"命令,打开"样式和格式"任务窗格。

(2) 单击"新样式"按钮,弹出"新建样式"对话框,如图 2-15 所示。

(3) 在"名称"栏中输入新样式的样式名"报告标题1";在"样式类型"栏中选择样式的适用范围"段落";在"样式基于"栏中选择基准样式"(无样式)";在"后续段落样式"栏中选择后续段落的默认样式"正文";取消选择"自动更新"复选框。

(4) 单击"格式"按钮,选择"字体",在"字体"对话框中设置样式的字体格式为"小三"号。

(5) 单击"格式"按钮,选择"段落",在"段落"对话框中设置样式的段落格式为"居中,1.5倍行距"。

(6) 设置完成后单击"确定"按钮,在"样式和格式"任务窗格的样式列表中可以看到新建样式。

(7) 参照上述操作,创建"摘要"等其他样式。

图2-15 "新建样式"对话框

3. 应用样式

对现有长文档使用样式进行格式化,应该遵循先整体后局部、从上到下的原则。应该先对正文内容进行格式化,再对正文内的4级标题进行格式化,最后再对报告标题、目录、摘要等局部内容进行格式化。具体操作如下。

(1) 在文档中选择正文主体内容(除报告标题、作者、目录及摘要外全部内容),单击"样式和格式"任务窗格上的"报告正文"样式,或从"格式"工具栏"样式"列表中选"报告正文"样式,则所选内容应用了"报告正文"样式。

(2) 分别将文档的各级标题应用系统内置样式"报告标题1"、"报告标题2"、"报告标题3"和"报告标题4"进行格式化。

(3) 对报告标题进行适当的格式化。格式为华文细黑,小二号字体。

4. 多级标题编号

长文档中各级标题的编号应该是自动编排及自动更新,不要使用手工编制,否则在修改文档纲目结构后容易带来弊端。如各级标题分别为:一、(一)1.(1),且都已为其指定了报告标题1～报告标题4样式。具体操作如下。

(1) 执行"格式"→"项目符号和编号"命令,打开"项目符号和编号"对话框,如图2-16所示。

(2) 在对话框中选择"多级符号"选项卡,从中选择第二行第四列的符号样式。

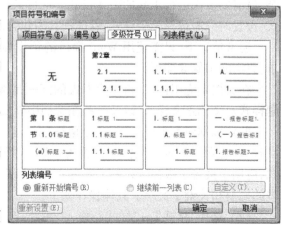

图2-16 "项目符号和编号"对话框

单击"自定义"按钮,打开"自定义多级符号列表"对话框,修改符号样式使其符合要求。

(3) 修改 1 级编号格式。在"级别"列表中选择 1;在"编号样式"下拉列表中选择"一,二,三(简";在"编号格式"框中的编号后输入顿号"、";单击"高级"按钮,打开高级选项,在"将级别链接到样式"框中选择"报告标题 1",如图 2-17 所示。

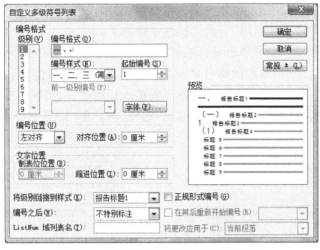

图 2-17 "自定义多级符号列表"对话框

(4) 修改 2 级编号格式。在级别列表中选择 2;在"编号样式"下拉列表中选择"一,二,三(简";在"编号格式"框中删除 1 级编号,在 2 级编号的前后输入小括号"()",如(一);单击"高级"按钮,打开高级选项,在"将级别链接到样式"框中选择"报告标题 2",如图 2-18 所示。

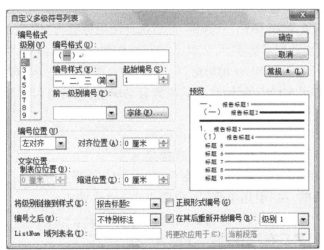

图 2-18 修改 2 级编号格式

(5) 参照上述操作,依次修改 3、4 级编号格式,分别为"1."和"(1)"。最后单击"确定"按钮返回文档。

此时文档将按设置自动编排各级标题的符号。如果还需要更改编号,可重新用上面的方法进入"自定义多级符号列表"对话框,更改后单击"确定"按钮即可。

提示: 如果标题编号有缩进,可通过设置"编号位置"及"文字位置"来完成。

5. 插图的编号和交叉引用题注文档的纲目框架

插入图片之后,随之而来的工作就是为插图编号。在报告中看到的每幅图片下方的"图1、图2"等文字就称为题注,通俗的说法就是插图的编号。

为插图编号后,还要在正文中设置引用说明,比如报告中用括号括起来的"(见图-1)、(见图-2)"等文字,就是插图的引用说明。很显然,引用说明文字和图片是相互对应的,我们称这一引用关系为"交叉引用"。具体操作步骤如下。

(1)选中第一张图片,再单击鼠标右键,在弹出的快捷菜单中选择"题注"命令,打开"题注"对话框。假设我们需要的编号格式为"图-1、图-2"等,单击"新建标签"按钮,在弹出的"新建标签"对话框中输入"图-",注意不要输入任何数字,实际编号的数字 Word 会自动处理的。输入完成后单击"确定"按钮返回"题注"对话框,如图2-19 所示。

图 2-19 "题注"对话框和"新建标签"对话框

图 2-20 "自动插入题注"对话框

(2)单击"自动插入题注"按钮,打开"自动插入题注"对话框,在"插入时添加题注"列表框中勾选"Microsoft Word 图片"复选框,然后选择使用标签为"图-",默认的编号输入为"1、2、3",如果你要更改编号数字,可以单击"编号"按钮,在弹出的对话框中进行设置。设置完成,单击"确定"后返回 Word 编辑窗口。以后插入图片时,Word 就会自动为它们添加编号了。同样的,如果文档中的表格、公式需要自动编号,在这里勾选对应复选框即可,如图 2-20 所示。

(3)在正文中需要添加插图 1 引用说明的位置输入"()",然后将光标定位于其中,选择菜单命令"插入"→"引用"→"交叉引用"命令,打开"交叉引用"对话框,在"引用类型"下拉列表内选择"图-",在"引用内容"下拉列表内选择"只有标签和编号",然后在"引用哪一个题注"列表框内选中"图-1",单击"确定"按钮,就设置好了图-1 的引用说明,如图 2-21 所示。

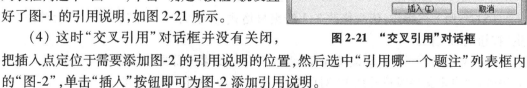

(4)这时"交叉引用"对话框并没有关闭,

图 2-21 "交叉引用"对话框

把插入点定位于需要添加图-2 的引用说明的位置,然后选中"引用哪一个题注"列表框内的"图-2",单击"插入"按钮即可为图-2 添加引用说明。

(5)用同样的方法为其他插图在正文中添加引用说明。

提示：由于使用的是 Word 自动添加题注，以及"交叉引用"功能为插图添加的引用说明，当文中图片有增加或者删减的时候，只需选中文档，按下键盘"F9"，Word 就可以自动更新，让后面的题注和引用说明中的序号自动更新为正确状态。

6．对文章的不同部分分节

对文章分节后，每一节都类似于独立的文档。在不同的节中可以分别采用不同的版面及文字样式，可以设置不同的页眉、页脚、页码等。

具体操作步骤如下：

（1）将光标定位到第二部分的目录文字前。

（2）选择，"插入"→"分隔符"命令，显示"分隔符"对话框，如图 2-22 所示。

（3）选择"分节符类型"中的"下一页"，并单击"确定"按钮，就会在当前光标位置插入一个不可见的分节符，这个分节符不仅将光标位置后面的内容分为新的一节，还会使该节从新的一页开始，实现既分节又分页的功能，如图 2-23 所示。

图 2-22　"分隔符"对话框

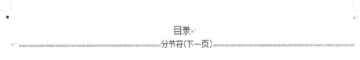

图 2-23

（4）用同样的方法对文章的其他部分分节。

提示：在段落标记和分节符之间单击，按"Delete"键即可删除分节符，并使分节符前后的两节合并为一节。

7．制作目录

使用 Word 2003 为文档创建目录，最好的方法是根据标题样式。具体地说，就是先为文档的各级标题指定恰当的标题样式，然后 Word 就会识别相应的标题样式，从而完成目录的制作。具体操作步骤如下。

（1）将插入点放在"目录"下方恰当位置，选择"插入"→"引用"→"索引和目录"命令，打开"索引和目录"对话框，选择"目录"选项卡，如图 2-24 所示。

图 2-24　"索引和目录"对话框

(2) 设置与创建目录相关的内容。单击"格式"框的下拉箭头,在弹出的下拉列表中选择 Word 预设置的若干种目录格式,通过预览区可以查看相关格式的生成效果,选择"正式"。

(3) 单击"选项"按钮,打开"目录选项"对话框,在"有效样式"下查找应用于文档的标题样式,在样式右边的"目录级别"下键入 1 到 9 的数字,表示每种标题样式所代表的级别,同时删除内置样式的目录级别数字,如图 2-25 所示。

图 2-25 "目录选项"对话框

(4) 单击"确定"按钮,Word 即可自动生成目录,如图 2-26 所示。

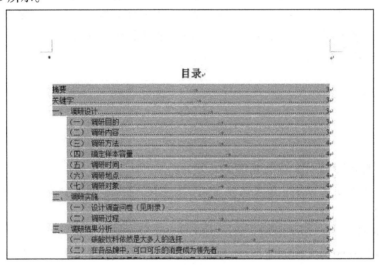

图 2-26 自动生成的目录

8. 设置页眉/页脚

页眉/页脚是指那些出现在文档顶端/底端的小标识符,它们提供了关于文档的重要背景信息。页眉和页脚一般包括页码、标题、作者姓名、章节编号等。本例中的页眉和页脚设置比较复杂,如报告封面及目录页无页码,页码从正文(即第 3 页)开始编排,而且奇偶页的页眉各不相同。具体操作如下。

(1) 执行"文件"→"页面设置"命令,在"页面设置"对话框中选择"版式"选项卡,在"页眉和页脚"选项中选中"奇偶页不同",在"应用于"中选择"整篇文档",单击"确定",如图 2-27 所示。

(2) 执行"视图"→"页眉和页脚"命令,进入页眉/页脚编辑状态。

(3) 将插入点定位在第 2 节奇数页页脚处,单击"页眉和页脚"工具栏上的"链接到前一个"按钮,此时标示"与上一节相同"字样消失(说明第 2 节设置的页脚与上一节无关,否则会作用到上一节)。

(4) 单击"页眉和页脚"工具栏上的"插入页码"按钮,则在插入点插入页码。

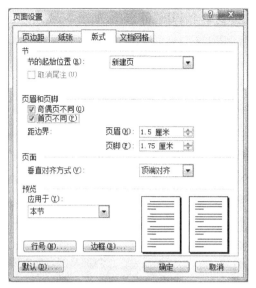

图 2-27 "页面设置"对话框

图 2-28 "页码格式"对话框

（5）单击"页眉和页脚"工具栏上的"设置页码格式"按钮 ，在打开的"页码格式"对话框中将起始页码设置为 1，则第 2 节的页码将从 1 开始编排，如图 2-28 所示。

（6）将插入点定位在第 2 节偶数页页脚处，参照上述操作设置第 2 节偶数页的页码。

（7）将插入点定位在第 2 节偶数页页眉处，输入固定内容"××科技学院大学生饮料市场调研报告"，左对齐，则偶数页都显示相同的内容。

（8）将插入点定位在第 2 节奇数页页眉处，单击 按钮取消"与上一节相同"链接，输入作者姓名。

2.4.2 PDF 格式文档的制作和使用

1. 创建 PDF 文件

Acrobat 提供了多种方法，将来自其他应用程序的电子文件转换为 PDF 格式。

（1）用虚拟打印方式制作 PDF 文档。安装 Adobe Acrobat 以后，单击"开始"按钮，依次选择"设置"→"打印机和传真"打开"打印机和传真"对话框，其中会增加一个名为"Adobe PDF"的虚拟打印机，在任何支持打印功能的应用程序中打开要转换为 PDF 格式的文档。操作步骤如下。

打开 Word 文档，选择"文件"→"打印"命令，从打印机列表中选择"Acrobat PDF"（图 2-29），设置其他打印选项，然后单击"打印"或"确定"，在出现的对话框中指定 PDF 文件的保存路径和文件名（图 2-30）。

除此以外，还有其他的软件，如 PDF Creator、Primo PDF、Go2PDF、Cute PDF Writer 等，它们都是虚拟打印机，安装以后都会在计算机上添加各自的虚拟打印机，使用的方法和 Adobe Acrobat 的虚拟打印机一样，都能将其他格式的电子文档"打印"成 PDF 文档。

（2）在 Adobe Acrobat 环境下制作 PDF 文档。运行 Adobe Acrobat，单击工具栏上的"创建"按钮旁的下栏箭头，弹出的菜单上有"从文件创建 PDF"、"从网页创建 PDF"、"从扫描仪创建 PDF"、"从剪贴板创建 PDF"、"合并文件到单个 PDF"等选项,如图 2-31 所示。

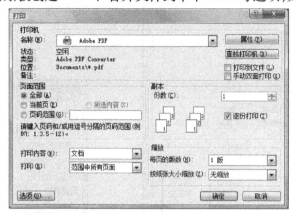

图 2-29 "打印"对话框

图 2-30 指定 PDF 文件的保存路径和文件名

图 2-31 "创建"下拉菜单

单击"从文件创建 PDF",并选择了要转换成 PDF 文档的文件后,Adobe Acrobat 就会调用相应的应用程序打开该文件,并将它转换成 PDF 文档。该选项适合将单独一个源文档转换成 PDF 文档,如图 2-32 所示。

图 2-32 "打开"对话框

如果要将纸质文件扫描成 PDF 文档就应该选择"从扫描仪创建 PDF"。选择后弹出"Acrobat 扫描"对话框,在这里要选择扫描形成的文档是新存一个文件还是添加在已有的 PDF 文档的末尾。单击"扫描",在弹出的"另存扫描文件为"对话框里填写保存的文件名并单击"保存",或者在弹出的"选择文件"对话框里选择好文件并单击"选择",Acrobat 就会调出扫描程序进行扫描。

2. 编辑 PDF 文件

选择"视图"→"工具栏"命令→"高级编辑",调出全功能的"高级编辑"工具栏,如图 2-33 所示。可以对 PDF 文件进行文字、图形、超链接等方面的添加和编辑。

图 2-33 "高级编辑"工具栏

(1) 编辑和插入文本:PDF 不具有全面的编辑排版功能,但使用"TouchUp 文本工具"可以进行少量文本的添加和修改。

单击"工具"菜单→"高级编辑"→"TouchUp 文本工具"命令,或单击"高级编辑"工具栏上的"TouchUp 文本工具" ,在要编辑的文本中单击,会显示蓝色的边框来框住待编辑文本区域。

选中待编辑文本后,可以键入新文本来替代选定的文本;可以按"Delete"键来删除文本;可以单击右键,从快捷菜单中复制选定的文本;还可以单击右键,从快捷菜单中设置书签。另外,将光标移动到目标位置,可以在目标位置插入文本或符号等要素。

图中要将"1.附件一"删除,只需将光标定位到"1"前面,按"Delete"键将其删除。

(2) 插入、处理图像或对象:单击"高级编辑"工具栏上的"TouchUp 对象工具" ,右键单击页面目标位置,在快捷菜单中选择"放置图像",选择图像文件(公章)后确认即可,效果见图 2-34。

图 2-34 "放置图像"的效果图

3. PDF 文件的安全性设置

比起 DOC 格式的文件,PDF 文件具有很强的安全性。PDF 文件有安全的口令设置、专门的功能设置、数字签名等技术,这使 PDF 文件的安全性大大提高。

在打开的 PDF 文件中,单击"高级"→"安全性"→"使用口令加密",如图 2-35 所示。

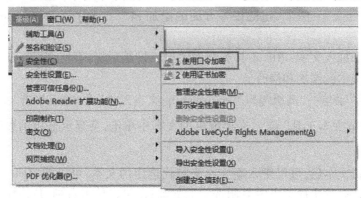

图 2-35 "高级"下拉菜单

在"口令安全性-设置"对话框上设置 PDF 文件的打开文档的口令和更改安全设置的口令,如图 2-36 所示。口令密码要求最少六位数,也不能过于简单,最好是字母与数字混合、大小写字母混合等,以提高密码的复杂度。还可在"允许打印"、"允许更改"、"限制文本和图像复制"等选项中进行设置。单击"确定"按钮,退出对话框后保存文件,已为文件加密,如图 2-37 所示。

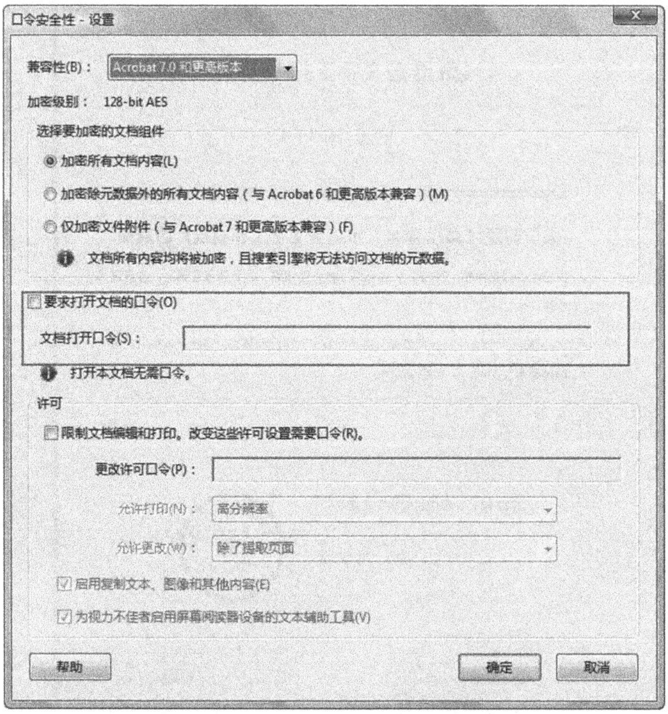

图 2-36 "口令安全性-设置"对话框

图 2-37　已加密文件　　　　　　　图 2-38　"文件"下拉菜单

如需解除加密,操作如下:打开"文件"→"属性"命令(图 2-38),打开"文档属性"对话框,在"安全性方法"下拉菜单中选择"无安全性设置",单击"确定"按钮,保存文件即可。

 习 题 2

一、上机操作题

1. 请将本章的实例文档操作一遍。
2. 按照样文(上机题图 2-1)模仿制作通知。

提示:主标题为红色、黑体、二号、加粗,表格标题为宋体、三号、加粗;正文第 1 段的底纹图案样式为 5%;文中的符号(包括项目符号和"剪刀"符号)都出自字体"Wingdings";主标题加上拼音注音。

上机题图 2-1

操作步骤如下：
(1) 录入文字。

关于举办网络营销培训班的通知

网络营销工作对于企业来讲是十分重要的,但由于目前网络营销方面人才的缺乏,使企业的网站不能很好地发挥网络营销作用,想从事网络营销工作的人员无从下手。针对这种情况,我们将根据自己在实际操作中得出的各种经验和方法与大家分享网络营销带来的无穷魅力。

培训对象:2009 年销售收入 2000 万以上工业企业总经理、营销副总、营销总监等,每家企业最多不超过 2 人,共 10 人。

培训内容：

企业网站建设

企业网站维护

企业网站推广

企业网络营销

信息安全技术

电子商务

培训时间:11 月 12、13 日

培训地点:西山阁宾馆

培训费:培训费每人 980 元,食宿统一安排,费用自理。

主办单位:区经发局

承办机构:Rising 企业管理咨询有限公司

联系电话:0321-65667118

传真:0321-55678991

网址:http://www.rising.com

电子邮件:xm@rising.com

参加培训回执表

(填写后请传真或邮件返回)

(2) 设置主标题段间距为:段前 0.5 行,段后 0.5 行。

(3) 设置主标题为红色、黑体、二号、加粗、居中对齐,表格标题为宋体三号加粗居中对齐,其他小标题加粗。

(4) 为主标题添加拼音:宋体 14 磅,偏移文字 2 磅,居中对齐。

(5) 正文首行缩进 2 字符。

(6) 给正文第 1 段设置底纹图案样式为 5%,并添加段落边框。

(7) 正文第 1 段设置首字下沉 2 行(最好在步骤 5 后再做,否则容易出问题)。

(8) 将培训内容项设置为项目列表并添加合适的项目符号。

(9) 选择"插入"→"符号"命令,打开"符号"对话框,选择字体"Wingdings",在文字"参加培训回执表"的前一行插入"剪刀"符号。

(10) 激活"绘图"工具栏,绘制直线,设置线型及粗细宽度,插入自选图形直线:粗细 1.5 磅,虚线线型,并放置到"剪刀"符号下。

(11) 在文本最后插入表格。

3. 按照样文(上机题图 2-2)创建自己的公文模板。

提示:公文用纸幅面尺寸 A4 型纸,其成品幅面尺寸为 210mm×297mm;公文中图文的颜色均为黑色;标题为宋体,小二号,正文用四号、仿宋字,一般每面排 22 行,每行排 28 个字;文件的扩展名为.dot;模板文件应保存到 C:\Documents and Settings\Administrator\Application Data\Microsoft\Templates 文件夹下;插入域。

上机题图 2-2

操作步骤如下：

(1) 打开 Word，新建一空白文档。

(2) 单击"文件"→"页面设置"命令，设置公文模板版心。

(3) 单击"视图"→"页眉和页脚"命令，出现如"页眉和页脚"工具栏。

(4) 可在光标处编辑页眉、页脚。

(5) 选择"插入→域"命令，打开"域"对话框。

(6) 在"类别"下拉列表中选择"文档自动化"，在"域名"区选择"MacroButton"，在"宏名"区选择"DoFieldClick"，在"显示文字"框内输入"[单击此处输入标题]"，操作完成后单击"确定"按钮，按照此步骤完成其他三个域的输入。

(7) 选中"[单击此处输入标题]"域，设置段落格式居中，字体宋体、小二号。

(8) 选中"[单击此处输入收文单位]"域，设置字体为仿宋、四号。

(9) 选中"[单击此处输入正文]"域，设置首行空 2 个字符、仿宋、四号。

(10) 选中"[单击此处输入作者]"域，设置字体为仿宋、四号。

(11) 选中"[单击此处输入作者]"域和时间项，设置段落格式居中，单击"增加缩进量"按钮，将其调至靠后适宜位置。

(12) 选择"文件"→"另存为"命令，打开"另存为"对话框，选择"文件类型"为"文档模板"，在"文件名"框中输入模板名"科贸网盈科贸公文模板"，保存位置就采用默认位置。

(13) 选择"文件"→"新建"命令，在"新建"任务栏窗格中选择"本机上的模板"，打开如上机题图 2-3 所示的对话框，即可选择已设计好的模板编辑公文。

上机题图 2-3

4. 基于电子邮件的审阅机制，尝试用同一个数字身份证对一份电子文件加密，并分发身份证文件，用来打开加密的电子公文进行数字签名操作。

二、选择题

1. Word 文档扩展名的默认类型是（　　）。
   A. DOC　　　　　B. WRD　　　　　C. DOT　　　　　D. TXT

2. 在 Word 的默认状态下，有时会在某些英文文字下方出现红色的波浪线，这表示（　　）。
   A. 语法错误　　　　　　　　　　B. 该文字本身自带下画线
   C. Word 字典中没有该单词　　　　D. 该处有附注

3. 在 Word 中，要调节行间距，则应该选择（　　）。
   A. "格式"菜单中的"字体"命令　　　B. "插入"菜单中的"分隔符"命令
   C. "格式"菜单中的"段落"命令　　　D. "视图"菜单中的"缩放"命令

4. 在 Word 的编辑状态下，对当前文档中的文字进行"字数统计"操作，应当使用的菜单是（　　）。
   A. "文件"菜单　　　　　　　　　B. "编辑"菜单
   C. "视图"菜单　　　　　　　　　D. "工具"菜单

5. Word"常用"工具栏中的"格式刷"可用于复制文本或段落的格式，若要将选中的文本或段落格式重复应用多次，应（　　）。
   A. 单击"格式刷"　　　　　　　　B. 双击"格式刷"
   C. 右击"格式刷"　　　　　　　　D. 拖动"格式刷"

6. Word 具有分栏功能，下列关于分栏的设置正确的是（　　）。
   A. 最多可以设四栏　　　　　　　B. 各栏的宽度必须相同
   C. 各栏的宽度可以不同　　　　　D. 各栏之间的间距是固定的

7. 在对 Word 的正文进行编辑时，选择了"视图"菜单中的"页眉和页脚"命令后（　　）。
   A. 插入点仍然在文档的正文　　　B. 插入点被移到页眉的编辑区
   C. 插入点被移到页脚的编辑区　　D. 插入点的位置不变

8. Word 文档中，每个段落都有自己的段落标记，段落标记的位置在（　　）。
   A. 段落的首部　　　　　　　　　B. 段落的结尾外

  C. 段落的中间位置   D. 段落中,但用户找不到的位置

9. 在 Word 的编辑状态,当前输入的文字是楷体,使用"格式"工具栏中的"字体"按钮设定文字为宋体,再选择了一个段落,则(　　)。
  A. 新输入的文字是宋体
  B. 被选择的文字变为宋体
  C. 文档全部文字变为宋体
  D. 插入点所在的段落中的文字变为宋体

10. 在 Word 的编辑状态,要想输入①、ⅱ等符号,应当使用(　　)。
  A. "视图"菜单中的命令   B. "编辑"菜单中的命令
  C. "工具"菜单中的命令   D. "插入"菜单中的命令

11. 给 PDF 文件设置密码时,不可以控制哪个选项?(　　)
  A. 是否允许打印   B. 是否允许修改文件
  C. 是否允许选择图形和文字   D. 是否允许拷贝

12. 在打开一个 PDF 文件并试图编辑、修改或打印它时,如果发现无法完成任务时,最好检查一下文档的什么设置?(打印机和 Acrobat 阅读器没有问题)(　　)
  A. 安全设置   B. 一般设置   C. 批注设置   D. 页面设置

13. 下列哪个工具不属于 Acrobat 提供的图形标记工具?(　　)
  A. 铅笔工具   B. 钢笔工具   C. 线条工具   D. 矩形工具

三、问答题

1. 简述打开 Word 文档的方法。
2. 如何从第 3 页起设置页眉?
3. 在 Word 中如何插入一个图片?插入图片之后如何使它处于文本中的任意一个位置?
4. 如何修改 Word"文档"和"模板"等默认自动保存路径?
5. 如何将一份 DOC 格式的文档转换为 PDF 格式?
6. Acrobat 常用的安全性有几种?
7. 什么是 Acrobat 的数字身份证证书?

第3章 办公中的数据处理

3.1 利用 Excel 进行数据分析与处理概述

在办公业务中,除了文字和表格之外,还经常需要进行有关数据处理,如人事工资表中工资的计算、汇总、分析,公司销售表中销售额的统计、汇总、合并计算,以及考勤表中职工请假、旷工、出勤等情况的分析统计等。对于这些数据的处理,传统方法是用人工方式来管理,当要调阅、分析、归纳数据时,这种方法就会费时耗力,并且容易出错。

Microsoft Excel 是美国微软公司开发的 Windows 环境下的电子表格系统,它是目前应用最为广泛的办公室表格处理软件之一。自 Excel 诞生以来,Excel 历经了 Excel 5.0、Excel 95、Excel 97、Excel 2000 和 Excel 2003 等不同版本。

Excel 是一款优秀的电子表格软件,更是一个功能强大的数据处理工具。Excel 不仅可以制作电子表格,完成许多复杂的数据运算,进行数据的分析和预测,而且提供强大的制作图表的功能,使复杂的数据直观生动。办公人员可以用它来管理单位的各种人事档案,如职工业绩考评表、工资册等;财务管理人员可以用它进行财务管理、统计分析等;决策人员可以用它进行决策分析;证券管理人员可以用它进行投资及证券交易的各种图表分析等。

3.2 数据库表的建立

在现实生活中,很多小型企业并没有给人力资源管理部门配备专门的 HR 软件。一套专门的 HR 软件不仅费用昂贵,而且不一定适合企业的实际需求。

自己动手,用 Excel 来建立适用于本企业具体需求的人力资源管理系统是一个不错的选择。Excel 的功能强大,而且操作又很方便,每月准确无误地统计企业员工增减变化情况,年底分析大量人力资源管理数据等复杂的工作都能通过 Excel 轻松完成。本章主要介绍 Excel 2003 的基本操作技术。

3.2.1 建立人力资源管理数据库框架

首先打开一个新的 Excel 表建立一个人员信息库框架,信息项目的设置可根据企业实际情况而定(图3-1)。

	A	B	C	D	E	F	G	H	I	J	K	L	M
1	宏韵公司员工信息表											
2	员工编号	姓名	部门	身份证号码	性别	出生年月日	年龄	民族	毕业院校	专业	学历	入职时间	工龄
3	001	蔡楠	生产车间	32132219900806687X	男	1990-8-6	21	汉	扬州大学	机械	本科	2011-7-5	0
4	002	常金花	生产车间	321283198412283623	女	1984-12-28	27	汉	福建农林大学	电子	本科	2006-6-7	5
5	003	陈虹	生产车间	420381199010131818	男	1990-10-13	21	汉	扬州大学	机械	本科	2011-7-5	0
6	004	陈慧玲	市场部	420283198001141728	女	1980-1-14	32	汉	对外经济贸易大学	金融	本科	2002-3-15	9
7	005	陈剑勤	生产车间	420721197507074224	女	1975-7-7	36	汉	内蒙古科技大学	机械	本科	2006-7-5	5
8	006	陈芩	采购部	522482198412173108	女	1984-12-17	27	汉	省财专	会计	专科	2007-6-15	4
9	007	陈卫娣	生产车间	522322197503211312	男	1975-3-21	36	汉	扬州大学	机械	本科	2006-7-5	5
10	008	陈香	生产车间	522925198401280058	男	1984-1-28	28	汉	扬州大学	机械	本科	2006-7-5	5
11	009	陈雨安	生产车间	522324197501046543	女	1975-1-4	37	汉	扬州大学	机械	本科	2006-7-5	5
12	010	邓莲萍	生产车间	420722198402035124	女	1984-2-3	28	汉	内蒙古科技大学	电子	本科	2006-7-5	5
13	011	丁一笑	市场部	622076198211093887	女	1982-11-9	29	汉	南京大学	市场营销	本科	2005-8-9	6
14	012	高颖	采购部	321281198408212748	女	1984-8-21	27	汉	中央财大	会计	本科	2007-8-15	4
15	013	谷艳	生产车间	324382198912282523	女	1989-12-28	22	汉	扬州大学	机械	本科	2011-5-15	0
16	014	郭蓉儿	生产车间	321321197509187427	女	1975-9-18	36	汉	内蒙古科技大学	机械	本科	2006-7-5	5
17	015	韩帆	技术部	321313198109121947	女	1981-9-12	30	汉	厦门大学嘉庚学院	机械	本科	2006-7-5	5
18	016	胡卫钟	行政部	420682197508301177	男	1975-8-30	36	汉	吉林农业大学发展学院	历史	硕士	2005-5-10	6
19	017	黄宏	生产车间	321201197509250621	男	1975-9-25	36	汉	北京大学	机械	本科	2005-8-24	6
20	018	黄学梅	采购部	420721198009231742	女	1980-9-23	31	汉	省财专	会计	专科	2005-8-11	6
21	019	黄园	生产车间	324382198908085105	女	1989-8-8	22	汉	郑州航空工业管理学院	电子	本科	2011-5-15	0
22	020	季海娟	生产车间	324723198807255289	女	1988-7-25	23	汉	上海理工大学	电子	本科	2011-5-15	0
23	021	蒋楠楠	生产车间	343221984012842212	女	1984-1-28	28	汉	上海理工大学	机械	本科	2006-7-5	5
24	022	蒋陆娜	财务部	522681198402132211	男	1984-2-13	28	汉	省财专	会计	专科	2003-5-7	8
25	023	李兵	技术部	522121197510280721	男	1975-10-28	36	汉	天津工业大学	数控	本科	2005-8-20	6
26	024	李芬	人力资源部	62221019760408374X	女	1976-4-8	35	汉	南昌航空大学	人力资源管理	硕士	2005-8-9	6
27	025	李晓梅	采购部	533420198412058712	女	1984-12-5	27	汉	河海大学	机械	本科	2005-8-10	6
28	026	刘宝龙	技术部	420603197601154642	男	1976-1-15	36	汉	武汉化工学院	机械	硕士	2005-8-9	6
29	027	刘玲	市场部	420721197507070429	女	1975-7-7	36	汉	北京师范大学	历史	本科	2005-8-9	6
30	028	刘敏	生产车间	321084197501195828	女	1975-1-19	37	汉	大连交通大学	电子	本科	2006-7-5	5

图3-1 公司员工信息表

3.2.2 员工编号列的自动序列填充

"员工编号"列,因为输入的数据有一定的规律,输入时可以使用自动序列的填充方法。在第一个单元格内输入起始数据,在下一个单元格内输入第二个数据,选定这两个单元格,将光标指向单元格右下方的填充句柄,沿着要填充的方向拖动填充句柄,拖过的单元格中会自动按Excel内部规定的序列进行填充,如图3-2所示。

提示: 为保证输入数字001时,前面的两个0不被删除,在输入数字前,需要做一些设置。

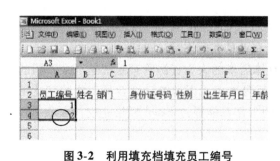

图3-2 利用填充档填充员工编号

图3-3 "单元格格式"对话框

方法一: 将单元格设置为文本格式。

选定需要输入数字的A列,执行"格式"→"单元格"命令,打开"单元格"格式对话框,选择"文本"格式,单击"确定"按钮(图3-3)。

方法二:输入单引号。

选定单元格,在输入数字前,在英文输入状态下输入单引号,再输入001数字,此时,就不会删除前面的0了。

3.2.3 性别、出生年月日、年龄的自动填充功能设置

身份证号码与一个人的性别、出生年月、籍贯等信息是紧密相连的,无论是15位还是18位的身份证号码,其中都保存了相关的个人信息。

15位身份证号码:第7、8位为出生年份(两位数),第9、10位为出生月份,第11、12位代表出生日期,第15位代表性别,奇数为男,偶数为女。

18位身份证号码:第7、8、9、10位为出生年份(四位数),第11、12位为出生月份,第13、14位代表出生日期,第17位代表性别,奇数为男,偶数为女。

例如,某员工的身份证号码(18位)是320524198408070241,那么表示1984年8月7日出生,性别为女。如果能从这些身份证号码中将上述个人信息提取出来,不仅快速简便,而且不容易出错,核对时也只需对身份证号码进行检查,可以大大提高工作效率。

在Excel中进行函数设置,输入某人身份证号码后,系统便会自动生成"性别","出生年月"及"年龄",这样可以减少录入的工作量。

(1)性别:=IF(MOD(IF(LEN(D3)=15,MID(D3,15,1),MID(D3,17,1)),2)=1,"男","女")

公式含义:

① LEN(D3)=15表示看D3中是否有15个字符。

② MID(D3,15,1)表示在D3中从第15位开始提取1位字符。

③ MOD(MID(),2)=1表示提取的字符除以2余数为1。

④ IF(LEN(D3)=15,MID(D3,15,1),MID(D3,17,1)),表示看D3中是否为15个字符,如果符合条件,则从第15个字符开始取1个字符,如果不符合条件,就从第17个字符开始取1个字符。

⑤ IF(MOD(IF(LEN(E3)=15,MID(E3,15,1),MID(E3,17,1)),2)=1,"男","女")表示所取字符除以2,如果余数为1显示男,否则显示女。

(2)出生年月:=DATE(MID(D3,7,4),MID(D3,11,2),MID(D3,13,2))

公式含义:

① MID(E3,7,4)表示在E3中从第7个字符开始连续取4个字符表示年,用类似的表示方法一个人的出生年月日便可以通过函数设置表示出来。(此公式适用于提取18位身份证号码中的年份信息。)

② DATE(YEAR,MONTH,DAY)表示将数值设为日期格式。

(3)年龄:=DATEDIF(F3,TODAY(),"Y")

公式含义:

① TODAY()表示系统自带的日期即显示当日日期。

② DATEDIF(F3,TODAY(),"Y")表示今天的日期与F3所表示的出生月日期之间的

年份差值。

3.2.4 采用"记录单"录入信息

通过对一些员工信息项进行函数设置后,便可以开始录入信息了。逐行键入员工信息,会让人很快产生疲劳感,甚至会出现串行或输错信息的工作失误。这时可以采用 Excel 自带的"记录单"功能来解决这个问题。点击编辑栏中的"数据"——"记录单"命令,系统即可弹出如图 3-4 所示的对话框,它显示了数据记录的所有字段,提供了增加、修改、删除等功能。

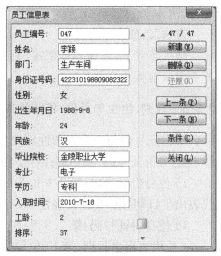

图 3-4　记录单对话框

 ## 3.3　数据分析与处理

3.3.1 对员工信息表内容进行排序

在员工信息表中,各位员工的资料一般都按照其员工编号的先后顺序输入的。为了提高查找效率,有时需要对输入的数据重新进行整理,对此有效的方法就是对数据进行排序。

1. 快速排序

如果希望员工信息按某列属性(如"工龄"由长到短)进行排列,可以这样操作:选中"工龄"列任意一个单元格(如 M4)(图 3-5),然后按一下"常用"工具栏上的"降序排序"按钮即可(图 3-6)。

图 3-5　按工龄排序

图 3-6　选择"降序排序"按钮

提示:如果按"常用"工具栏上的"升序排序"按钮,则将"工龄"由短到长进行排序;如果排序的对象是中文字符,则按"汉语拼音"顺序排序;如果排序的对象是西文字符,则按"西文字母"顺序排序。

2. 多字段排序

如果需要按"部门"、"学历"、"工龄"对数据进行排序,可以进行如下操作。

(1)将光标定位在待排序数据库的任意单元格,执行"数据"→"排序"命令,打开"排序"对话框。

(2) 将"主要关键字"、"次要关键字"、"第三关键字"下拉列表分别设置为"部门"、"学历"、"工龄",并设置好排序方式("升序"或"降序"),如图3-7所示。

(3) 单击"确定"按钮。

3. 特殊排序方式

对"姓名"进行排序时,我国习惯按"姓氏笔画"来进行,操作方法如下。

(1) 将光标定位在"姓名"列任意一个单元格,执行"数据"→"排序"命令,打开"排序"对话框。

(2) 选择"选项"按钮,打开"排序选项"对话框。

图3-7 "排序"对话框

(3) 选中其中的"笔画排序"选项,确定返回到"排序"对话框,再按下"确定"按钮,如图3-8所示。

提示:如果需要按某行属性对数据进行排序,只要在上述"排序选项"对话框中选中"按行排序"选项即可。

4. 自定义排序

当对"部门"列进行排序时,无论是按"拼音"还是"笔画",都不符合要求,这时可以通过自定义序列来进行排序,操作方法如下。

(1) 先把相应的部门序列按需要排序的顺序输入到相应的单元格区域(如工作表"排序"A2至A9)中。

图3-8 "排序选项"对话框

(2) 执行"工具"→"选项"命令,打开"选项"对话框,切换到"自定义序列"标签,如图3-9所示。

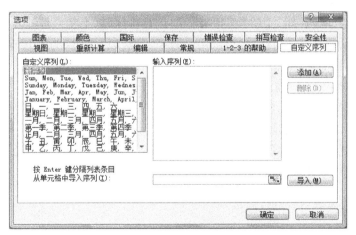

图3-9 "选项"对话框

(3) 在"从单元格中导入序列"右侧的方框中输入" $A$2:$A$9"(也可以用鼠标选择输入),如图3-10所示。

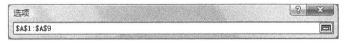

图3-10 输入单元格区域

(4)单击"导入"按钮,将相应的序列导入到系统中,单击"确定"按钮返回,如图3-11所示。

图3-11 A2至A9导入到系统中

提示:序列导入后,原来A2至A9区域中输入的数据可以删除,导入的序列在其他Excel文档中均可直接使用。

(5)将光标定位在"部门"列任意一个单元格。

(6)执行"数据"→"排序"命令,打开"排序"对话框。

(7)单击"选项"按钮,打开"排序选项"对话框,按"自定义排序次序"选项右侧的下拉按钮,在随后弹出的下拉列表中,选中上述"导入"的序列,确认后返回到"排序"对话框,再按下"确定"按钮。

5.用函数进行排序

如果对某些数值列(如"工龄"、"年龄"等)进行排序时,不希望打乱表格原有数据的顺序,而只需要得到一个排列名次,也可以用函数来实现(以"工龄"为例),操作方法如下。

(1)在"工龄"右侧插入一个空白列(N列),用于保存次序。

(2)选中M2单元格,输入公式:=RANK(M3,$M$3:$M$48)。

(3)再选中M2单元格,将鼠标移至该单元格右下角出现的填充柄,按住左键向下拖拉至最后一条数据,次序即刻显示出来。

提示:若要升序排序,可在公式最后增加一个"非零"参数,如将上述公式改为:=RANK(M3,$M$3:$M$48,1)。

3.3.2 对员工信息表内容进行筛选

员工信息表制作好以后,有时还需要根据指定条件从众多数据中筛选特定的记录。比如筛选工龄是10年以上的人员,筛选学历是本科的人员等。

Excel中提供了两种筛选方法:自动筛选和高级筛选。

1.自动筛选

"自动筛选"一般用于简单的条件筛选,筛选时将不满足条件的数据暂时隐藏起来,只显示符合条件的数据。通过自动筛选,可以很方便地在员工信息表中根据年龄或其他字段进行员工信息的筛选。操作步骤如下。

（1）将光标定位到需要筛选的数据库的任意单元格。

（2）选择"数据"→"筛选"→"自动筛选"命令，使"自动筛选"为选中状态（图3-12）。

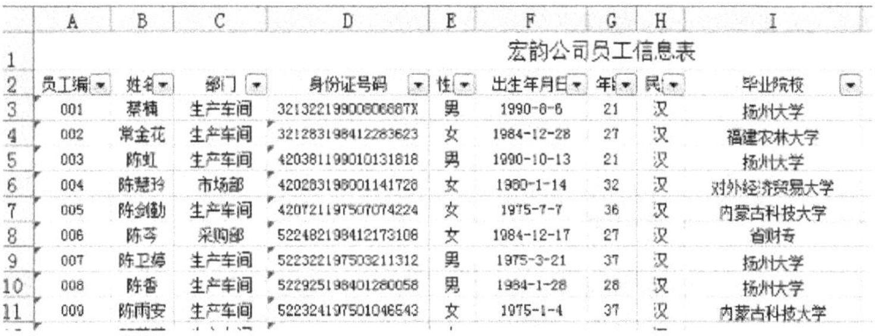

图 3-12 选中"自动筛选"

（3）如需筛选出毕业于"内蒙古科技大学"的情况，单击"毕业院校"字段旁箭头，从弹出菜单中选择筛选记录，然后单击鼠标（图3-13）。

图 3-13 设置筛选记录

（4）如需筛选出年龄最大的5位员工的情况，单击"年龄"字段旁箭头，从弹出菜单中选择"（前10个…）"，然后单击鼠标，出现图3-14所示的对话框。

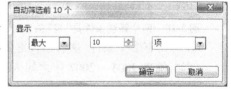

图 3-14 "自动筛选前10个"对话框

（5）如需筛选出年龄超过30岁的员工的情况，单击"年龄"字段旁箭头，从弹出菜单中选择"（自定义…）"，然后单击鼠标。在出现如图3-15所示的对话框中，选择筛选条件。最后按确定按钮，完成操作。

图 3-15 "自定义自动筛选方式"对话框

提示：若要在区域或列表中取消对某一列进行的筛选，请单击该列首单元格右端的下拉箭头，再单击"(全部)"；若要在区域或列表中取消对所有列进行的筛选，请指向"数据"菜单中的"筛选"，再单击"全部显示"；若要删除区域或列表中的筛选箭头，请指向"数据"菜单中的"筛选"，再单击"自动筛选"。

2. 高级筛选

"高级筛选"一般用于条件较复杂的筛选操作，其筛选的结果可显示在原数据表格中，不符合条件的记录被隐藏起来。也可以在新的位置显示筛选结果，不符合条件的记录同时保留在数据表中而不会被隐藏起来。

下面以员工信息表的高级筛选操作为例，说明高级筛选的使用方法。操作步骤如下。

(1) 在员工信息表表格空白处，建立高级筛选条件区域。

① 每列只有一个条件时条件区域的建立。例如，筛选性别为男，年龄大于35的记录，条件区域见图3-16。

性别	年龄
男	>35

图3-16　一个筛选条件　　　图3-17　多个筛选条件是"或"关系时

② 一列有两个以上条件，且条件之间是"或"的关系时条件区域的建立。例如，筛选专业是电子或机械的记录，条件区域见图3-17。

③ 一列有两个以上条件，且条件之间是"与"的关系时条件区域的建立。例如，筛选年龄小于35且大于30的记录，条件区域见图3-18。

年龄	年龄
<35	>30

入职时间	入职时间	入职时间
<2007-1	>=2005-1	
		>=2010-1

图3-18　两个筛选条件是"与"关系时　　　图3-19　多个筛选条件有"或"关系和"与"关系时

④ 一列有多个条件，这些条件之间既有"或"的关系又有"与"的关系时条件区域的建立。例如，筛选2005～2007年之间入职的或2010年以后入职的记录，条件区域见图3-19。

⑤ 使用高级筛选还可以进行模糊筛选。例如，筛选姓名是李××的记录，条件区域见图3-20。

图3-20　模糊筛选

图3-21　"高级筛选"对话框

(2) 选择"数据"→"筛选"→"高级筛选"命令，出现"高级筛选"对话框(图3-21)。

(5) 单击"确定"按钮，完成高级筛选。

3.3.3　对员工信息表中的数据进行分类汇总

员工信息表是一种 Excel 二维数据表格，经常需要根据表中某列数据字段对数据进行分类汇总。比如，需要了解各部门的平均年龄，可以对“年龄”数据进行分类汇总。操作步骤如下。

(1) 按照待汇总字段“部门”字段进行排序，将光标定位到“部门”列任意单元格，单击“常用”工具栏上的“排序”按钮(图3-22)。

	A	B	C	D	E	F
1						宏韵公司
2	员工编号	姓名	部门	身份证号码	性别	出生年月日
3	001	蔡楠	生产车间	32132219900806887X	男	1990-8-6
4	002	常金花	生产车间	321283198412283623	女	1984-12-28
5	003	陈虹	生产车间	420381199010131818	男	1990-10-13
6	004	陈慧玲	市场部	420283198001141728	女	1980-1-14
7	005	陈剑勳	生产车间	420721197507074224	女	1975-7-7
8	006	陈苓	采购部	522482198412173108	女	1984-12-17
9	007	陈卫婷	生产车间	522322197503211312	男	1975-3-21
10	008	陈香	生产车间	522925198401280058	男	1984-1-28
11	009	陈雨安	生产车间	522324197501046543	女	1975-1-4
12	010	邓莲萍	生产车间	420722198402035124	女	1984-2-3
13	011	丁一笑	市场部	622076198211093887	女	1982-11-9
14	012	高盼	采购部	321281198408212748	女	1984-8-21
15	013	谷艳	生产车间	324382198912282523	女	1989-12-28
16	014	郭蓉儿	生产车间	321321197509187427	女	1975-9-18
17	015	韩枫	技术部	321313198109121947	女	1981-9-12
18	016	胡卫钟	行政部	420682197508301177	男	1975-8-30
19	017	黄宏	生产车间	321201197509250621	女	1975-9-25

图3-22　按“部门”排序

(2) 执行“数据”→“分类汇总”菜单命令，弹出“分类汇总”对话框。

(3) 单击“分类字段”下拉列表按钮，选择“部门”字段作为分类汇总字段。

(4) 在“汇总方式”下列列表中选择“平均值”。

(5) 在“选定汇总项”列表框中对应数据项的复选框中指定分类汇总的计算对象“年龄”(图3-23)。

(6) 单击“确定”按钮，可以得到分类汇总的结果(图3-24)。

图3-23　“分类汇总”对话框

	A	B	C	D	E	F	G	H	I
1					宏韵公司员工信息表				
2	员工编号	姓名	部门	身份证号码	性别	出生年月日	年龄	民族	毕业院校
3	016	胡卫钟	行政部	420682197508301177	男	1975-8-30	36	汉	吉林农业大学发展学院
4	029	刘晓乐	行政部	420721197507085053	男	1975-7-8	36	汉	北京二外
5	036	王笑东	行政部	329544198808072911	男	1988-8-7	23	汉	省工职院
6	042	张虹婷	行政部	321324198403150044	女	1984-3-15	28	汉	扬州大学
7		行政部 平均值					30.75		
8	037	王兴	人力资源部	544233197907062331	男	1979-7-6	32	汉	江西师范大学
9	044	张晓明	人力资源部	522922199007065779	男	1990-7-6	21	汉	重庆工商大学
10	024	李芬	人力资源部	62221019760408374X	女	1976-4-8	36	汉	南昌航空大学
11	033	王俊	人力资源部	321283198010253029	女	1980-10-25	31	汉	北京工商大学
12	045	赵志明	人力资源部	522882197509121247	女	1975-9-12	36	汉	西南交通大学
13		人力资源部 平均值					31.2		
14	022	蒋陆婷	财务部	522681198402132211	男	1984-2-13	28	汉	省财专
15	035	王晓松	财务部	320524198809072132	男	1988-9-7	23	汉	兰州大学
16	031	沈敏明	财务部	522722199009226326	女	1990-9-22	21	汉	西南财大
17	046	郑海	财务部	320323198401227525	女	1984-1-22	28	汉	东北财大
18		财务部 平均值					25		

图3-24　分类汇总的结果

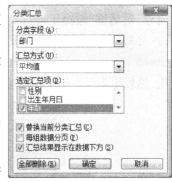

提示：在数据清单的左侧，有"显示明细数据符号(＋)"和"隐藏明细数据符号(－)"。"＋"号表示该层明细数据没有展开，单击"＋"号可显示出明细数据，同时"＋"号变为"－"号；单击"－"号可隐藏由该行层级所指定的明细数据，同时"－"号变为"＋"号。这样就可以将十分复杂的清单转变成为可展开不同层次的汇总表格（图3-25）。

图3-25 隐藏明细数据

3.3.4 对员工信息表进行数据透视分析

数据透视表是一种交互式的表，可以进行某些计算，如求和与计数等。如果要比较相关的总计值，尤其是在要汇总较大的数字清单并对每个数字进行多种比较时，可以使用数据透视报表。比如，可以用数据透视表按照部门统计男性或者女性员工的平均年龄，也可以用来统计各部门学历的分布情况。

操作步骤如下。

（1）将光标定位到员工信息表数据库表格中的任意单元格。

（2）执行"数据"→"数据透视表和数据透视图"命令，打开"数据透视表和数据透视图向导"对话框，按提示进行操作。

（3）在弹出的步骤1设置对话框中的"请指定待分析数据的数据源类型"中选择"Microsoft Office Excel 数据列表或数据库"项，在"所需创建的报表类型"中选择"数据透视表"项，然后单击"下一步"按钮（图3-26）。

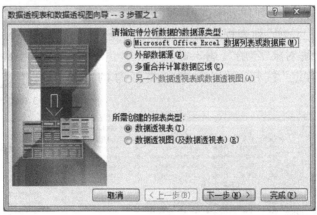

图3-26 "数据透视表和数据透视图向导-3步骤之1"对话框

（4）进入步骤2设置对话框，系统直接定位到选中的区域，直接单击"下一步"按钮（图3-27）。

图3-27 "数据透视表和数据透视图向导-3步骤之2"对话框

(5) 在弹出的步骤3设置对话框中,在"数据透视表显示位置"选择第一项"新建工作表"(图3-28)。

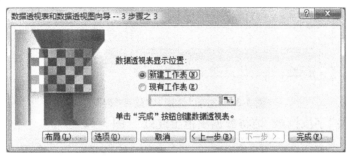

图3-28 "数据透视表和数据透视图向导-3步骤之3"对话框

(6) 单击"完成"按钮,Excel会在工作簿中插入一个新工作表,该新工作表包含报表的布局区域(即"数据透视表"工具栏)和"数据透视表字段列表"(图3-29)。接下来,就可以按照需要进行统计了。

图3-29 "数据透视表"工具栏和"数据透视表字段列表"

(7) 从"数据透视表字段列表"中将"部门"字段拖至"请将行字段拖至此处"(图3-30)。

图3-30 拖动"部门"字段至"行"区

（8）将"性别"字段拖至"请将列字段拖至此处"（图3-31）。

图3-31　拖动"性别"字段至"列"区

（9）将"年龄"字段拖至"请将数据项拖至此处"（图3-32）。

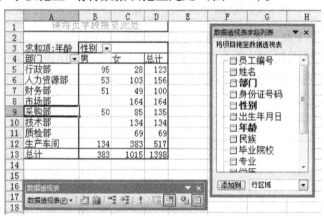

图3-32　拖动"年龄"字段至"数据项"区

（10）双击左上角的"求和项：年龄"，在弹出的"数据透视表字段"对话框里就可以设置汇总的方式"平均值"（图3-33）。

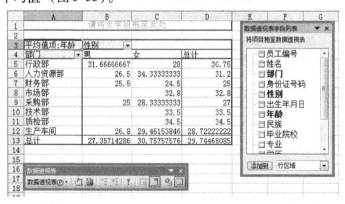

图3-33　最终结果

习题 3

一、上机操作题

1. 将本章实例自行操作一遍。
2. 利用 Excel 制作自动生成的员工简历表。

员工信息表是用 Excel 制作的一个工作表(见上机题图 3-1)。在做各类人事报表时，常常要打印指定员工的简历表(见上机题图 3-3)，需要用 Excel 来制作简历表(见上机题图 3-2)，具备自动提取员工信息表中信息的功能。

上机题图 3-1

上机题图 3-2

操作步骤如下：

(1) 启动 Excel，打开员工信息表工作簿。

(2) 仿照上机题图 3-3 的样式制作好简历表的框架，并设置各单元格格式：按住"Ctrl"键，单击单元格 B2、E2、H2、C3、C4、J4、B5、J5，执行"格式"→"单元格"命令，选择"数字"选项卡，在"分类"中选择"文本"，将单元格格式设置为文本格式；选中单元格 J2，执行"格式"→"单元格"命令，选择"数字"，在"分类"中选择"数值"，将单元格格式设置为整数数值格式；按住 Ctrl 键，单击单元格 H3、F5，执行"格式"→"单元格"命令，选择"数字"选项卡，在

"分类"中选择"自定义",在"类型"文本框中输入"yyyy"年"m"月"d"日",dddd",将单元格格式设置为自定义日期格式;选中单元格 B6,执行"格式"→"单元格"命令,选择"对齐"选项卡,将单元格对齐方式设置为水平、垂直居中。

(3) 选中需要填写内容的单元格(除 B2 单元格外,如 E2、H2 等),输入公式:= IF(ISERROR(VLOOKUP(B2,宏韵公司员工信息表!B2:N12,☆,FALSE)),"",VLOOKUP(简历!B2,宏韵公司员工信息表!B2:N12,☆,FALSE))。

说明:上述公式中的☆号,表示选中数据区域,相应的数据所对应的列数如"性别"在选中数据的第"4"列。

上机题图 3-3

3. 制作格式化的 Excel 表格(上机题图 3-4),可以实现通过回车键直接在需要填写的单元格内移动。

上机题图 3-4

操作步骤如下:

(1) 仿照上机题图 3-4 的样式制作好客户信息表的框架。

(2) 按住"Ctrl"键不放,逐一单击或拖动选中所有需要填写的单元格区域。

(3) 单击"格式"→"单元格",在"保护"选项卡中,取消单元格锁定。

再执行"工具"→"保护"→"保护工作表"命令,在打开的"保护工作表"对话框中去掉"选定锁定单元格"前的钩,只勾选"选定未锁定的单元格"选项,确认后返回(若想修改原表格,只需执行"工具"→"保护"→"撤销工作表保护"命令即可)。

(4) 单击"工具"→"选项"命令,选择"编辑"选项卡,在"按 Enter 键后移动方向"右侧的下拉列表中选择"向右",单击"确定"按钮。

二、选择题

1. 在 Excel 中,下列地址为相对地址的是(　　)。
   A. $D8　　　　B. $E$8　　　　C. C8　　　　D. F$5
2. 在 Excel 的单元格内输入日期时,年、月、日分隔符可以是(　　)。
   A. "/"或"—"　　B. "."或"|"　　C. "/"或"\"　　D. "\"或"—"
3. 在 Excel 中,在打印学生成绩单时,对不及格的成绩用醒目的方式表示(如用红色表示等),当要处理大量的学生成绩时,利用(　　)命令最为方便。
   A. 查找　　　　B. 条件格式　　C. 数据筛选　　D. 定位
4. 假定单元格 D4 中保存的公式为"$M4+C$4",若把它复制到 E5 中,则 E5 中保存的公式为(　　)。
   A. =B$4+C$4　　B. =C$4+D$4　　C. =B$5+C$5　　D. =C$5+D$5
5. 在一个单元格的三维地址中,工作表名与列标之间的字符为(　　)。
   A. !　　　　　B. #　　　　　C. @　　　　　D. %
6. 在 Excel 中求一组数值中的最大值函数为(　　)。
   A. AVERAGE　　B. MAX　　　　C. MIN　　　　D. SUM
7. 在 Excel 的高级筛选中,条件区域中同一行的条件是(　　)。
   A. "或"的关系　　　　　　　　B. "与"的关系
   C. "非"的关系　　　　　　　　D. "异或"的关系
8. 在 Excel 的图表中,能反映出数据变化趋势的图表类型是(　　)。
   A. 柱形图　　　B. 折线图　　　C. 饼图　　　　D. 气泡图
9. 在 Excel 数据库中,下面有关数据排序的描述正确的是(　　)。
   A. 排序的关键字段只有一个
   B. 排序时如果有多个字段,则所有关键字段必须选用相同的排列趋势
   C. 在"排序"对话框中,用户必须指定有无标题行
   D. 排序时文本字段的排序可按字母排序
10. 若在单元格中出现"#####"符号,则(　　)。
    A. 需重新输入数据　　　　　　B. 需调整单元格的宽度
    C. 需删去该单元格　　　　　　D. 需删去这些符号

三、问答题

1. 简述在 Excel 中输入电话号码的几种解决方法。
2. 如何更改 Excel 默认的行列标签的颜色?
3. 身份证号码、工作证编号等个人 ID 都是唯一的,不允许重复。如何通过设置 Excel 的数据有效性,拒绝录入重复数据?
4. 如何在 Excel 中添加自定义序列?
5. 有哪些方法可以创建图表?

第4章 办公中的音频处理

在现实生活中,人们以语言、文字、声音、图像、视频等媒体进行有效的交流。在办公环境中,计算机多媒体技术的应用则使人们经常要处理一些音频事务,如音频采集、语音编码/解码、文—语转换、音乐合成、语音识别与理解、音频数据传输、音频—视频同步、音频效果与编辑等。其中数字音频是个关键的概念,它指的是一个用来表示声音强弱的数据序列,由模拟声音经抽样(即每隔一个时间间隔在模拟声音波形上取一个幅度值)、量化和编码(即把声音数据写成计算机的数据格式)后得到的。计算机数字CD、数字磁带(DAT)中存储的都是数字声音。模拟—数字转换器把模拟声音变成数字声音;数字—模拟转换器可以恢复出模拟来的声音。一般来讲,实现计算机语音输出有两种方法:一是录音/重放,二是文—语转换。第二种方法是基于声音合成技术的一种声音产生技术,它可用于语音合成和音乐合成。而第一种方法是最简单的音乐合成方法,曾相继产生了应用调频(FM)音乐合成技术和波形表(wavetable)音乐合成技术。

 ## 4.1 音频技术的基本知识

听到的声音称之为音频。我们能够听见的音频信号的频率范围是20Hz～20kHz,其中语音分布在300Hz～4kHz之内,而音乐和其他自然声响是全范围分布的。声音经过模拟设备记录或再生,成为模拟音频,再经数字化成为数字音频。

4.1.1 音频的基本概念

1. 声音的产生与传播

声音是由物体振动产生,振动停止,发声也停止。声音靠介质传播,气体、液体和固体都可以传播声音(真空不能传声)。声音在介质中以声波形式传播,声音在介质中的传播速度与介质有关,声音在固体中传播速度最快,在液体中第二,在气体中排第三。声音的传播速度还与温度有关,温度越高声音的传播速度越快。声音在15℃空气中的传播速度为340m/s左右,在水中传播速度为1440m/s,在钢铁中传播速度为5000m/s。声波在两种介质的交界面处发生反射,形成回声。

2. 声音的三要素

声音特性可由三个要素来描述,即响度、音调和音色。

响度:人耳对声音强弱的主观感觉称为响度。响度和声波振动的幅度有关。一般说来,声波振动幅度越大,则响度也越大。

音调:人耳对声音高低的感觉称为音调。音调主要与声波的频率有关。物体 1 秒钟振动的次数称为频率,声波的频率高,则音调也高。

音色:音色是人们区别具有同样响度、同样音调的两个声音之所以不同的特性,或者说是人耳对各种频率、各种强度的声波的综合反应。音色与声波的振动波形有关,或者说与声音的频谱结构有关,由发声物体本身的材料、结构决定。

3. 声音的分类

纯音:是含单一频率、同时振幅随时间按正弦函数规律变化的声波。在自然界和日常生活中很少遇到纯音,纯音可由音叉产生,也可用电子振荡电路或音响合成器产生。

复合音:是由频率不同、振幅不同和相位不同的正弦波叠加形成的,它也是一种周期性的振动波。在复合音波中频率最低的成分(分音)称基音。频率与基音成整倍数的分音称谐音(谐波),2 倍或 3 倍基音的分音分别称二次或三次谐音。复合波的振幅由基音的振幅和各组谐音的振幅重叠而成。若振幅方向相同则可相加;若振幅方向相反则要相减。

噪音:又称噪声,一般是指不恰当或者不舒服的听觉刺激。噪音由许多频率、强度和相位不同的声音无规律性地组合在一起形成,其特点为非周期性的振动,它的音波波形不规则,听起来感到刺耳。

说明:声音无明确的分类规范,只是分无规则的噪音和有规则的音频信号,有规则的音频信号分为纯音和复合音。

4.1.2 音频技术的硬件知识

1. 声卡的概念

音频卡(Audio Card)即我们通常说的声卡,是音频技术中最基本的硬件组成部分,它是计算机进行声音处理的适配器,是实现模拟/数字信号相互转换的硬件。声卡是电脑的一种输入/输出设备,它提供音频信号的输入/输出功能,并对其进行处理。声卡包括集成声卡和独立声卡。声卡的基本功能是把来自话筒、磁带、光盘的原始声音信号加以转换,输出到耳机、扬声器、扩音机、录音机等声响设备,或通过音乐设备数字接口(MIDI)使乐器发出美妙的声音。它有三个基本功能:一是音乐合成发音功能,二是混音器(Mixer)功能和数字声音效果处理器(DSP)功能,三是模拟声音信号的输入和输出功能。声卡处理的声音信息在计算机中以文件的形式存储。声卡工作应有相应的软件支持,包括驱动程序、混频程序(Mixer)和 CD 播放程序等。声卡尾部的接口从机箱后侧伸出,上面有连接麦克风、音箱、游戏杆和 MIDI 设备的接口。

2. 声卡的功能

声卡配合相应的软件,可以实现以下功能。

(1) 录制和播放数字声音文件

声卡能将来自麦克风、收录机、激光唱盘等的声源采样,在软件的帮助下以数字声音文件的形式存放。声音文件通过软件播放、编辑或混音。

(2) 控制声音的音量

声卡可以控制声音的音量,通过混音,生成多种声音融合叠加的效果。

(3) 对声音文件压缩解/压缩

直接通过采样得到的波形声音文件都很大,这样会占据太多有用的磁盘空间,我们需要用压缩编码的方法对这些文件压缩。有的声卡上有固化的压缩算法,有的是向用户提供压缩软件。

(4) 语音合成

在特别软件支持下,让计算机朗读文本。由于这些朗读的声音是合成的,所以这些语音听起来往往不那么自然。

(5) 语音识别

语音合成使人能够听到计算机的声音,相反,语音识别能使计算机识别出人的声音。通过特别的软件,人用语音就可以完成输入或控制计算机执行命令。

(6) 声音效果合成

给声音添加诸如淡入/淡出、回声、音调变化等特效。

3. 声卡的主要技术指标

(1) 采样频率和量化位

它们是衡量声卡录制和重放声音质量的主要参数。一般声卡采用44.1kHz采样频率对立体声源进行16位数字化录音和重放。为什么采用44.1kHz的采样频率呢?因为人类所能听到的最高频率为22kHz,而数字录音时,如果恢复为逼真的模拟信号,采样频率必须是希望恢复的最高频率的2倍,所以采用44.1kHz的采样频率可以获得完美逼真的听觉感受。

(2) 分辨率

采样过程中,需使用分辨率来描述数字化声音。采样频率越高,每一声音波形采用的比特数越多,分辨率就越高,保真度也越好。

(3) 动态范围

音乐、语言和音响效果千变万化、丰富多彩。多媒体节目要求音响效果与视觉效应有机地融合在一起,这就要求声卡的声音处理有足够大的动态范围。但动态范围不是越大越好,因为过大不但影响处理速度,而且对音效改善也起不了多大作用。分辨率的比特数决定了系统的动态范围。

(4) 信噪比

这是音频或视频信号的幅度与噪声强度的比值。信噪比的单位是dB(分贝)。

4.1.3 音频数字化及编码

1. 音频种类

目前由计算机产生声音的方式有三种。

(1) 波形音频

它以数字方式表示声波,存储对波形采样后得到的数字化信息,它由声卡来录制与播出声音。其文件格式为.WAV。

(2) MIDI音频

它是电子合成器合成的声音。其文件格式为.MID。

(3) CD 唱盘数字音频

它是用数字采样技术制作的,它把1和0这样的数字位以微小的长短不等的凹坑直接通过激光器刻写在盘片上,重放时用激光读出这些数据,再通过 D/A 转换成模拟信号。

2. 波形音频

波形音频是声卡以一定的采样频率和量化级对输入声音进行数字化采样,将其对模拟声音信号进行量化(模/数转换),然后以波形音频文件的格式存在硬盘上。声音重放时,声卡将文件中的数字信号还原成模拟信号(数/模转换),经混音器混合后由扬声器放出来。

(1) 采样

在某些特定时刻对模拟信号进行测量叫做采样(sampling)。在确定时间间隔所采取的样本数称为采样频率。对随时间连续变化的模拟信号波形,必须用该信号所含的最高频率的两倍来进行采样,这样才能保证原模拟信号不丢失。

(2) 量化

将模拟声音的波形转换为数字就称之为量化。量化精度表示采样值的二进制位数(比位数)。量化级位数的多少决定了采样值的精度。量化过程首先是将整个幅度划分成有限个小幅度(量化阶距)的集合,把落入某个阶距内的样值归为一类,并赋予相同的量化值。均匀量化是指采用相同间隔对采样得到的信号做量化,也称为线性量化。非均匀量化是指对输入信号进行量化时,大的输入信号采用大的量化间隔,小的输入信号采用小的量化间隔。

(3) 声道数

声音通道的个数称为声道数,是指一次采样所记录产生的声音波形个数。随着声道数的增加,其所占用的存储容量将成倍增长。单声道是指产生一个声音波形。双声道(立体声)是指产生两个声音波形。

(4) 数据量计算

数据量(兆) = [采样频率(Hz) × 每个采样位数 × 声道数 × 时间(秒)]/[8(B/s) × 1024 × 1024]

例如,1分钟声音,单声道,8位采样位,采样频率为11.025kHz,其数据量为0.63MB。

解:$(11.025 \times 1000 \times 8 \times 1 \times 60)/(8 \times 1024 \times 1024) = 0.63 \text{MB}$

再如,采样频率为22.05kHz,上述条件不变,则数据量为1.26MB;若是立体声,其余条件不变,其数据量则为2.52MB。

解:$(22.05 \times 1000 \times 8 \times 1 \times 60)/(8 \times 1024 \times 1024) = 1.26 \text{MB}$

$(22.05 \times 1000 \times 8 \times 2 \times 60)/(8 \times 1024 \times 1024) = 2.52 \text{MB}$

说明:

① 立体声是单声道的两倍,所以在计算文件大小时,应乘以声道的系数。

② 采样频率是原始声音频率的两倍,如果已知的是原始声音频率,计算文件大小时就要将声音频率乘以2,才是采样频率。

采样频率、采样精度和声道数对声音的音质和占用的存储空间起着决定性作用,如表4-1所示。

表 4-1 采样频率、采样精度、声道数

声音质量	采样频率(kHz)	采样精度(bit)	单声道/双声道	数据量(Mb/min)
电话音质	8	8	1	0.46
AM 音质	11.025	8	1	0.63
FM 音质	22.05	16	2	5.05
CD 音质	44.1	16	2	10.09
DAT 音质	48	16	2	10.99

3. MIDI

MIDI 是"musical instrument digital interface"(数字乐器接口)的缩写,是音乐合成器、乐器和计算机之间交换音乐信息的一种标准协议。MIDI 是乐器和计算机使用的标准语言,是一套指令的约定,它指示乐器要做什么,如何做。MIDI 不是声音信号,在 MIDI 电缆上传送的信号是发给 MIDI 设备或其他装置让它产生声音或执行某个动作的指令。MIDI 标准之所以受欢迎,是因为其有几个特殊的优点:文件小、容易编辑、可以作为背景音乐。

4. CD 音频

CD 音频是标准激光唱盘上的声音,是一种数字化声音,比波形文件表示的声音质量高很多。以 16 位量化级、44.1kHz 采样频率的立体声存储,可完全重现原始声音。输出 CD 音频信号有两种途径:通过 CD-ROM 驱动器前端的耳机插孔输出,使用特殊连线介入声卡放大后由扬声器输出。

5. 音频编码

在音频数据的存储和传输中,数据压缩是必需的,音频数据压缩会造成音频质量下降和计算量增加。在实施数据压缩时,要综合考虑语音质量、数据率及计算量等方面,为了减少数据率,CCITT(国际电报电话咨询委员会)先后提出一系列语音压缩编码的建议。

(1) 基于波形编码(音质高,但数据率也高)

① 脉冲编码调制(PCM):直接对声音信号经过采样、量化、编码过程,作 A/D(模/数)转换。② 差分脉冲编码调制(DPCM):只传输声音预测值和样本值的差值以此降低音频数据的编码率。③ 自适应差分编码调制(ADPCM):是 DPCM 的改进,通过调整量化步长,对不同频段设置不同的量化字长。④ 频域法:将输入话音分为几个频带(子带),变换到每个子带中的话音信号进行独立编码,用 ADPCM 编码,在接收端,每个子带中的信号单独解码之后重新组合,产生重构的话音。

(2) 模型参数编码

通过建立声音信号的产生模型(如语音发生模型),将声音信号用模型参数来表示,然后再对参数进行编码。由于模型的限制,语音质量很低。

(3) 混合编码

这种编码企图填补波形编码和参数编码之间的间隔。解决数据率和音质之间的问题,企图寻找一种激励信号,使用这种信号激励产生的波形尽可能接近于原始话音的波形。

(4) 几种典型的编码方式

① 多脉冲线性预测编码(MPLPC)。② 码激励线性预测编码(CELPC)。③ 规则脉冲

激励编码(RPE-LTP)。

4.1.4 音频文件的格式

数字音频的不同表示形式,导致了不同的文件格式,以下是常见的几种音频文件格式。

1. PCM(脉冲编码调制)编码格式

如果把模数转换过程得到的离散电平值用二进制数表示出来,并把二进制数直接记录下来,所形成的多媒体声音文件就称为 PCM 编码。也就是说,PCM 是一种将模拟音频信号变换为数字信号的编码方式。其中主要经过三个过程:抽样、量化和编码。抽样过程,即将连续时间模拟信号变为离散时间、连续幅度的抽样信号;量化过程,即将抽样信号变为离散时间、离散幅度的数字信号;编码过程,即将量化后的信号编码成为一个二进制码组输出。PCM 编码最大的优点就是音质好,最大的缺点就是体积大。常见的 Audio CD 就采用了 PCM 编码,一张光盘只能容纳 72 分钟的音乐信息。

2. WAV 格式

WAV 是微软公司开发的一种声音文件格式,也叫波形声音文件,是最早的数字音频格式,由于 Windows 本身的影响力,这个格式已经成为了事实上的通用音频格式。WAV 格式符合 RIFF(Resource Interchange File Format)规范。所有的 WAV 都有一个文件头,这个文件头里记录了音频流的编码参数。WAV 对音频流的编码没有硬性规定,除了 PCM 之外,几乎所有支持 ACM 规范的编码都可以为 WAV 的音频流进行编码。WAV 格式支持许多压缩算法,支持多种音频位数、采样频率和声道,采用 44.1kHz 的采样频率,16 位量化位数,跟 CD 一样,对存储空间需求太大,不便于交流和传播。在 Windows 平台下,基于 PCM 编码的 WAV 是被支持得最好的音频格式,所有音频软件都能完美支持。由于可以达到较高的音质要求,因此,WAV 也是音乐编辑创作的首选格式,适合保存音乐素材。因此,基于 PCM 编码的 WAV 被作为了一种中介的格式,常常使用在其他编码的相互转换之中,例如 MP3 转换成 WMA。

3. MP3 编码格式

MP3 是 MPEG(Moving Picture Experts Group) Audio Layer-3 的简称,是 MPEG1 的衍生编码方案,1993 年由德国 Fraunhofer IIS 研究院和 Thomson 公司合作开发成功。MP3 可以做到 12∶1 的惊人压缩比,并保持基本可听的音质,MP3 之所以能够达到如此高的压缩比例,同时又能保持相当不错的音质,是因为利用了知觉音频编码技术,也就是利用了人耳的特性,削减音乐中人耳听不到的成分,同时尽可能地维持原来的声音质量。

4. 音频 CD 格式

音频 CD 格式是 1980 年由飞利浦公司和索尼公司开发的,1982 年公布,此后很少改动。

5. WMA 格式

WMA 是 Windows Media Audio 编码后的文件格式。WMA 格式是以减少数据流量但保持音质的方法来达到更高的压缩率的,其压缩比一般可以达到 1∶18。WMA 支持防复制功能,支持通过 Windows Media Rights Manager 加入保护,可以限制播放时间和播放次数,甚至限制播放的机器。WMA 也支持网络流媒体播放。

6. RA、RM、RMX 格式

RA(RealAudio)、RM(RealMedia,RealAudio G2)、RMX(RealAudio Secured)这几个文件类型都是 Real Media 面向音频方面的。它是由 Real Networks 公司开发的,其特点是可以在非常低的带宽下(低达 28.8kbps)提供足够好的音质。大部分音乐网站都是采用了这三种格式。这三种格式完全针对的就是网络上的媒体市场,支持非常丰富的功能。这三种格式最大的特点就是都可以根据听众的带宽来控制自己的码率,在保证流畅的前提下尽可能提高音质。RA 可以支持多种音频编码,包括 ATRAC3。和 WMA 一样,RA 不但支持边读边放,同样还支持使用特殊协议来隐匿文件的真实网络地址,从而实现仅在线播放而不提供下载的播放方式。因此这几种文件格式都属于网络流媒体格式。

7. MIDI 格式

这是记录 MIDI 音乐的文件格式。与波形文件相比较,它记录的不是实际声音信号采样、量化后的数值,而是演奏乐器的动作过程及属性,因此数据量很小。这种声音文件可以利用 Windows 提供的"媒体播放器"进行播放。

4.2 音频的处理方法

4.2.1 音频录制

在办公事务或学习中,我们经常需要录制音频或获取某种现有的音频为己所用。音频录制就是把我们想要的、有用的声音录制保存在某种介质上。以前的录音通常是把声音录制到磁带上,现在的音频录制还包括把磁带的声音内容录到计算机里以音频文件的形式存储。在数字时代,音频录制的实质是音频的获取。音频的录制获取有以下两种常用的方法。

1. 用磁带录制

用磁带录制模拟声音信号时,操作非常简单,只需要一台有录音功能的录音机即可。有时候需要把计算机里的音频录制到磁带上,这时就需要将带线路输入的录音机或有录音功能的卡座与计算机音频卡的线路输出相连接,计算机播放想要录制的音频,录音机或卡座同步录音即可。

2. 从电脑网络或其他媒体上获取音频

这需要用到一些专用的录音软件。有多种软件可以从其他媒体提取、分离音频,其中 Advanced MP3 WMA Recorder 就是一种专业软件。Advanced MP3 WMA Recorder 是一个完善且极专业的录音软件,使用它可以轻易地从麦克风、流媒体中录制声音。它也可以从 Winamp、Windows 媒体播放器、QuickTime、RealPlayer 这些播放软件或者 Flash、游戏中录制,并能去除噪音。Advanced MP3 WMA Recorder 录音保存的格式支持 MP3、WMA 或 WAV。除了在线听录音外,Advanced MP3 WMA Recorder 还可以把所有在电脑上播放的声音录下来。

4.2.2 音频文件的压缩

音频文件的压缩本来是指存储、传播音频数据时,需要在不影响音质的前提下减少数据量。因此各个公司采用不同的音频压缩标准,也就生成了不同格式的音频文件。办公中会遇到手中音频文件的大小不符合使用要求,一般都是文件偏大,这时就需要对此音频文件进行压缩。最简单的方法是转换格式,即将音质高的格式转换成音质低的格式,此时文件一般会缩小。同种格式的文件改变采样频率也会改变文件的大小。现在有很多专门的音频压缩软件可以对音频文件进行压缩,在不影响收听效果的情况下,有些软件针对特定格式的文件压缩比可达到80%以上。

4.2.3 音频文件格式的转换

音频文件的格式很多,在音频处理过程中,往往要进行各种格式之间的相互转换。音频格式的转换可以通过以下三种途径实现。

1. 借助权威公司开发的专用转换工具

这些软件多数是专门开发用来进行各种音频格式之间的转换的,有些软件转换工具只是集成在其里面的一个部分,不同的软件可能支持转换的音频格式不同。

2. 通过一些常用软件实现转换

这些常用软件指我们熟悉的如豪杰解霸、金山影霸等,它们都自带音频转换工具,能很方便地实现音频格式转换。

3. 通过音频编辑软件进行格式转换

这些软件都支持读取多种音频格式。这种转换方法比较简单,只需要将要转换的文件打开,然后再另存为需要的目标格式即可。

4.2.4 音频的其他处理

音频的处理还包括以下方面。

1. 剪辑

复制、剪切、粘贴和删除数字音频中的片段,或把不同文件中的音频片段组合到一个文件中。

2. 音量、音调调整

进行音量大小和音调高低的调节,也可以进行柔化处理或消除失真。

3. 淡入/淡出

增加和减少一段音频数据中的音量。

4. 均衡

通过削减音频数据流中的尖峰处和水平处来消除噪音。

5. 变速处理

在音频信号中删除和增加数据来加快或放慢声音。

6. 声音倒时序

反向播放数据流。

7. 数字化信号处理

数字化地增加声音的效果,如混响、回声、静音及其他特殊效果。

8. 语音合成和语音识别

这是实现人机语音通信所必需的两项关键技术。它们的目的是使电脑具有说话和听懂说话的能力。

4.2.5 音频在办公中的应用实例

在使用办公软件 Microsoft Office 时经常会遇到需要录制一段音频的情况,在 Word、Excel、PowerPoint 中操作步骤也相同,现在以 Excel 2003 为例作介绍。

第一步:打开 Excel,单击"插入"→"对象"命令。

第二步:在"对象"对话框的"对象类型"中选择"音效",单击"确定"按钮。在电子表格中产生一个""图标,同时弹出录音机。

第三步:单击"开始录制声音"按钮。这时就可以讲话进行录音了,所讲的话全部被录在电子表中。(注:这种录音方式只能录 60s。如需多录制,其方法是:在时间进度条没有到结束时的录音停顿间隙中单击一下"停止录制"按钮,再单击"开始录制声音"按钮,这样循环往复,便可以长时间录制了)。

第四步:全部录制完毕后,最后把这个文件保存起来。只需要双击电子表格中的""图标便可以听见声音了。

4.3 常用的音频处理软件

4.3.1 Windows 录音机

使用 Windows 程序中的"录音机"可以录制、混合、播放和编辑声音文件(*.wav 文件),也可以将声音文件链接或插入到另一个文档中。

使用"录音机"进行录音的操作如下。

(1) 单击"开始"按钮,选择"程序"→"附件"→"娱乐"→"录音机"命令,打开"声音-录音机"窗口,如图4-1 所示的是"录音机"的主界面。由于现在还没有录制文件,所以"前进"、"倒退"、"播放"等按钮都不能使用。

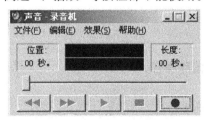

图 4-1 录音机主界面

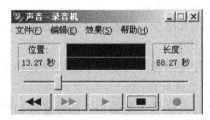

图 4-2 录音进行中

(2) 单击"录音" ● 按钮,即开始进行录音,如图4-2 所示。录音长度最多为60s。

(3) 录制完毕后,单击"停止" ■ 按钮即可。

(4) 单击"播放" ▶ 按钮,即可播放所录制的声音文件。

下面再看看菜单栏中的其他功能,图4-3 所示是其"编辑"(Edit)菜单。在"编辑"菜单中,可以进行复制、插入文件、与文件混音、删除当前位置以前或以后的内容等操作。这些操作为制作简单的音频文件提供了可能。

 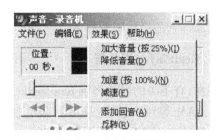

图 4-3 "编辑"菜单　　　　　　图 4-4 "效果"菜单

在"效果"(Effects)菜单中(图 4-4),可以使用的功能有:加大音量、降低音量、加速播放、减速播放、添加回音、反转等。这些效果可以用来制作一些简单的特效。

4.3.2　Windows 媒体播放器

使用 Windows Media Player 可以播放、编辑和嵌入多种多媒体文件,包括视频、音频和动画文件。Windows Media Player 不仅可以播放本地的多媒体文件,还可以播放来自 Internet 的流式媒体文件。

1. 播放多媒体文件、CD 唱片

使用 Windows Media Player 播放多媒体文件、CD 唱片的操作步骤如下。

(1) 单击"开始"按钮,选择"程序"→"附件"→"娱乐"→"Windows Media Player"命令,打开"Windows Media Player"窗口。

(2) 若要播放本地磁盘上的多媒体文件,可选择"文件"→"打开"命令,选中该文件,单击"打开"按钮或双击文件即可播放。

(3) 若要播放 CD 唱片,可先将 CD 唱片放入 CD-ROM 驱动器中,单击"CD 音频"按钮,再单击"播放"　▶　按钮即可。

2. 复制 CD 音乐到媒体库中

利用 Windows Media Player 复制 CD 音乐到本地磁盘中,操作步骤如下:

(1) 打开"Windows Media Player"操作面板。

(2) 将要复制的音乐 CD 盘放入 CD-ROM 中。

(3) 单击"CD 音频"按钮,打开该 CD 的曲目库。

(4) 清除不需要复制的曲目库的复选标记。

(5) 单击"复制音乐"按钮,即可开始进行复制。

(6) 复制完毕后,单击"媒体库"按钮,即可看到所复制的曲目及其详细信息。

(7) 选择一个曲目,单击"播放"按钮,或单击右键,在弹出的快捷菜单中选择"播放"即可播放该曲目,也可在弹出的快捷菜单中选择将其添加到播放列表中,或将其删除。

3. 将曲目添加到播放列表的操作步骤

(1) 单击"媒体库"按钮,打开 Windows Media Player 媒体库。

(2) 单击"选择新建播放列表"按钮,弹出"新建播放列表"对话框。

(3) 在"输入新播放列表名称"文本框中可输入新建的播放列表的名称,单击"确定"按钮即可。

(4) 选中要添加到播放列表中的曲目,单击"添加到播放列表"按钮,在其下拉列表中选择要添加到的播放列表即可。

4.3.3 RealPlayer 播放器

现在,有不少的网站提供 RealMedia 格式的电影和音乐下载,也有很多 RealMedia(后缀为 RM、RAM 等)格式的电视节目和电影压制成 CD-ROM 光碟。RealMedia 格式的影像文件一般都用 RealPlayer 播放。RealPlayer 有很多版本,且还在与时俱进地不断推出新版本。下面以 RealPlayer 11 为例稍作介绍。RealPlayer 11 支持播放各种在线媒体视频,包括 Flash、FLV 格式或者 MOV 格式等,并且在播放过程中能够录制视频。同时还加入了在线视频的一键下载功能到浏览器中,支持 IE 和 Firefox,这样便能够下载 YouTube、MSN、Google Video 等在线视频到本地硬盘来离线观看,并且加入了 DVD/VCD 视频刻录的功能。此软件的功能非常多,以下主要介绍与音频相关的功能。

1. 随机播放和连续播放

借助随机播放和连续播放,可以一遍又一遍地欣赏同一张 CD,每次都能按不同的顺序播放,也可以反复滚动收听系列新闻报道。可以同时使用它们,也可以单独使用它们。

当播放"我的媒体库"中的剪辑时,其操作如下。

(1) 打开"播放"菜单。

(2) 选择"随机播放"或"连续播放"。

① 随机播放将随机化播放列表的播放顺序。② 连续播放将不断重复播放列表,并在到达结尾处时返回开头并再次重复播放。③ 同时进行随机和连续播放列表中的每个剪辑都播放一次后,RealPlayer 将重新随机化该列表并继续播放。再次播放每个剪辑后,它会对列表再次进行重新随机化,然后再继续播放。RealPlayer 会不断循环执行此操作,直至将其停止。

提示:可以随机播放或连续播放播放列表及其他组合,如专辑。甚至可以随机播放或连续播放 CD。只需将光盘插入计算机的 CD 播放器中,选定随机播放或连续播放并开始播放。

2. 从音频、视频媒体中直接录制

可以将 RealPlayer 中播放的任何音频和视频媒体录制到"我的媒体库"中。它可以是具有明确开始和结束位置的点播媒体,如歌曲、电影预告或 Internet 视频,或者可以从直播流媒体(如直播电视网络广播)录制剪辑。

无论是录制点播还是直播信号流音频或视频媒体,如果信号流可以录制,就可以在播放中随时开始录制,包括信号流暂停。

RealPlayer 支持所有主要视频类型,包括 RealMedia、Windows Media、Flash、QuickTime 和 MP3。如果视频发行人或版权所有者已对视频应用 DRM 数字权限管理,则该视频不能被录制。RealPlayer 会警示某个剪辑是否可以录制(图 4-5)。

图 4-5 剪辑是否可以录制

录制操作步骤如下。

(1) 在 RealPlayer 中播放可录制媒体时,请单击播放器控制栏上的"录制"按钮(也可以通过选择"文件"→"录制"→"录制"此剪辑,或按键盘上的"Ctrl"+"R"开始录制)。可以在剪辑中的任何点单击"录制",开始下载和录制整个剪辑。(2) 剪辑开始保存。播放器控制栏的定位滑块会跟踪剪辑当前的播放进度。(3) 所需的整个剪辑下载到缓冲后,剪辑被保存到"我的媒体库"时,状态对话框会有通知。

4.3.4 Cool Edit 音频编辑软件

Cool Edit 是著名的数字音频软件制作公司 Syntrillium 开发的一款功能十分强大的数字音频处理软件,它分为 Cool Edit Pro 和 Cool Edit 2000 两个版本,前者是全功能的专业版,后者是其简化版。本节以 Cool Edit Pro 2.0 中文汉化版为例简要介绍它的功能。

Cool Edit Pro 2.0 集成了几个相当专业且高效的音频处理工具,功能十分强大。它可以同时处理多达 128 路音频信号,并且可以对每一路音频信号单独进行编辑处理,加入不同的音效、特效。如压缩、扩展、回响、回声、失真、延迟、放大等。它不但能处理多种声音文件的格式,还能直接从 CD 或 VCD 中摘录声音,处理后的声音还可以以各种各样的格式输出。它的界面由标题栏、菜单栏、工具栏、文件区、操作区、状态栏组成。工具栏左边是波形单轨/多轨混音窗口的切换按钮,单击该切换按钮,可随时在波形单轨/多轨混音两个窗口间进行切换,菜单栏、工具栏和操作区的功能随着窗口的切换而改变。

1. 波形单轨编辑窗口

(1) 标题栏 图 4-6 为波形单轨编辑窗口。标题显示正在编辑的文件名、"最小化"按钮、"最大化"/"还原按钮"、"关闭"按钮。

(2) 菜单栏

菜单栏有"文件"、"编辑"、"查看"("视图")、"效果"、"生成"、"分析"、"偏好"("收藏夹")、"选项"、"窗口"、"帮助"共 10 项。其主要功能如下。

文件:和其他软件的"文件"菜单没有多大的区别,用来对文件进行操作,包含了常用的"新建"、"打开"、"关闭"、"保存"、"另存为"等命令。

编辑:对文件进行各种编辑调整,包含了常用的"复制"、"剪切"、"粘贴"、"删除"等命令。

查看(视图):包含一些常用视图的选择设置,可以打开各种窗口。

效果:包含在编辑音频时用的一些功能,如"反向"、"动态"、"延时"、"混响"、"均衡"、

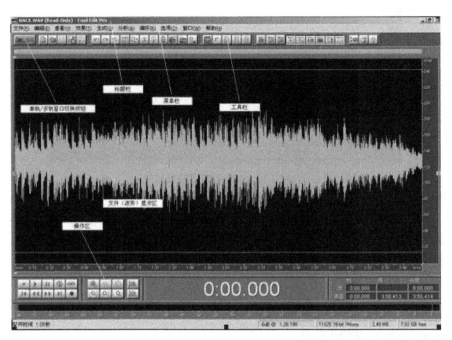

图4-6 波形单轨编辑窗口

"降噪"、"失真"、"变调"等,是 Cool Edit Pro 2.0 的核心部分,对音频的编辑主要就是利用它进行操作,由于这里涉及许多专业术语,操作时尽量取默认值。

生成:包括生成静音、噪声等。

分析:通过对一段音乐的频谱或数字统计进行详细的分析,以便了解音乐的构成和本质。

偏好(收藏夹):通过编辑将音频处理的各种效果设定后保存下来以供随时调用,也可将其他工具挂到这里。

选项:包含一些系统参数的设置,可以改变临时文件酌存放位置,录音时默认采样率、窗口风格等。

窗口:在打开的多个文件窗口间进行切换。

快捷菜单:在操作过程中,可随时使用右键调用不同的快捷菜单。在不同的操作区域单击右键,会出现相应的不同的菜单。

(3) 工具栏

工具栏有"文件"、"编辑"、"查看"("视图")、"选项"、"分析"、"生成"、"振幅"、"延时效果"、"滤镜"、"降噪"、"特殊处理"、"时间调整/变调"共12项,可通过菜单"查看"→"工具栏"进行定义。

(4) 文件(波形)显示区

文件(波形)显示区以波谱图方式显示声波文件,供播放、声道切换、选取、编辑等各种操作,单声道在波形显示窗口中只有一行,双声道则分上下两行(左声道在上,右声道在下)。图4-5 所示为单声道的情况。

(5) 操作区

操作区中包括录放按钮、缩放按钮、时段显示、电平指示条等。

录放按钮分上下两排,共 10 个,按照从上到下、从左到右的顺序分别为"停止"、"播放"、"暂停"、"向前播放"、"循环"、"快倒"、"倒带"、"进带"、"快进"、"录音"等按钮。

水平缩放按钮分上下两排,共 6 个,按照从上到下、从左到右的顺序分别为"居中放大"(以整个乐曲为中心放大)、"居中缩小"(以整个乐曲为中心缩小)、"完整缩放"(调整缩放到完整显示整个波形)、"缩放到选择区"(调整缩放到完整显示选择区波形)、"放大选择区左边"(将选择区左边界放大)、"放大选择区右边"(将选择区右边界放大)。

垂直按钮有两个,上面为"垂直放大",下面为"垂直缩小"。

(6) 状态栏

位于窗口最底下的状态栏用于显示当前操作的波形文件的大小、格式及磁盘空间状态等信息。

2. 多轨混音编辑窗口

(1) 标题栏

图 4-7 为多轨混音编辑窗口,与波形编辑窗口相同。

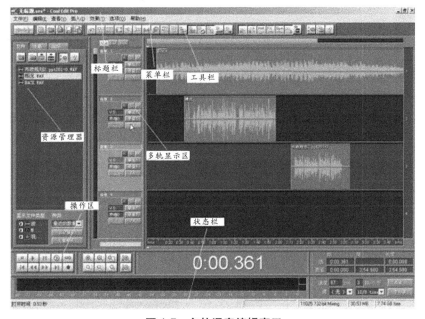

图 4-7 多轨混音编辑窗口

(2) 菜单栏

菜单栏有"文件"、"编辑"("查看")、"视图"、"插入"、"效果"、"选项"、"帮助"共 7 项,其主要功能如下。

文件:对多轨任务文件进行操作,包含常用的"新建"、"打开"、"关闭"、"保存"、"另存为"等命令。

编辑:对多轨任务文件进行各种编辑调整。

查看(视图):对多轨任务设置各种显示方式。

插入:将磁盘上的波形文件插入到音轨中。

效果:对音轨进行处理。

选项:参数的设置。

帮助：帮助信息。

快捷菜单：在操作过程中，可随时使用右键调用不同的快捷菜单。在不同的操作区域单击右键，会出现相应的不同的菜单。

（3）工具栏

工具栏主要有多轨文件工具条、多轨编辑工具条、多轨查看工具条、多轨选项工具条、窗口套索。可通过"查看"→"工具栏"命令进行定义。

（4）多轨显示区

对多路音轨进行编辑。

（5）操作区

操作区和单轨窗口相同。

（6）资源管理器

方便不同类型文件的显示和管理。

3．单轨音频基本编辑方法

（1）录音

Cool Edit Pro 可以录入多种音源，如话筒、录音机、CD 播放机等，将这些设备与声卡连接好，就可以准备录音了。录音的步骤如下。

① 将话筒插入电脑声卡的麦克风插孔，开启话筒电源。

② 启动 Cool Edit Pro 后，切换到波形单轨编辑窗口。

③ 选择"文件"→"新建"命令，出现"新建波形"对话框，选择适当的采样率、声道数、采样精度，如图 4-8 所示。

④ 按下操作区的"　"按钮，开始录音，如图 4-9 所示。

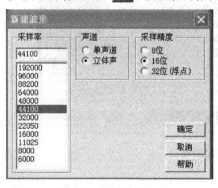

图 4-8　新建波形

图 4-9　录音按钮

⑤ 单击操作区左上角的"　"按钮就可以停止录音。

⑥ 单击"　"按钮进行试听。

⑦ 通过"文件"→"另存为"命令进行保存，保存时可以选择不同的文件类型，如图 4-10 所示。

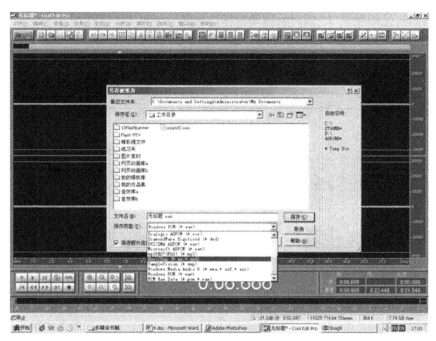

图 4-10 录音文件保存

(2) 摘录

Cool Edit Pro 可以从 CD 或 VCD 中摘录声音,现以 CD 为例,其操作步骤如下。

① 将 CD 放入光驱中,选择"文件"→"从 CD 中提取音频"命令。

② 在"音轨"下拉文本框中选择要提取的音轨,单击"确定",如图 4-11 所示。

③ 通过"文件"→"另存为"命令选择需要的类型进行保存。

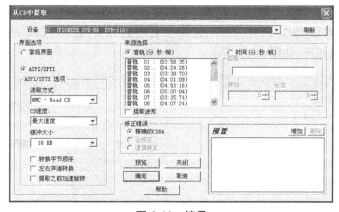

图 4-11 摘录

(3) 其他操作

其他的操作如剪切、复制、粘贴等功能和一般的应用软件很相似。在波形窗口左右声道的交界处拖动鼠标,选中要处理的波形区域,单击右键,弹出快捷菜单,选择"剪切"或"复制"命令,在需要插入波形的地方同样单击右键,弹出快捷菜单,选择"粘贴"命令。如果要选中右声道中的波形,则可以将光标移到波形窗口下方边界时,光标显示"R"的时候拖动鼠标,如图 4-12 所示。同样的,如果要选中左声道中的波形,则可以将光标移到波形窗口上方边界,光标显示"L"的时候拖动鼠标。

图 4-12　选择右声道中的波形

4．单轨音频效果处理

（1）音量调整

Cool Edit Pro 可以在保证不出现声音失真的前提下,对声音进行调整。其操作步骤如下。

① 打开要处理的音频文件。

② 选择"效果"→"波形振幅"→"渐变"命令。

③ 在弹出的对话框的"预置"框中,选择要处理的分贝数,带"Cut"的表示降低声音分贝数,带"Boost"则相反,如图 4-13 所示。

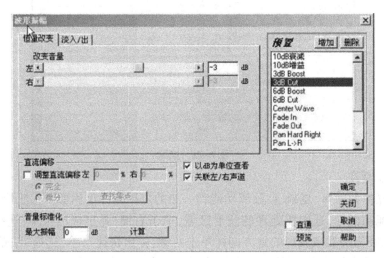

图 4-13　音量调整

④ 单击右下角的"预览"按钮可以试听,若不够理想再进行以上的操作,直到满意为止,单击"确定"按钮完成音量调整。

(2) 淡入/淡出

淡入/淡出功能可使声音从无到有或从有到无(即声音的音量渐变)。其操作步骤如下。

① 打开要处理的音频文件。

② 选择"效果"→"波形振幅"→"渐变"命令。

③ 设置淡入/淡出参数。对话框的右边提供了一些常用的预设参数,如图4-14所示。

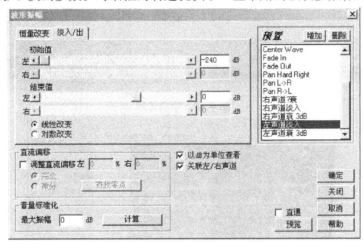

图4-14 设置声音淡入/淡出

(3) 降低噪声

降低噪声就是降低或消除设备噪声、环境噪声、喷音、爆音等不应有的杂音。录进计算机里的声音一定会存在或多或少的噪声。背景噪声是一般个人计算机录音中最大的问题,如声卡的杂音、计算机的风扇、硬盘、音箱、空调、电话等都是噪声源。对各种噪声有不同的解决办法,常用的有FFT采样降噪、使用噪声门、调整均衡等方法。采样降噪是目前比较科学的一种消除噪声的方式,即首先获取一段纯噪声的频率特性,然后在掺杂噪声的音乐波形中,将符合该频率特性的噪声从声音中去除。降低噪声的操作步骤如下。

① 录音前可以单独录制一段跟正式录音环境一致的纯环境噪声,或者在正式录音前空录几十秒纯环境噪声。选择"文件"→"新建",设置采样率为11.025kHz,量化位数为8bit,声道为单声道;然后单击录音按钮开始录制环境噪声。如要采集到足够多的环境噪声,可以适当加长录音时间,比如10s,录制好的环境噪声文件如图4-15所示。

② 录制完成以后,选中刚刚录制的一段纯环境噪声,对这段纯环境噪声提取噪声样本。选择"效果"→"噪音消除"→"降噪器"命令,在打开的对话框中单击"噪音采样"按钮,如图4-16所示。

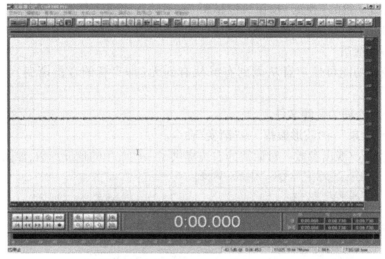

图 4-15　噪声波形

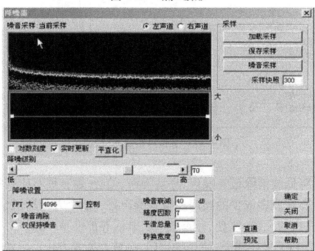

图 4-16　生成噪声样本文件

③ 单击"保存采样"按钮,将样本保存以备后用,如图 4-17 所示。

图 4-17　保存噪声样本文件

④ 新建一个文件,开始录音,录好以后全选,如图4-18所示。

图 4-18　选择降噪范围

⑤ 选择"效果"→"噪音消除"→"降噪器"命令,在打开的对话框中,单击"加载采样"按钮,再单击"确定"按钮以后,录音文件被降噪,波形如图4-19所示。

图 4-19　降噪后的波形文件

注意,消除噪声对原声会有不同程度的损耗,所以要多听多试,选择合适的方案,既去除了不可忍受的背景噪声,而声音也没有过分变形。

(4) 均衡

"均衡"用于提升或衰减某些频段的音量,也用于通过调音台的均衡减少噪声和创造新的音色。我们知道,每一种听得见、听不见的声音,都有它的振动频率,频率越低,音调越低,频率越高,音调越高,如低音类乐器(大提琴、BASS等)的主体频率一般在30Hz～300Hz之间,人声的主体频率在60Hz～2000Hz之间等。

很多时候,我们需要做必要的均衡处理。比如,为了突出小提琴音色的亮丽,需要提升它的高频区;而BASS、低音鼓则需要适当提升低频,衰减高频。尤其在声部(乐器)众多的时候,均衡就更为重要,它可以使整个作品各声部层次分明,清晰而不混浊。

以下是音频中常需要的频率,供参考:重击声大约在70Hz,温暖的声音大约在250Hz,浑声音产生自400Hz～800Hz,鼻音一般在1kHz～2kHz,急躁的声音在3kHz～4kHz,齿擦的声音在5kHz,6kHz～8kHz是"噗噗"声,明亮的声音在10kHz～13kHz,而17kHz到更高的频率是空声音。例如,为了在过于刺耳的声音中加入一些温暖的成分,可以试着在3kHz处降低1dB~2dB,在275Hz处提升0.5dB。

均衡处理的操作步骤如下。

① 打开待处理的音频文件。

② 选择"效果"→"滤波器"→"快速滤波器"命令,在弹出的"快速滤波器"对话框中,根据音频处理的要求,拖动滑块调整各个频段的增减,如图4-20所示。

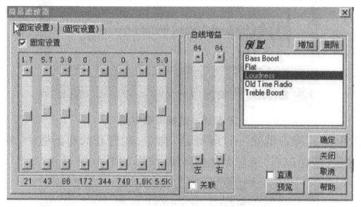

图4-20 "快速滤波器"对话框

需要说明的是,FFT滤波器也可用于均衡调整,并且更准确细致。

(5) 混响

"混响",简单地说就是声音余韵,音源在空间反射出来的声音。适当设置混响效果,可以更真实更有现场感地再现音源,也可以起到修饰、美化的作用。其操作步骤如下。

① 打开待处理的音频文件。

② 选择"效果"→"常用效果器"→"混响"命令,在弹出的"混响"对话框中设置各项参数即可,如图4-21所示。

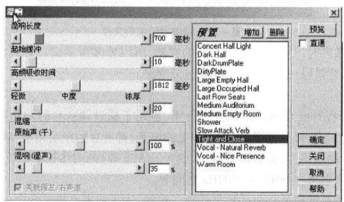

图4-21 "混响"对话框

(6) 延迟

"延迟"即增加音源的延续。它不同于混响,是原声音的直接反复,而非余韵音。它也不同于合唱。合唱是单纯的声音重叠,而延迟给人一种错位、延绵的感觉。其操作步骤如下。

① 打开待处理的音频文件。

② 选择"效果"→"常用效果器"→"延迟"命令,在弹出的"延迟"对话框中设置各项参数即可,如图4-22所示。

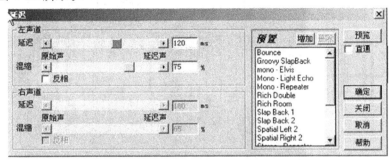

图 4-22 "延迟"效果对话框

(7) 变速

"变速"即改变一段音频的波形长度,使音乐速度发生变化。其操作步骤如下。

① 打开待处理的音频文件。

② 选择"效果"→"变速"/"变调"→"变速器"命令,在弹出的"变速"对话框中设置各项参数即可,如图4-23所示。

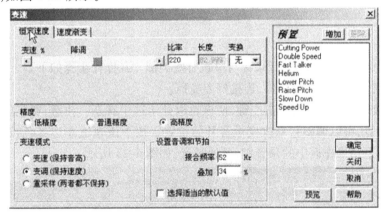

图 4-23 "变速"对话框

(8) 静音

"静音"是使波形的振幅为零而无声。其操作步骤如下。

① 打开待处理的音频文件。

② 在文件(波形)显示区按住鼠标左键拖动,选择需要变为静音的波段,如图4-24所示,选择"效果"→"静音"命令即可。

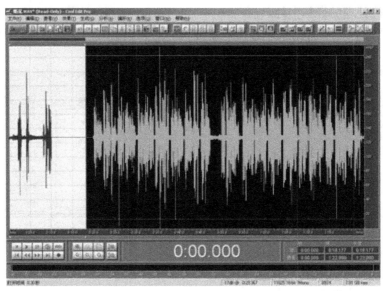

图 4-24 选择需要变静音的波段

5. 多轨混音处理

通过多轨混音处理窗口可以很方便地将多路音频进行合成,从而完成一首完整曲目的创作。

(1) 录音

在多轨混音处理窗口中进行录音与单轨有些类似。其操作步骤如下。

① 切换到多轨混音处理窗口,连接好麦克风。

② 在要放录音的轨道处单击左键,使该轨道处于选中状态。注意,黄色的标尺线表示录音开始的位置,可以调整它来改变录音开始位置。按下该轨道左边红色按钮"R",准备好以后单击右下角操作区中的录音键,开始录音,如图 4-25 所示。

图 4-25 多轨录音

③ 录音完毕后单击操作区的停止按钮,再弹起轨道左边红色按钮"R",完成该轨道的录音。试听一下,若效果不够理想,双击该轨道,进入单轨编辑窗口进行各种处理。

(2) 音频合成

将不同的音乐放入不同的音轨中完成音频合成。其操作步骤如下。

① 单击鼠标左键选择音轨,选择"插入"菜单,再选择要插入的文件格式,弹出"打开波形文件"对话框,选取相应的文件,单击"打开"按钮即完成。也可以通过单击鼠标右键来完成以上操作。

② 用和步骤①同样的方法在其他的音轨中放入其他合适的音乐。

③ 通过按住鼠标左键进行拖动来调整音轨位置。

④ 如要为每个轨道调节音量,可用右键单击轨道左边,即可弹出对话框,在其中进行相应设置,如图4-26所示。

图4-26　音量调节

习 题 4

一、上机操作题

用Cool Edit音频编辑软件录制一段自己的声音,并给录音文件配上背景音乐。操作步骤:(1)用音频编辑软件Cool Edit录制一段自己的声音,保存为"我的声音.mp3"文件;(2)背景音乐可以机器里现成的音乐文件,也可以上网下载自己喜欢的音乐,保存为"背景音乐.mp3"文件(如需格式转换,用Cool Edit进行格式转换);(3)在Cool Edit多轨模式下,在音轨1插入"我的声音.mp3",在音轨2插入"背景音乐.mp3",然后点击"文件"菜单下的"混缩另存为",输入文件名,选择文件格式。

二、问答题

1. 音频信号的频率范围大约是多少？语音信号频率范围大约是多少？
2. 声卡有哪些基本功能？有哪些扩展功能？
3. 简述数字音频的种类。
4. 什么是采样？什么是采样频率？什么是量化？什么是量化精度？
5. 选择采样频率为22.05kHz和样本精度为16位的录音参数。在不采用压缩技术的情况下,计算录制2分钟的立体声音需要多少兆字节的存储空间(1MB = 1024 × 1024B)。
6. 了解常见的音频文件格式。
7. 简答音频的几种处理方法。
8. 了解Windows录音机、Windows媒体播放器、RealPlayer播放器、Cool Edit音频编辑软件,并能简单应用。

第5章 办公中的图片与视频处理

在现代化办公业务处理中,涉及图片与视频的处理越来越广泛,图片凭借其形象、生动、直观的视觉传达备受青睐。

在日常办公中,常需要利用计算机多媒体技术来处理一些图片与视频,如图片的采集与管理、格式转换、编辑处理,视频的剪辑与合成、压缩与传输等。了解相关的术语,掌握必备的图片与视频剪辑处理软件知识与基本应用能力,有利于大家轻松地应对日常的办公需要。

5.1 办公中的图片处理技术

一幅图像常有胜过千言万语之妙。伴随着视觉文化的发展,特别是随着扫描仪、数码相机和小型摄像机等电子设备的普及,各类图片被广泛应用于工作汇报、企业网页和宣传资料的制作中。

5.1.1 图片

一般来说,目前计算机中的图片从处理方式上大致分为两大类:一类为位图,另一类为矢量图。

1. 位图

位图是通过描述图像中的每一个像素的亮度和颜色来表示一幅图像的。说得通俗一点,就是一个一个不同颜色的小点,这些不同颜色的点一行行、一列列整齐地排列起来,最终就看到了由这些不同颜色的点组成的画面。因此它适合表现大量细节(如明暗、颜色的变化等)的类似照片绘画等的画面。

(1) 位图的概念

一个图像由若干个点组成。通常,计算机内存中划出一部分空间用做显示存储器,也称帧存储器,其中存放了与屏幕画面上的每一个像素一一对应的一个个矩阵。矩阵中的第一个元素就是像素值,像素值反映了对应像素的某些特性,而这个矩阵就被称为位图。简而言之,位图是一个用来描述像素的简单的信息矩阵。如果说单色的(仅有黑、白两种颜色)可用一维矩阵(即一位的位图)来表示,而更多的颜色则要用多位信息来表示。例如,4位可以表示16种颜色,8位可以表示256种颜色,16位可以表示32768种颜色,24位则可以表示1600多万种颜色（可达到"照片逼真"的水平），如此等等。

（2）位图的产生方法

① 用画图程序获得。

② 用屏幕抓取程序从屏幕上直接抓取，然后把它加到画图程序或应用程序中。

③ 用扫描仪或数字化的视频图像抓取设备从照片、艺术作品或电视图像中抓取。

④ 购买现成的图像库。厂商把各种图像数字化以后存于磁盘或光盘中，像普通软件一样销售。由于是专业化的开发，规模化的生产，所以有较高的性价比。

（3）位图处理

① 图像的抓取。在荧光屏上看到的图像实际上是存储在视频存储器（它是内存的一部分）中的数字位图，大约每1/60秒或更短的时间内更新一次，这取决于所用监视器的扫描速度。抓取图像最简单的方法是在观察到适当的图像的某一瞬间按下键盘上的某一个键，它引起视频位图在格式上转换到将要使用的另外一种位图（在格式上有所不同）。

② 图像的编辑。在处理位图图像时，图像编辑程序能得到许多创造性的功能。例如，把两幅照片天衣无缝地合成在一起。此外，图像编辑工具可以使图像改变和变形。例如，一张彩色照片上的一朵红玫瑰可以变成一朵紫玫瑰，也可以把它变成自然界中难以见到的或根本见不到的蓝色或黑色的玫瑰，也可以改变它的形状。变形可以用来管理静态图像，或者创造一种有趣的、十分不寻常的、有生气的图形变形，从而产生另外一种特殊的效果。它允许人们把两个图像平滑地溶合在一起，看起来就好像是一个图像溶入了另一个图像中一样。例如，通过计算机的处理，它可以把人们熟悉的一个人物，不知不觉逐渐地变成了另一个人们熟悉的人物。

（4）图像压缩

由于图像的数据量很大，因此需要经过压缩后再进行存储和传输。因此，研究压缩算法是非常重要的。图像压缩可以是有损数据压缩，也可以是无损数据压缩。对于如绘制的技术图、图表或者漫画优先使用无损压缩，这是因为有损压缩方法，尤其是在低的位速条件下将会带来压缩失真。

（5）图像优化

如果原始采集的图像质量不好或者由于外界噪声影响而产生杂色、杂斑等，那么就应该采用图像优化技术。通过对图像的增强、噪声过滤、畸变校正、亮度调整和色度调整等，可获得满意的图像。

（6）位图的优缺点

位图的显示比矢量图形快，可以直接装入内存直接显示，省去了生成矢量图所需的时间；但因其必须指明屏幕上每个像素点的信息，所以需要的存储内存比矢量图大。

2. 矢量图

矢量图是一种抽象的图像，是把图像按某个标准进行分析而产生的结果。它不直接描述数据的每一点，而是描述产生这些点的过程和方法。通常，将图形称之为矢量图形。

矢量图形是通过一组命令来描述图形的，是以命令描述画面中包含的直线、矩形、圆和圆弧的大小、位置、颜色等各种属性。显示一幅图像时，软件读取这些指令，并将它们转换成屏幕上所显示的形状和颜色。由于大多数情况下不用对图像上的每一点进行量化保存，因此需要的存储量较小。

产生矢量图形的程序通常称为绘图程序,它可以分别产生和操作矢量图形及各个片段,并可任意移动、缩小、放大、旋转和扭曲各个部分。即使相互覆盖或重叠,也依然保持各自的特性。矢量图形主要用于线形的图画、美术字、工程制图等。但是,对于一个复杂的图像,用矢量图形的格式表示,需要花费计算机大量的时间。通常可以用矢量图形方式创建一幅复杂的图形,再在应用程序的使用中将其转化为位图格式的图像。

把矢量图构成的图画变换成位图的方法很简单,只要在保存图画时,把矢量图变换成位图就可以了。但把位图变换成矢量图则比较困难。但是,也有许多实用程序,可以检测位图图像中物体的边界,然后得出描述该物体的多边形对象。这一过程叫做"自动跟踪",在某些集成了位图和矢量图像的创作系统中就提供这种功能。

矢量图形有许多用处。比如,计算机辅助设计系统中常用矢量图对象系统来创造一些十分复杂的几何图形和三维动画。

矢量图形的优缺点:对图像的表达细致、真实,可极其方便地对画面的各个组成部分进行移动、旋转、缩放等各种处理,分辨率不变且存储空间小。在工程制图、版面设计等专业级的图像处理中运用较多,但其很难有真实照片的效果。

3. 常用图像的格式

在计算机中常用的存储格式有 BMP、TIFF、JPEG、GIF、PSD、PDF 等格式。

(1) BMP 格式。这是 Windows 自带的"画图"软件制作出的标准图像文件格式,它以独立于设备的方法描述位图。其优点是不采用任何压缩,无损,颜色准确,有 2 色、16 色、256 色、真彩色各种选择,分辨率也可从 480×320 至 1024×768。缺点就是文件占用的空间很大,不支持文件压缩,不适用于 Web 页,不受 Web 浏览器支持。

(2) TIFF 格式。该格式是常用的位图图像格式,TIFF 位图可具有任何大小的尺寸和分辨率,文件体积庞大,存储信息量亦巨大,细微层次的信息较多,用于打印、印刷输出的图像建议存储为该格式。

(3) JPEG 格式。这是一种高效的压缩格式,可对图像进行大幅度的压缩,对图像质量影响不大,最大限度地节约网络资源,提高传输速度,因此用于网络上的图像,一般存储为该格式。

(4) GIF 格式。该格式可在各种图像处理软件中通用,是经过压缩的文件格式,因此一般占用空间较小,适合于网络传输,一般常用于存储动画效果图片。

(5) PSD 格式。这里图像处理软件 Photoshop 中自建的标准图像文件格式,可以保留图像的图层信息、通道蒙版信息等,便于后续修改和特效制作。一般在 Photoshop 中制作和处理的图像建议存储为该格式,以最大限度地保存数据信息,待制作完成后再转换成其他图像文件格式,进行后续的排版、拼版和输出工作。

5.1.2 图像素材的获取

办公中所需要的图像可以从多种渠道获得,例如从因特网上下载,从网页屏幕中直接截取,利用扫描仪或数码相机直接采集等。

1. 网上图像下载

因特网是一个海量的资源宝库,从中可以直接获得各种各样有用的图像,用于文档处理、PowerPoint 演示文稿制作和网页制作等。既可以从专门的图像网站上下载或购买图像，也可以到与演示文稿制作内容相关的网站上去查找。本例是从网上搜索到的图片效果，如图 5-1 所示。

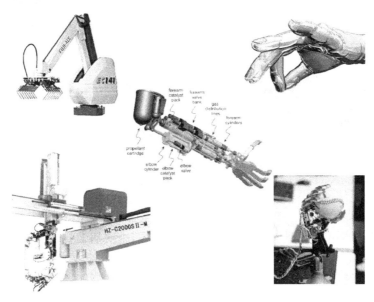

图 5-1　网上下载的"机械手"图片

先打开"百度图片"网站，然后输入搜索内容直接搜索相关图片，并且保存下来，用于办公需要。其操作步骤如下。

（1）启动浏览器，在"地址"栏输入网址 http://image.baidu.com，进入"百度图片"网站的主页，按图 5-2 所示操作，搜索"机械手"相关的图片。

（2）在搜索到的图片选中图片，点击鼠标右键，选"另存"保存图片。

图 5-2　搜索图片

2. 截取屏幕图像

在一些运行的软件中或浏览的网页上发现其中有所需的画面时，一般可以使用各种专业的截图软件将其截取下来，例如 ACDsee、Snagit、QQ 截图等。既可以截取整个屏幕，也可以截取某个具体元件，甚至是不规则的窗口。本例是使用 QQ 截图的图片效果（图 5-3）。

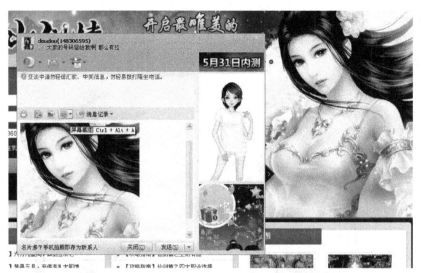

图 5-3　QQ 截图示意图

QQ 软件是深圳市腾讯计算机系统有限公司开发的一款基于 Internet 的即时通信软件。腾讯 QQ 支持在线聊天、视频电话、点对点断点续传文件、共享文件、网络硬盘、自定义面板、QQ 邮箱等多种功能。其中屏幕截图功能也常常被用于屏幕图像截取。

使用 QQ 屏幕图像截图时，在 QQ 聊天窗口中，按下 Ctrl + Alt + A 组合键，QQ 接到屏幕截图的命令后，程序会迅速绘制一个能够覆盖整个屏幕的窗口，并调用系统函数使这个窗口显示在屏幕顶层，同时，将前一刻的屏幕图像绘制在这个窗口中，这样新窗口的内容就是全屏幕的截图，拖动鼠标，其实并不是真的在屏幕上拖出一个方框，而是在 QQ 绘制的窗口中选择一块区域，即需要的截图部分。

选择完需要的区域之后，QQ 就将刚才绘制的窗口卸载，并且把选择的那块图像信息放在剪贴板中，同时也存储到 QQ 号码目录\Screen 文件夹中一个新建的 BMP 文件中，这个文件是随机命名的，如果 QQ 号码是 123456，这里的路径就是 QQ 目录\123456\Screen。

接着，QQ 会把文件转换成体积更小的 JPG 格式，放在 QQ 号码文件夹下的 image 文件夹中的一个新建文件夹中，这个文件也是随机命名的。

3．截取视频画面图像

通过计算机收看视频光盘等各种视频文件时，有时会遇到某些需要的图片，同样可以以"暴风影音""超级解霸"等多媒体播放软件将画面截取下来。本例从视频中获取的图片效果如图 5-4 所示。

捕获图片时，需要先用播放软件打开视频文件，当播放到所需画面时，按暂停键，选择按截图键获取所需图片。

使用暴风影音截图步骤如下。

① 单击"开始"按钮，选择"程序"→"暴风影音"，打开暴风影音软件。

② 选择"文件"→"打开文件"命令，如图 5-5 所示，打开一个视频文件（也可以直接将视频文件拖到暴风影音软件之中）。

③ 单击"播放"按钮，找到所需画面按暂停键，按"F5"直接截图并保存。

图 5-4　从 DVD 视频光盘上截取的图像

图 5-5　用暴风影音打开要播放的视频

除以上获取图片方式之外,还可以借助扫描仪扫描、数码相机翻拍课本、照片、杂志、宣传画册等印刷品上的图像,将其导入计算机后,也可以作为素材直接使用。

5.1.3　图像素材的处理

网上下载、捕获的图像或者扫描、拍摄的图片,有些可以直接使用,有些需要进行适当的调整,如调整图片大小、变换格式、调整清晰度、调整色彩等,使用 ACDSee、Photoshop、美图秀秀等软件,以及 Word 和 PPT 中的"图片"工具栏可以完成此类任务。本节主要介绍 ACDSee 5.0 和 Photoshop CS4 的简要操作。

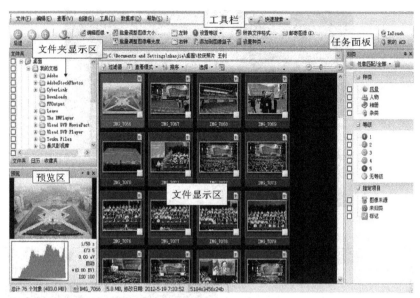

图 5-6 ACDSee 5.0 软件的界面

1. 关于 ACDSee

ACDSee 是使用最为广泛的看图工具软件(图 5-6 是 ACDSee 5.0 软件的界面),大多数电脑爱好者都使用它来浏览图片,它的特点是快速且支持性强,它能打开包括 ICO、PNG、XBM 在内的二十余种图像格式,并且能够高品质地快速显示它们。利用 ACDSee 可以简单地实现管理文件、更改文件的日期,用全屏幕查看图形、用固定比例浏览图片、查看压缩包中的文件,用图像增强器美化图像、为图片添加注释、转换图片格式,制作屏幕保护程序、桌面墙纸、HTML 相册和文件清单,以及播放幻灯片、动画和声音文件等功能。

2. 使用 ACDSee 调整图像文件大小和格式

如果使用的图像太大,或是文件格式采用不当,会造成制作的文件存储空间变大,从而影响软件的运行速度,甚至无法调用图像文件。这就需要对图像的大小和格式进行必要的调整,然后再使用。

改变图像的大小一般有两种方法:一是设置图像的尺寸,二是使用压缩的图像格式。这样可以大大减少文件所占用的磁盘空间,从而加快文件的运行速度。

图 5-7 图片"美丽的风景"效果

使用 ACDSee 调整图像大小和格式操作步骤如下。

① 在文件显示区找到并选中图片"美丽的风景.bmp(图 5-7)"。

② 选择"工具"→"调整图像大小"命令,按图 5-8 所示操作,调整图像大小。

③ 选择"大小",输入图像大小数值,单击"开始缩放尺寸"按钮之后,ACDSee 会自动生成一个新文件"美丽的风景_缩小大小.bmp"。

④ 选择文件"美丽的风景_缩小大小.bmp",选择"工具"→"转换文件格式"命令,按图 5-9 所示操作,选择转换后的文件格式选项。

⑤ 单击"下一步"按钮,对弹出对话框不作任何修改,直接单击"下一步"按钮,转换后,单击"完成"即可。

⑥ 完成转换以后,打开保存文件所在的文件夹,选择缩小和转换后的文件,比较文件的大小(注:修改后的文件为 177KB,而原文件为 3.8MB)。

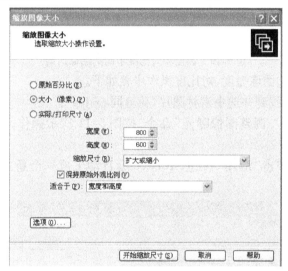

图 5-8　调整图像大小

图 5-9　选择文件格式

3. 使用 ACDSee 调整图像的亮度和对比度

在使用图片的过程中,常发现有些图片过暗或过亮,由于曝光和对比度不尽如人意,会导致看不清图像上的内容。对于以上问题的图片一般需要对亮度和对比度进行调整后才能使用。如图 5-10 所示,左图为修改前原素材图片"荷塘同心",右图为经过亮度和对比度调整后的图片。

图 5-10 亮度和对比度不同的图像对比

使用 ACDSee 调整图像亮度、对比度操作步骤如下。

① 打开 ACDSee,找到并选中素材图片"荷塘同心.jpg"。

② 选择"工具"→"调整图像曝光"命令,按图 5-11 所示操作,调整图片的亮度与对比度。

③ 完成设置后,单击"应用"按钮,ACDSee 会自动生成一个新文件"荷塘同心_exposure.jpg"。

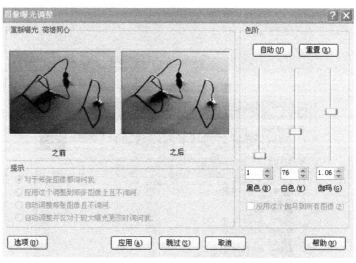

图 5-11 调整亮度和对比度

4. 关于 Photoshop CS4

Photoshop 图像处理软件,集图像扫描、编辑修改、图像制作、广告创意、图像输入与输出于一体,深受广大平面设计人员和电脑美术爱好者的喜爱。从功能上看,该软件可分为图像编辑、图像合成、校色调色及特效制作部分等。图 5-12 为 Photoshop 主界面。

图像编辑是图像处理的基础,可以对图像做各种变换如放大、缩小、旋转、倾斜、镜像、透视等。也可进行复制、去除斑点、修补、修饰图像的残损等。这在婚纱摄影、人像处理制作中有非常大的用场,去除人像上不满意的部分,进行美化加工,可以得到让人非常满意的效果。

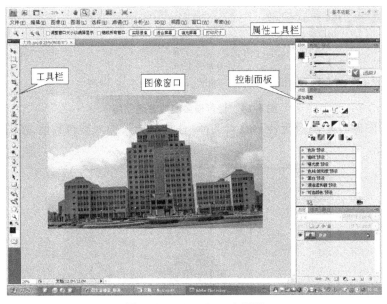

图 5-12 Photoshop 主界面

图像合成则是将几幅图像通过图层操作、工具应用合成完整的、传达明确意义的图像,这是美术设计的必经之路。该软件提供的绘图工具让外来图像与创意很好地融合,可使图像的合成天衣无缝。

校色调色是该软件中深具威力的功能之一,可方便快捷地对图像的颜色进行明暗、色偏的调整和校正,也可在不同颜色进行切换以满足图像在不同领域如网页设计、印刷、多媒体等方面的应用。

特效制作在该软件中主要由滤镜、通道及工具综合应用完成。包括图像的特效创意和特效字的制作,如油画、浮雕、石膏画、素描等常用的传统美术技巧都可由该软件特效完成。而各种特效字的制作更是很多美术设计师热衷于研究该软件的原因。

5. 使用 Photoshop 旋转图像

在调用拍摄或者扫描图片时,有时会发现图像有歪斜、倒置等情况,需要在插入前对其进行矫正处理,从而满足对图像使用的要求。如图 5-13 所示,左边是一幅待处理的图像,右边是处理完毕的图像。

图 5-13 图像调整前后

使用 Photoshop CS4 旋转图像步骤如下。

① 运行 Photoshop CS4 中文版，打开素材图片"大楼.jpg"。

② 按照图 5-14 所示操作，将背景层转换成普通图层。

图 5-14　将背景层变成普通图层

③ 选择"图像"→"图像旋转"命令，选择"任意旋转"，输入旋转数值，按图 5-15 所示操作，旋转图像。

图 5-15　旋转图像

④ 单击"裁剪"工具栏，按图 5-16 所示操作，裁剪图像。

图 5-16　"裁剪"图像

⑤ 选择"文件"→"存储为"命令，保存文件，完成图像的旋转与裁剪工作。

6. 使用 Photoshop 消除图像背景

有时在添加图片时，希望只保留图片主体，将其背景去除来保证整体效果的协调。如图 5-17 所示，左图是未经处理的图像，右图是经过消除背景处理的图像。

图 5-17　消除图像背景实例

使用 Photoshop CS4 消除图像背景步骤如下。

① 运行 Photoshop CS4，打开素材图片"image03.jpg"，选择工具栏中的"魔棒"工具。
② 按图 5-18 所示操作，选择背景部分，按"Delete"键，将背景逐个删除。
③ 反复执行上述操作，再用"橡皮"工具擦除剩下的背景。

图 5-18　用"魔棒"工具去除背景

④ 打开"滤镜"→"锐化"→"USM 锐化"命令，按图 5-19 所示操作，调整图像"USM 锐化"属性。

⑤ 选择"文件"→"存储为"命令，保存文件。

7. 使用 Photoshop 调整图像颜色

有些图片在拍摄时由于失误造成颜色失真，或者要特殊处理所选用的图片，以达到与整体协调的视觉效果，用户在使用前，需要先进行必要的颜色处理。如图 5-20 所示，左图是偏蓝的图像，右图中经过通道调整成正常红色的图像。

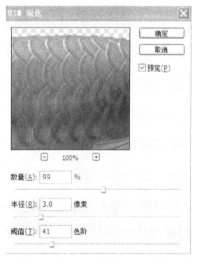

图 5-19　USM 锐化处理图像

图 5-20　调整图像颜色实例

使用 Photoshop CS4 调整图像颜色步骤如下。

① 运行 Photoshop CS4,打开素材图片"校园一角.jpg"。

② 选择"图像"→"调整"→"通道混合器"命令,按图 5-21 所示操作,调整素材图像颜色。

③ 选择"文件"→"存储为"命令,保存文件。

图 5-21　调整图像颜色

 ## 5.2　办公中的视频处理技术

文件中加入必要的视频,不仅能使文件展示更具吸引力,而且化繁为简,起到画龙点睛的作用,言简意赅地将问题分析得既透彻又生动。

5.2.1　关于视频的相关简介

视频格式可以分为适合本地播放的本地影像视频和适合在网络中播放的网络流媒体影像视频两大类。尽管后者在播放的稳定性和播放画面质量上可能没有前者优秀,但网络流媒体影像视频的广泛传播性使之正被广泛应用于视频点播、网络演示、远程教育、网络视频广告等互联网信息服务领域。

1. 常见的视频格式

（1）AVI 格式。这是音频和视频交错格式,即将视频和音频交织在一起进行同步播放。这种视频格式的优点是图像质量好,可以跨多个平台使用,其缺点是体积过于庞大,且由于压缩标准不统一,常造成视频不能播放,或即使能够播放,但不能调节播放进度,或播放时只有声音没有图像等问题。

（2）DV-AVI 格式。这是由索尼、松下、JVC 等多家厂商联合提出的一种家用数字视频格式。目前非常流行的数码摄像机就是使用这种格式记录视频数据的。它可以通过电脑的 IEEE 1394 端口传输视频数据到电脑,也可以将电脑中编辑好的视频数据回录到数码摄像机中。这种视频格式的文件扩展名一般是.avi,所以也叫 DV-AVI 格式。

（3）MPEG 格式。这是运动图像专家组格式,家里常看的 VCD、SVCD、DVD 就是这种格式。MPEG 文件格式是运动图像压缩算法的国际标准,它采用了有损压缩方法减少运动图像中的冗余信息。目前 MPEG 格式有三个压缩标准,分别是 MPEG-1、MPEG-2、和 MPEG-4。其中 MPEG-1 就是通常所见到的 VCD 制作格式;MPEG-2 格式主要应用在 DVD/SVCD 的制作(压缩)方面;MPEG-4 是为了播放流式媒体的高质量视频而专门设计的,它可使用最少的数据获得最佳的图像质量。

（4）MOV 格式。这是美国 Apple 公司开发的一种视频格式,默认的播放器是苹果的 QuickTime Player。它具有较高的压缩比率和较完美的视频清晰度等特点,其最大的特点是跨平台性。

（5）ASF 格式。它是微软为了和现在的 RealPlayer 竞争而推出的一种视频格式,用户可以直接使用 Windows 自带的 Windows Media Player 对其进行播放。

（6）WMV 格式。也是微软推出的一种采用独立编码方式并且可以直接在网上实时观看视频节目的文件压缩格式。主要优点包括:本地或网络回放、可扩充的媒体类型、部件下载、可伸缩的媒体类型、流的优先级化、多语言支持、环境独立性、丰富的流间关系及扩展性等。

（7）RM 格式。此格式可以使用 RealPlayer 或 RealOne Player 对符合 RealMedia 技术规范的网络音频、视频资源进行实况转播,并且 RealMedia 可以根据不同的网络传输速率制定出不同的压缩比率,从而实现在低速率的网络上进行影像数据实时传送和播放。RM 作为目前主流网络视频格式,它还可以通过其 Real Server 服务器将其他格式的视频转换成 RM 视频,并由 Real Server 服务器负责对外发布和播放。RM 和 ASF 格式可以说各有千秋,通常 RM 视频更柔和一些,ASF 视频则相对清晰一些。

（8）RMVB 格式。这是一种由 RM 视频格式升级延伸出的新视频格式,在保证了静止画面质量的前提下,大幅地提高了运动图像的画面质量,从而在图像质量和文件大小之间就达到了微妙的平衡。

5.2.2 视频的获取与格式转换

视频的获取途径有很多,因特网上不仅有丰富多彩的图像,也有很多的精彩视频。借助迅雷、优酷等专业下载软件可以方便地下载;还可以从 VCD、DVD 光盘中获取,从而获得许多实用的视频素材。

1. 从因特网上下载视频

网络上的视频资源有的是可以直接下载的,但大多数网络视频不提供直接下载,需要通过专业下载软件实现视频素材的下载。提供直接下载的视频,通过常用的迅雷软件就可以进行下载;不提供下载的网络视频,可以通过优酷网爱酷(iku)软件等进行下载。

使用爱酷下载视频步骤如下。

① 运行爱酷(iku)软件,按图 5-22 所示,在搜索栏键入所需视频相关信息"宣传片"进行搜索。

② 选择下载的视频"2011 官方宣传片. flv",单击"下载"即可成功下载。

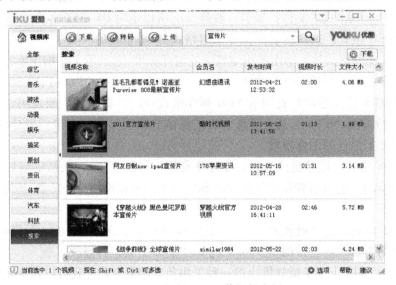

图 5-22　爱酷(iku)下载视频实例

2. 从 VCD、DVD 中截取视频素材

在日常办公中有时会需要使用 VCD、DVD 光盘中的部分视频,通过超级解霸等软件可以直接截取视频中的部分素材。

使用超级解霸截取视频步骤如下。

① 播放所选影碟,单击"循环播放"按钮(图 5-23 的第一个按钮),可以看到播放进度条变为绿色(即为循环状态),图标变成双箭头。

② 拖动鼠标到欲截取的片断的起始位置,单击"选择开始点"按钮(第二个按钮),选定开始点。

③ 再将游标拖至录取区域的终止位置,单击"选择结束点"(第三个按钮),绿色的部分就是选定的要截取的片段。

④ 最后单击"保存 MPG"按钮(第四个按钮),将指定区域录制为. MPG 文件,输入录像的文件名,单击"保存"。

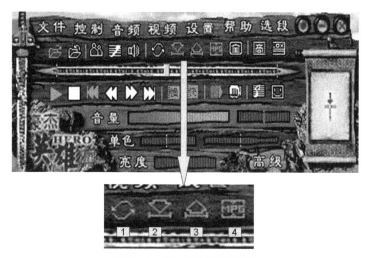

图 5-23 超级解霸截取视频

3. 从视频设备中捕获

将 DV 摄像机上录制的视频文件传输到电脑上,需要确认 DV 设备与计算机上的 IEEE 1394 端口正确连接,然后将摄像机模式设置为播放已录制的视频。如果是模拟摄像机或 VCR,则需要将模拟视频采集卡与计算机正确连接,然后将摄像机模式设置为播放已录制的视频。使用 movie maker 软件的捕获视频功能,单击"从视频设备捕获"就可以了。

4. 视频格式的转换

通过网络下载、光盘截取或直接通过捕获的视频,在使用过程中会出现视频过大或者格式引用不支持的情形,这时就需要对视频进行压缩或格式转换。目前,格式工厂、狸窝、Total Video Converter、Real 量产机对视频进行格式转换和压缩。如图 5-24 所示,打开格式工厂软件,双击选择原文件将要转换的格式,添加需转换的视频素材,单击"开始"即可。

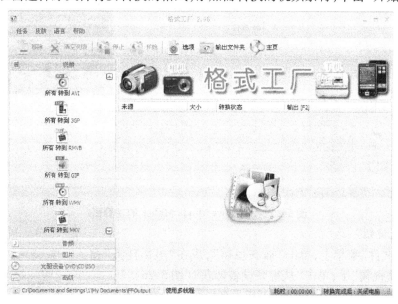

图 5-24 格式工厂转换视频格式实例

5.2.3 视频的处理

在日常工作中常会涉及视频的合成与剪辑,即要将一个个视频组接成一个独立的节目,在视频中间加上自然的过渡、特效及字幕等,制作出精彩的电影文件,然后导入到文档中使用。

简单的视频合并,目前使用的压缩软件如狸窝、格式工厂、ULEAD DVD 等都可以方便地实现,本节主要介绍 Windows 自带视频编辑软件 Movie Maker 的使用方法。

1. 关于 Windows Movie Maker

Movie Maker 是 Windows 附带的一个影视剪辑小软件,功能比较简单,可以组合镜头、声音,加入镜头切换的特效,只要将镜头片段拖入就行,适合家用摄像后的一些小规模的处理。

Windows Movie Maker 的主界面如图 5-25 所示,主界面分成了上、下两部分,上方一字排开了三个窗格,左边是"任务"窗格,里面列举出了大部分可快速激活的任务种类;中间是"收藏栏"窗格,这儿不仅是收藏捕捉的视频片段及重要视频文件的地方,同时也是 Windows Movie Maker 存放"视频过渡"和"视频效果"的地方;右边的窗格是一个播放器,用来让用户预览编辑好的视频片段。下方"工作区"是 Windows Movie Maker 的工作时间线和情节提要显示窗口,既是进行视、音频编辑,添加特效、字幕等的工作区域,也是预览当前项目中所有剪辑的窗口。

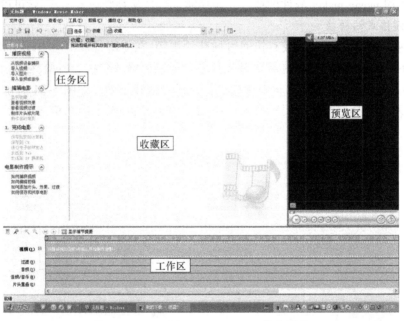

图 5-25 Windows Movie Maker 的主界面

2. 捕获视频

① 在"文件"菜单上,单击"捕获视频",或在"电影任务"窗格中的"捕获视频"下,单击"从视频设备捕获"(图 5-26)。

② 在"视频捕获设备"页的"可用设备"中,单击 DV 摄像机。

③ 在"为捕获的视频输入文件名"框中输入文件名;然后在

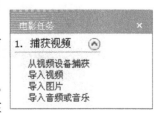

图 5-26 捕获视频

"选择保存所捕获视频的位置"框中,为视频选择保存位置,或单击"浏览"以选择位置。

④ 在"视频设置"页上,选择要用来捕获视频和音频的视频设置;在"捕获方法"页上,单击"自动捕获整个磁带"或"手动捕获部分磁带"。磁带开始播放,单击"开始捕获"。

⑤ 选择以下任一命令:

◆ 要将视频拆分为较小的剪辑,请选中"完成向导后创建剪辑"复选框。

◆ 要在视频磁带终止前停止捕获,单击"停止捕获",然后在出现的对话框中单击"是"保存已捕获的视频。

⑥ 单击"完成"按钮,关闭"视频捕获向导",捕获的内容将导入一个与指定的视频文件同名的新收藏中。

3. 导入视频

按图 5-27 所示操作,选择"导入视频"命令,导入三个视频片段到"收藏区"。

图 5-27　导入视频

该软件支持的格式有限,如.rm 与.rmvb 格式则不能导入,如遇无法导入的文件,可以用格式工厂等软件转换格式后再导入。音频和图片导入类似,在此不再赘述。

4. 重新组织剪辑片段

Windows Movie Maker 将会自动创建一个新的收藏夹,存放用户一次捕获的所有剪辑片段。双击其中任何一个文件,主界面右上部的播放器将会开始播放它。将收藏栏中的剪辑文件拖动到故事板(Storyboard)中。按图所示操作,将"宣传片"影片片段拖到"工作区"的相应位置,效果如图 5-28 所示。

Windows Movie Maker 是一套非线性视频工具,也就是说,用户可以任意编排剪辑,丝毫不受实际拍摄顺序的影响。因此,在将剪辑文件拖动到故事板上时,可以打乱文件的排列顺序,就像玩跳棋一样,落子并没有固定的模式。

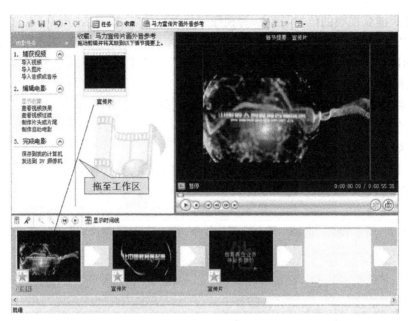

图 5-28　将视频加入时间线

所有的剪辑文件都被拖入故事板之后,单击故事板上方的"显示时间线"按钮,由情节提要视图切换为时间线视图。故事板上将会显示每个剪辑内的一张图片,时间线窗口中展示了视频组成元素和音频组成元素(图 5-29)。

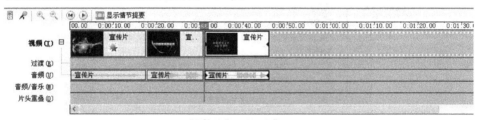

图 5-29　Windows Movie Maker 时间线

单击所选剪辑文件,在片头和片尾处会出现拖动指针,拖动鼠标,直至到达所需的"起始点"或"结束点"。然后,松开鼠标,Windows Movie Maker 将会设置新的剪裁点的位置。

5. 添加视频过渡效果

Windows Movie Maker 自带的视频过渡效果都存放在收藏栏中,与用户捕获的视频文件存放在同一级目录中。单击收藏栏的下拉框,单击"视频过渡"这一项,界面上将会显示各种过渡效果(图 5-30)。从中挑选一种过渡效果,将图标拖至两个相邻剪辑之间,就能够将过渡效果插入进去,达到平稳过渡的效果。

如图 5-31 所示,经过"蝴蝶结"过渡效果处理的两个相邻剪辑拼凑在一起时,完全看不出衔接的痕迹。

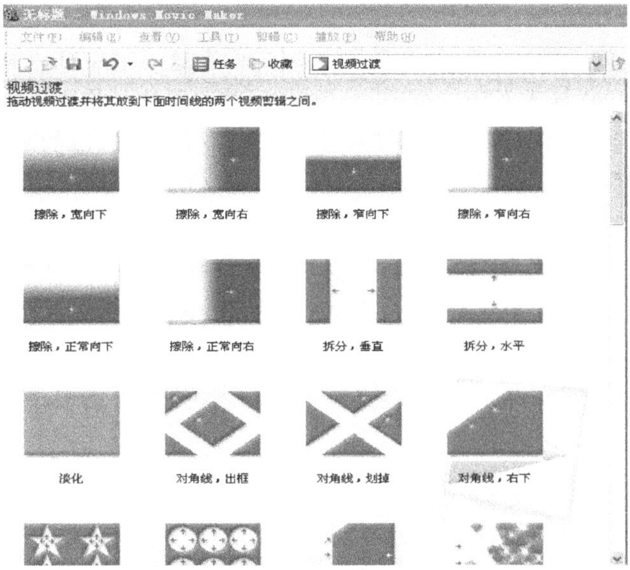

图 5-30　Windows Movie Maker 视频过渡

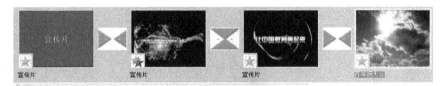

图 5-31　视频加入"蝴蝶结"过渡效果

6. 设置特殊效果

Windows Movie Maker 中自带了 53 种特效（图 5-32），除了对一些质量不佳的视频文件进行校准之外，特效的运用也能够提高影片的整体水准。单击收藏栏的下拉列表，中间有一项为"视频效果"，无论你想应用其中哪一种视频效果，只需将相应图标拖至故事板内的目标剪辑文件上即可。

图 5-32　Windows Movie Maker 视频特效

7. 添加背景音乐

"音频"轨道栏的下面是"音频/音乐"栏,用户可在这一栏中插入画外音或背景音乐。单击"任务"窗格中的"导入音频或音乐"一项,然后将音频文件拖到下方的"音频/音乐"轨道中;如果需要的话,还可以调整"音频"轨道或"音频/音乐"轨道的音量(单击鼠标右键,选择音量)。

8. 添加片头或片尾文字

最底下一栏是"片头重叠"轨道,如果要给视频文件添加一个文本标题,则在此处理。创建标题的步骤并不复杂,首先单击"任务"窗格中的"制作片头或片尾"一项(图5-33),屏幕上将会出现一个"输入片头文本"输入框。填写好影片的标题后,用户还可以单击文本框下方的"更改片头动画效果"和"更改文本字体和颜色"两个选项,尝试不同的动画效果及字体显示方式。

图5-33　在"输入片头文本"输入框中键入影片的片头标题

9. 制作自动电影

Windows Movie Maker 的另一项重要功能为"Auto Movie(制作自动电影)",将剪辑转化成 MTV 式的音像制品。首先,单击放置在"收藏栏"窗格中的某个剪辑,然后将光标移到左边的"任务"窗格中,单击"制作自动电影"。选择一种你所喜爱的编辑样式(图5-34)。在编辑样式列表的下方有两个链接,一个是"选择音频和背景音乐",一个是"输入电影的片头文本",方便用户进一步定制出具有个人风格的自动电影。

另外,该软件还会自动扫描整个视频文件,分析出其中的精华部分,再配上适当的背景音乐。最后,单击"完成,编辑电影"。在左边的"任务"窗格"完成电影"一栏下列出了5种输出路径,用户可从中任选一种,在"保存电影向导"的指引之下,完成最终的着色润饰。

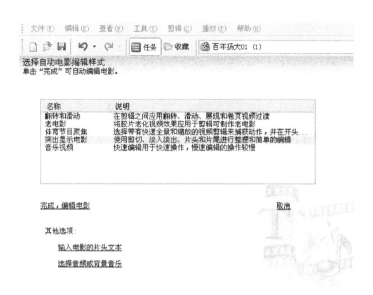

图 5-34 自动编辑电影样式

10. 保存电影文件

选择保存文件名和保存位置,选择其中任一格式保存视频文件,这样在完成后就可以欣赏电影作品啦!

 习 题 5

一、操作题

1. 利用 ACDSee 软件对一幅图像进行相关亮度与对比度处理。
2. 利用 Windows Movie Makers 视频编辑软件制作一部 3 分钟的小电影。

二、简答题

1. 常见的图像文件格式有哪些?.bmp 格式图像与.jpg 文件有哪些不同?
2. 改变图像大小的方法有哪两种? 如何通过 ACDSee 进行处理?
3. 常见的视频文件格式有哪些? 如何从 VCD 中截取视频素材?

第6章 办公中的演示文稿制作

当进行学术交流、产品展示、工作汇报等场合需要介绍一个计划、一个观点或做报告进行演讲时,最好的办法是事先准备一些带有文字、影片、声音和图表的幻灯片,用来阐明自己的主要论点,这些幻灯片在面向观众播放的同时,人们还可以进行更详细的讲解。这就需要制作一个完全的演示文稿。

6.1 PowerPoint 演示文稿及其制作术语

6.1.1 PowerPoint 概念

Microsoft Office 办公软件中的 PowerPoint 是制作演示文稿的软件,它能够把所要表达的信息组织在一组图文并茂的画面中。利用 PowerPoint 创建的演示文稿可以通过不同的方式播放,可以将演示文稿打印成一页一页的幻灯片,使用投影仪播放;也可以在计算机上进行演示,并且可以加上动画、特效、声音等多媒体效果,使人们的创意发挥得更加淋漓尽致。

6.1.2 PowerPoint 演示文稿制作术语

PowerPoint 演示文稿的内容由幻灯片、大纲、讲义、备注页等组成。幻灯片可以使演示文稿的所有幻灯片具有一致的外观,而控制幻灯片外观的方式有三种:母版、配色方案及模板。

1. 演示文稿

利用 PowerPoint 做出来的文件叫做演示文稿。它是幻灯片的组合,文件的默认扩展名为.ppt,有时也称为 PPT 文档。

2. 对象

对象是 PowerPoint 幻灯片的组成元素。当向幻灯片中插入文字、图表、结构图、图形、Word 表格、视频及其他任何可以插入的元素时,这个元素就是一个对象。

3. 版式

版式指幻灯片中对象的布局格式。制作幻灯片时,PowerPoint 提供了 30 多种可自动填写相应内容的版式。在制作幻灯片的过程中,可以随时修改版式。

4．母版

母版包括每个页画上所需要显示的对象。例如，在每张幻灯片的右下角出现公司的标志，只需将公司的标志图案置放在幻灯片母版的右下角即可。

5．配色方案

配色方案指一组可以用于演示文稿的预设颜色，也可用于表格、图表及图形的着色等。在制作幻灯片过程中，可以随时选择、修改和设置配色方案。

6．模板

模板指一个已经保存的演示文稿文件，包含预设的文字格式、颜色及图形等元素。它是由精通着色搭配、空间组织和具有丰富设计经验的艺术师设计的，每个模板都表达了某一种风格。

7．幻灯片

演示文稿中的每一页称之为幻灯片，每张幻灯片都是演示文稿中既相互独立又相互联系的内容，利用它可以更生动直观地表达内容，图表和文字也都能够清晰、快速地呈现出来，并可以插入图画、动画、备注和讲义等丰富的内容。

6.2 演示文稿的创建

本节介绍创建演示文稿的方法和步骤，包括使用模板快速建立演示文稿、框架的录入、各种对象的添加等。

6.2.1 建立演示文稿的基本步骤

（1）做好准备工作，搜寻相关素材，理清整体思路，确定整体风格。

（2）选择用来表现内容的模板，并确定各个幻灯片的适当版式。

（3）建立各个幻灯片，并在幻灯片中加入标题、正文等文字对象。

（4）在幻灯片中加入图片、表格、图表、结构图、图形、声音、影片等对象。

（5）对幻灯片中各个对象进行编辑、排版、设置动画效果。

（6）设置幻灯片之间的切换效果、超链接、导航按钮、动作设置等。

（7）设置幻灯片的放映方式，并在需要时进行打包操作处理。

6.2.2 快速创建演示文稿框架

快速创建演示文稿，即根据系统提供的演示文稿框架，填入相应的文字内容和各种对象进行创建，其方法有以下几种。

1．利用"内容提示向导"创建

利用"内容提示向导"创建演示文稿是最佳方法，"内容提示向导"将创建演示文稿的步骤及每步应该进行的操作步骤化，只需根据提示一步一步地进行操作。其操作步骤如下。

（1）启动 PowerPoint 2003，单击"文件"→"新建"命令，在"新建演示文稿"任务窗格中选择"根据内容提示向导"选项,弹出如图6-1所示的"内容提示向导"对话框。

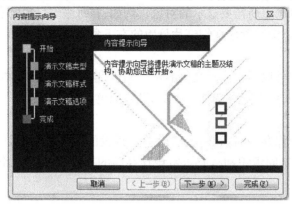

图6-1 "内容提示向导"对话框

(2)单击"下一步"按钮,在弹出的如图6-2所示对话框中,选择演示文稿的类型,此处选择"企业",再选择"公司手册",单击"下一步"按钮。

图6-2 "演示文稿类型选择"对话框

(3)在如图6-3所示的对话框中,选择演示文稿的输出类型,单击"下一步"按钮。

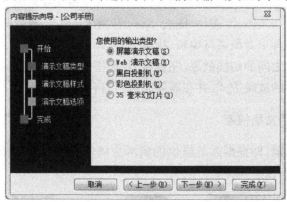

图6-3 "演示文稿输出类型"对话框

演示文稿的类型有"屏幕演示文稿"、"Web 演示文稿"、"黑白投影机"、"彩色投影机"和"35 毫米幻灯片"5 种。

(4)在如图6-4所示的对话框中,输入演示文稿的标题,如"'三好企业'公司手册",以及每张幻灯片中所包含的页脚如"三好企业",单击"下一步"按钮。

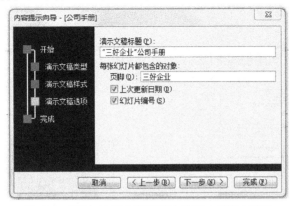

图 6-4 "添加演示文稿标题和页脚内容"对话框

(5)在出现的对话框单击"完成"按钮,创建完毕。建成的演示文稿框架如图 6-5 所示,图中只显示了第一张幻灯片,其实该演示文稿包括多张相关的幻灯片。

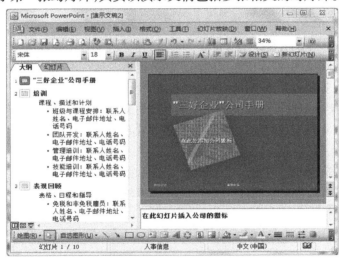

图 6-5 利用"内容提示向导"创建的演示文稿

由内容提示向导创建的演示文稿,根据主题的性质和需要反映的信息内容,系统为每一张幻灯片设置了标题和框架,只需根据实际情况填入相应的文本内容即可。

2. 利用"设计模板"创建演示文稿

在 PowerPoint 中,还可以根据设计模板创建演示文稿,其操作如下。

(1) 启动 PowerPoint,在 PowerPoint 窗口的"新建演示文稿"任务窗格中的"新建"栏中选中"根据设计模板",任务窗格将变为"幻灯片设计"任务窗格,如图 6-6 所示。

图 6-6 "幻灯片设计"任务窗格　　　　图 6-7 幻灯片版式的快捷菜单

（2）在该任务窗格中根据所应用的场景和主题指向某一模板，然后单击该幻灯片版式右侧的"▼"按钮，弹出如图 6-7 所示的快捷菜单。

（3）在快捷菜单中进行选择，"应用于所有幻灯片"是所有幻灯片都使用这一种模板，"应用于选定幻灯片"是只有所选的幻灯片具有该模板格式。

使用这种方法创建的演示文稿，一次只能创建一张幻灯片，再创建下一张需单击"格式"工具栏中的"新幻灯片"按钮。若要改变幻灯片的模板，重复步骤（2）和（3）。此种方法创建的幻灯片，只有颜色背景而没有文字，用户需要输入相应的标题和文本内容，如图 6-8 所示。

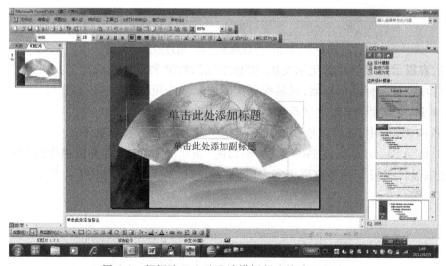

图 6-8 根据演示文稿设计模板创建的演示文稿

3. 利用"空演示文稿"创建

"空演示文稿"是没有文字内容和背景颜色,只有演示文稿框架的空白演示文稿,此方法适合能够熟练地使用 PowerPoint 的用户。其操作步骤如下。

(1)创建一个空白演示文稿。启动 PowerPoint 后系统自动新建一个默认文件名为"演示文稿1"的空白演示文稿。

(2)单击"新建演示文稿"任务窗格中"新建"栏中的"空演示文稿",弹出如图6-9所示的"幻灯片版式"任务窗格。

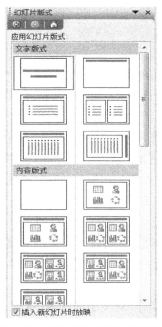

图6-9　插入"幻灯片版式"视图

图6-10　插入新幻灯片的快捷菜单

(3)在任务窗格中选择一版式,单击某版式右侧的"▼",在如图6-10所示的快捷菜单中,选择"应用于选定幻灯片"或"插入新幻灯片"。

说明: 该演示文稿框架的创建方法,一次也只能创建一张幻灯片,创建下一张幻灯片,需单击"格式"工具栏中的"新幻灯片"按钮,或如图6-10所示快捷菜单上的"插入新幻灯片"命令。

6.2.3　幻灯片中文字的编排

演示文稿通常是由一系列具有主题的幻灯片组成的,演示文稿能否充分反映、说明问题,文本是最基本的手段。创建好演示文稿框架后,接着就要向幻灯片中输入文本。

一张幻灯片一般分为两个部分:标题区和主体区。标题区用于输入幻灯片的标题,主体区用于输入幻灯片要展示的文字信息。

1. 第1张幻灯片标题文字的输入

(1)在幻灯片中输入。单击主标题虚线框并输入"品牌传播",然后在标题区任意处单击结束输入,按照同样的方法输入副标题"企业简介",文字输入完成后,按照图6-11所示的效果进行格式设置。

图 6-11　幻灯片标题输入后的效果

（2）在幻灯片的大纲区输入。在"幻灯片列表区"选择"大纲"选项卡，在弹出的大纲列表中也可以输入主标题。

说明： 在大纲区也可以一次给多个幻灯片输入标题，方法是输完一个幻灯片的标题后按"Enter"键，在系统自动增加的幻灯片中输入标题即可；若输入层次小标题，则将光标移到标题的末尾。按"Enter"键，然后单击"大纲"列表区右侧的（降级）按钮，在光标处输入标题，反复进行这样的操作就可以给一个幻灯片建立五层标题。

2. 第 2 张幻灯片主体区中文字的输入

单击幻灯片的主体区，在光标处输入文本，当输入的文本超过文本框的长度且文本为一个段落时，不要按"Enter"键，让文本自动换行，输入完一个段落的文字时再按"Enter"键，若要调整文本的层次，可单击窗口左侧的按钮。

幻灯片中的文本可以进行复制、移动、删除等编辑操作，对文字的字体、字形、字号和颜色也可进行设置，其操作同其他软件中的文本编排类似，不再赘述。

图 6-12 是输入过标题和主体文本后的第 2 张幻灯片的效果。

图 6-12　输入过标题和主体文本后的第 2 张幻灯片的效果

说明： 输入文字最快的方式就是在大纲列表区中输入，输入一个标题后接着输入下一个标题，按照上面介绍的可以按"Enter"键，通过（降级）按钮可以实现标题层次的设置。标题输好后，要输入正文，按"Ctrl" + "Enter"组合键即可；如果要接着输入标题，再按下

"Ctrl"+"Enter"组合键即可重新进行标题的输入。

6.2.4 演示文稿中各种对象的添加

在幻灯片中加入图片、声音、影片、自己绘制的图形、艺术字等多媒体对象,对于增强幻灯片的可视性和生动性有很大的好处。以下介绍在演示文稿中添加各种对象的方法。

1. 添加图片

如果是新增幻灯片,就在打开的"新幻灯片"对话框中选择带有"剪贴画",然后双击"剪贴画"区域,即可选择插入的剪贴画。在已有的幻灯片中加入图片,有两种方法。

(1) 工具栏方法。单击工具栏上的"插入剪贴画"按钮,可插入剪贴画。

(2) 菜单方法。选择"插入"菜单中的"图片"项,在打开的菜单中,选择"剪贴画"或"来自文件"或"来自扫描仪或照相机",插入图片后效果如图6-13所示。

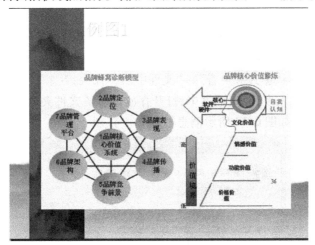

图 6-13 幻灯片插入图片后的效果

2. 添加图形

在已有的幻灯片中加入自己绘制的图形,其操作步骤如下。

(1) 在幻灯片视图中打开所要加入绘制图形的幻灯片。

(2) 利用"绘图"工具栏上的各种绘图工具和自选图形在幻灯片上绘图。或者选择"插入"菜单中的"图片"项,在打开的子菜单中,选择"自选图形"选择某种自选图形,拖动鼠标即可画出。

3. 添加艺术字

在已有的幻灯片中加入艺术字,其操作步骤如下。

(1) 在幻灯片视图中打开所要加入艺术字的幻灯片。

(2) 选择"插入"菜单中的"图片"项。

(3) 在打开的子菜单中,选择"艺术字",在打开的"艺术字库"对话框中选择某一种艺术字样式,单击"确定"按钮,再在打开的对话框中输入要插入的艺术字。

4. 添加表格

如果是新增幻灯片,就在打开的"新幻灯片"对话框中,选择带有"表格"的版式;然后双击"表格"占位符,即可根据需要进行表格设置,从而添加表格。

在已有的幻灯片中加入表格,可用两种方法,其操作步骤如下。

(1) 工具栏方法。单击工具栏上的"插入表格"按钮,拖动鼠标,选择所需的行数和列数,单击鼠标即可。

(2) 菜单方法。选择"插入"菜单中的"表格"项,弹出"插入表格"对话框,输入行数和列数,单击"确定"按钮。

5. 添加图表

如果是新增幻灯片,就在打开的"新幻灯片"对话框中,选择带有"图表"的版式;然后双击"表格"占位符,即可根据需要进行表格设置,从而添加表格。

在已有的幻灯片中加入表格,可用两种方法,其操作步骤如下。

(1) 工具栏方法。单击工具栏上的"插入图表"按钮。

(2) 菜单方法。选择"插入"菜单中的"图表"项。

6. 添加声音和影片

为了增加幻灯片的播放效果,烘托幻灯片的场景,还可以把声音或音响添加到幻灯片中,在整理幻灯片时,这些多媒体对象会自动播放。以插入声音为例,其操作步骤如下。

(1) 单击"插入"→"影片和声音"→"文件中的声音"命令。

(2) 在弹出的"插入声音"对话框中,打开存放声音的文件夹,在列表框中双击相应需要的声音文件名,出现如图6-14所示消息框。

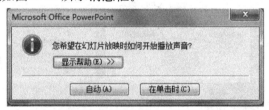

图6-14 幻灯片放映时声音是否自动播放

(3) 单击"是"按钮,则放映幻灯片时自动播放该声音,否则单击幻灯片中的"🔊"图标时才会播放声音(声音插入成功后,在幻灯片中会出现"🔊"图标)。

说明: 插入影片的操作与插入声音文件相同。另外,幻灯片中插入的影片和声音除了来自文件外,还可以来自系统的剪辑库,单击"插入"→"影片和声音"→"剪辑管理器中的影片"或"剪辑管理器中的声音",然后在任务窗格中进行选择,其他操作同"文件中的影片"或"文件中的声音"。

7. 添加组织结构图

组织结构图是用来反映组织内部人员结构和组织层次的图示。利用组织结构图可以清晰地描述组织内部的各种关系,使复杂的信息简单化。其操作步骤如下。

(1) 如果是新增幻灯片,就在打开的"新幻灯片"对话框中,选择带"组织结构图"的版式,然后双击"组织结构图"占位符。

(2) 如果是为原来已经存在的幻灯片添加组织结构图,单击"插入"→"图片"→"组织结构图"命令。

图 6-15 组织结构图的样式

（3）上面两种方法操作后，系统都将弹出如图 6-15 所示的"组织结构图"窗口，根据组合结构的需要，在相应文本框中输入有关人员信息即可。操作时，单击某一文本框即可输入文字，输入的文字能够进行格式设置。

图 6-16 "组织结构图"工具栏

说明：上面第（3）步在弹出"组织结构图"窗口时，同时还将出现如图 6-16 所示的"组织结构图"工具栏，其中的"插入形状"按钮，能够为指定的框插入"下属"、"同事"、"助手"等对象，"版式"可以设置结构图的样式，"选择"是用来选择结构图中的某些部分。

8．录制旁白

将多媒体对象插入到幻灯片中，能够增加演示文稿的演示效果。旁白是演示文稿设计者用话筒录制的讲解声音。录制旁白的操作步骤如下。

（1）选择要添加旁白的幻灯片，单击"幻灯片放映"→"录制旁白"命令，弹出如图 6-17 所示的"录制旁白"对话框。

（2）单击"设置话筒级别"按钮，在弹出的如图 6-18 所示的"话筒检查"对话框中，检查话筒的录音效果，然后单击"确定"按钮。

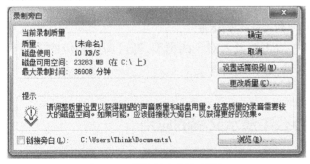

图 6-17 "录制旁白"对话框

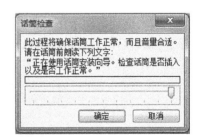

图 6-18 "话筒检查"对话框

（3）在"录制旁白"对话框中，单击"更改质量"按钮，弹出"选择声音"对话框，从中设置声音的各项指标，单击"确定"按钮，如图 6-19 所示。

图 6-19 "选择声音"对话框

图 6-20 旁白录制完毕后出现的消息框

(4)最后单击"录制旁白"对话框中的"确定"按钮,开始在放映幻灯片的过程中录制旁白。录制完一张幻灯片的旁白后,单击鼠标左键,接着录制下一张。

(5)全部录制完毕,弹出如图 6-20 所示的消息框,询问是否将幻灯片的排练时间保存,可单击"保存"或"不保存"按钮。

说明:(1)旁白声音优先于其他声音文件。

(2)录制时要将话筒接入到计算机主机的话筒接口上。

9.添加其他对象

为了让演示文稿更具说服力,经常要加入一些公式、Excel 图表、Word 文档、AutoCAD 图形、Flash 动画等。其操作步骤如下。

(1)选择要添加对象的幻灯片,单击"插入"→"对象",弹出如图 6-21 所示的"插入对象"对话框。

图 6-21 "插入对象"对话框

(2)拖动滚动条在对象列表中选择并双击要插入对象的类型,即可调出相应的应用程序,对编辑后的对象单击它以外的空白区域,返回幻灯片。

 6.3 办公中演示文稿的应用

对新建幻灯片的各种对象进行编辑、修饰、美化操作,主要包括幻灯片及其对象的缩放、复制、移动、删除,修改段落文字的级别及项目符号,更换幻灯片的模板,修改幻灯片的版式、背景和颜色,使用母版修饰幻灯片,添加页眉、页脚等。

6.3.1 对象的缩放、复制、移动、删除

PowerPoint 幻灯片实际上包含的是各个对象，如文字、图形、图表、表格等，这些对象的缩放、复制、移动、删除操作基本上都是相同的。它们的操作与 Word 图文混排时对图形对象的操作类似，下面再做简单介绍。

1. 缩放

选择所要缩放的对象，这时对象周围会出现控制点。将鼠标移动到控制点上，会变成双向箭头状，这时拖动鼠标可以进行缩放操作。

2. 复制

（1）工具栏方法。选择所要复制的对象，单击"常用"工具栏上的"复制"按钮，然后将光标置于目的位置，再单击"常用"工具栏上的"粘贴"按钮，对象即被粘贴到目的位置，完成操作。

（2）菜单方法。首先选择所要复制的对象，单击"编辑"菜单中的"复制"命令，然后将光标置于目的位置，再单击选择"编辑"菜单中的"粘贴"命令，完成操作。

（3）鼠标拖动方法。首先选择要复制的对象，然后在按下"Ctrl"键的同时，拖动鼠标到目的位置，最后松开鼠标，完成操作。

3. 移动

与复制操作相似，都是用工具栏按钮的方法和菜单的办法。菜单法：选择"编辑"菜单中的"剪切"命令，再在目的位置单击"编辑"菜单中的"粘贴"命令。鼠标拖动方法：直接拖动对象到目的位置。

4. 删除

选取对象，按"Del"键，或选择"编辑"菜单中的"清除"命令。

6.3.2 幻灯片的复制、移动、删除

在幻灯片的制作过程中，有时往往需要重新编排幻灯片的顺序，进行复制、移动、删除幻灯片的操作，这时最好的方法是在"幻灯片浏览视图"中进行操作。即先选择"视图"菜单中的"幻灯片浏览"项，或单击屏幕下方左侧第三个按钮，切换为"幻灯片浏览视图"；选择所要编辑的幻灯片，这时所选幻灯片外有一黑框。

1. 复制操作

（1）工具栏方法。单击"常用"工具栏上的"复制"按钮，将光标置于目的位置，再单击"常用"工具栏的"粘贴"按钮。

（2）菜单方法。选择"编辑"菜单中的"复制"命令，将光标置于目的位置，再选择"编辑"菜单中的"粘贴"命令。

（3）鼠标拖动方法。按下"Ctrl"键同时，拖动鼠标到目的位置，拖动时幻灯片旁边出现的竖线指示的就是放置的位置。

2. 移动操作

与复制操作相似，都是用工具栏按钮的方法和菜单的方法。菜单法：选择"编辑"菜单中的"剪切"命令，再在目的位置单击"编辑"菜单中的"粘贴"命令；鼠标拖动方法：直接拖动鼠标到目的位置。

3．删除操作

选定需要删除的幻灯片，按"Del"键即可。

6.3.3 演示文稿模板的更换和设计

一般新建演示文稿都是通过选择某一模板来制作的，设计模板确定了整个演示文稿的风格。在制作过程中，可以修改演示文稿的风格，或者更换为自己设计模板。

要自己设计演示文稿模板，建立演示文稿时，选择"空演示文稿"；然后自己就可以在空的幻灯片上自由设计了。对于初学者来说，一般是直接选取系统提供的模板。

可以用两种方法来更换演示文稿模板的对话框。

（1）工具栏方法。单击"格式"工具栏上的"应用设计模板"。

（2）菜单方法。选择"格式"菜单中的"应用设计模板"。

以上两种方法都可以打开"应用设计模板"对话框，在对话框中，可以从模板文件列表中选择模板，在预览框可预览所选模板；按"应用"按钮，完成操作。

6.3.4 幻灯片版式的更新

幻灯片的版式选取好之后，在制作过程中还可以修改或更新，其操作步骤如下。

（1）在"幻灯片浏览视图"中，选择所要修改的幻灯片。

（2）单击"格式"工具栏中的"幻灯片版式"按钮，或选择"格式"→"幻灯片版式"命令，打开如图6-22所示的"幻灯片版式"任务窗格。

（3）在打开的"幻灯片版式"任务窗格中选择新版式，单击"重新应用样式"按钮完成操作。

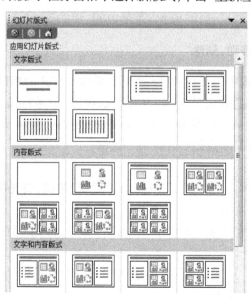

图6-22 "幻灯片版式"任务窗格

6.3.5 幻灯片背景的修改

模板所规定的背景是可以修改的，包括背景颜色和背景图案，其操作步骤如下。

(1) 选择"格式"→"背景"命令,打开"背景"对话框。
(2) 在背景填充下面的背景颜色列表中选择颜色,可以修改背景颜色。
(3) 如果选择"填充效果",将打开"填充效果"对话框。
(4) 选择"渐变"、"纹理"、"图案"、"图片"选项卡,可以分别制作渐变色、背景纹理、背景图案、背景图片的效果。

6.3.6 幻灯片配色方案的修改

配色方案是由文本颜色、背景颜色等 8 种颜色组成的一个用于演示文稿的预设颜色方案。每一个模板都有一个标准的配色方案,一个配色方案可应用于一个或多个幻灯片,在设计幻灯片时可以改变其标准配色方案,其操作步骤如下。

(1) 单击任务窗格标题右侧的▼按钮,在下拉菜单中选择"幻灯片设计"→"配色方案"命令,任务窗格变为"幻灯片设计","配色方案"为其主要显示内容,如图 6-23 所示。

(2) 在"应用配色方案"列表中选择一种方案并单击,幻灯片的配色方案将被新的配色方案取代;单击该方案右侧的▼按钮,在弹出的快捷菜单中选择"应用于所选幻灯片"命令,被选中的幻灯片配色方案改变,其他的不变。

(3) 可以改变幻灯片中某一部分的配色方案,操作方法如下。

① 单击"幻灯片设计"任务窗格下部的"编辑配色方案",弹出如图 6-24 所示的"编辑配色方案"对话框。

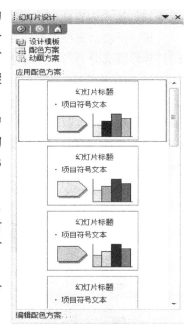

图 6-23 "应用配色方案"列表框

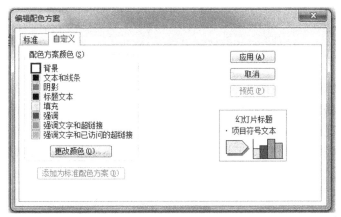

图 6-24 "编辑配色方案"对话框

② 在"编辑配色方案"对话框中选择要改变颜色的部分,单击"更改颜色"按钮。

③ 在弹出的"××颜色"对话框(要改变颜色部分的不同,其名称不一样)中设置颜色,可在"标准"选项卡或"自定义"选项卡中设置,然后单击"确定"按钮。

④ 若要继续更改其他部分的颜色,重复②~③的操作。
⑤ 单击如图6-24所示对话框中的"应用"按钮,返回幻灯片视图界面。

6.3.7 演示文稿母版的设计

母版是用来定义演示文稿格式的,它可以使一个演示文稿中每张幻灯片都包含某些相同的文本特征、背景颜色、项目符号、图片、文本占位符和页脚占位符等。

当每一个幻灯片中都出现相同的内容(如企业标志、CI 形象、产品商标及有关背景设置等)时,这个内容就应该放置到母版中,它可以使演示文稿风格一致。

每一份演示文稿都有四种母版:幻灯片母版、标题母版、讲义母版、备注母版。常用的幻灯片母版又分为幻灯片母版和标题母版。以下说明这两者的使用和修改方法。

1. 幻灯片母版

幻灯片母版用来控制除标题幻灯片以外的幻灯片的外观样式。根据需要,制作者可以自行设置幻灯片母版格式,并可以根据需要添加相关内容,操作步骤如下。

(1) 选择"视图"→"母版"→"幻灯片母版"命令,弹出如图 6-25 所示的幻灯片母版视图。

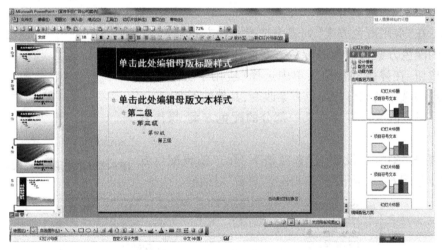

图 6-25 幻灯片母版视图

(2) 选择虚线框中对应的文本,选择"格式"→"字体"命令,在"字体"对话框中设置文本的格式,选择"格式"→"项目符号和编号"命令,设置文本前的项目符号。

(3) 根据表现需要,还可以在幻灯片母版上添加所需的图片、图形等其他对象。

(4) 设置完后,单击"格式"工具栏左侧的"关闭母版视图"按钮,返回普通视图。

2. 标题母版

要让标题幻灯片与演示文稿中其他幻灯片的外面有所区别,可以通过标题母版进行设置,其操作步骤如下。

(1) 选择"视图"→"母版"→"标题母版"命令。

(2) 在母版视图中,单击左侧的标题母版缩略图以显示标题母版,如图 6-26 所示。

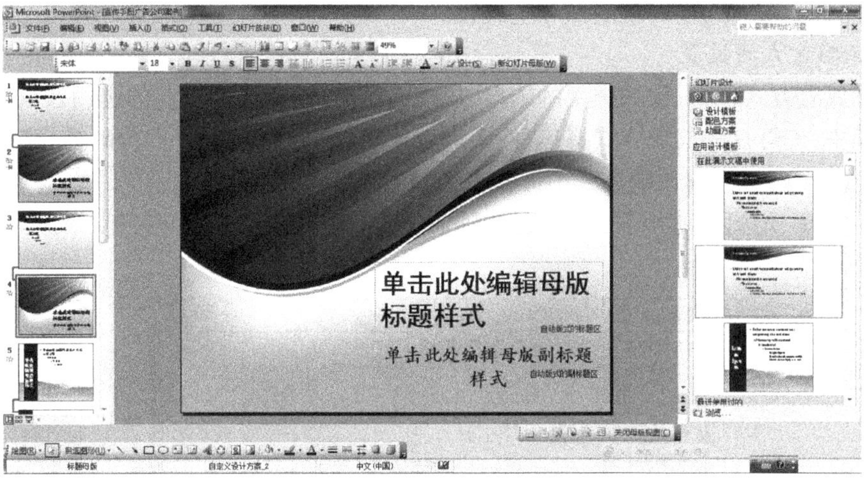

图 6-26　标题母版视图

（3）在标题母版中可以对幻灯片的主、副标题进行格式设置,操作同幻灯片母版。

6.3.8　页眉和页脚的添加

页眉和页脚的内容往往也是每一个幻灯片所要表现的内容。根据演示文稿的类型,可以分为幻灯片的页眉、页脚和备注,讲义的页眉、页脚。其操作步骤如下。

（1）选择"视图"→"页眉和页脚"命令,打开如图 6-27 所示的"页眉和页脚"对话框。

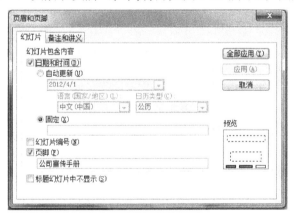

图 6-27　"页眉和页脚"对话框

（2）选择"幻灯片"选项卡,设置幻灯片的页眉、页脚(注意它们的默认位置都是在幻灯片的底部)。

（3）选择"备注和讲义"选项卡,将设置备注与讲义的页眉、页脚。

（4）在页眉、页脚中一般可以设置时间和日期、幻灯片的页码,或者备注页的页码及其他一些固定的内容,如演示文稿名称、作者姓名、公司徽标等。

图 6-27 所示的对话框填充的内容就是页眉和页脚的设置情况。

6.3.9　演示文稿的放映

创建演示文稿的目的就是将其演示给观众看,为了使放映过程方便灵活、放映效果生动形象,需要对演示文稿的放映做一些设置。

1. 放映方式的设置

设置放映方式包括:放映类型的选择、放映内容的选取、换片方式的选用及放映选项的设置。其中,幻灯片的放映方式有三种:演讲者放映(全屏幕)、观众自行浏览(窗口)、在展台浏览(全屏幕)。设置放映方式的操作步骤如下。

(1)选择"幻灯片放映"→"设置放映方式"命令,弹出"设置放映方式"对话框,如图 6-28 所示。

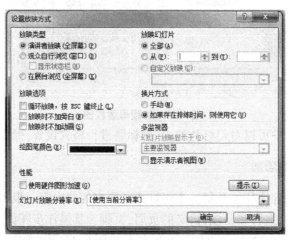

图 6-28 "设置放映方式"对话框

(2)根据下面介绍的特点,在"放映类型"下面的三种类型中选择一种。

① 演讲者放映(全屏幕)。全屏显示文稿,适用于演讲者播放演示文稿,演讲者可以完整地控制播放过程。需要将幻灯片放映投射到大屏幕上时也采用该方式。

② 观众自行浏览(窗口)。在小型窗口显示演示文稿,适用小规模的演示,观众自行观看幻灯片放映。在放映时可以移动、编辑、复制和打印幻灯片。

③ 在展台浏览(全屏幕)。全屏自动显示演示文稿,要结束放映按"Esc"键。

(3)在"放映幻灯片"、"放映选项"和"换片方式"区进行相应的设置。

(4)全部设置完成后,单击"确定"按钮即可。

2. 切换效果的设置

幻灯片切换,即一张放映完毕后,放映下一张时出现的方式。设置切换方法有利用"幻灯片切换"命令设置,根据排练计时设置,利用动作按钮设置。

(1)利用"幻灯片切换"命令切换。利用"幻灯片切换"命令切换的操作步骤如下。

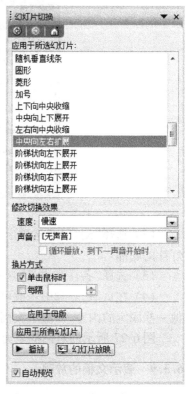

图 6-29 "幻灯片切换"任务窗格

① 选择"幻灯片放映"→"幻灯片切换"命令,任务窗格如图 6-29 所示。
② 在第一个列表框中选择幻灯片切换的动作。
③ 在"修改切换效果"的"速度"下拉列表中选择"慢速"、"中速"、"快速"选项;在"声音"下拉列表中选择切换时的声音效果,如"风铃"、"锤打"等。
④ 在"换片方式"中选中"单击鼠标时"或"每隔"一定的时间后自动换片。

说明:"应用于所有幻灯片"是所有幻灯片使用一种声音、动画效果,不单击该按钮可以为每一张幻灯片的切换设置不同的声音、动画效果。

(2) 排练计时切换。在幻灯片播放之前,可以先进行排练计时,并进行切换效果的设计,操作步骤如下。

① 选择"幻灯片放映"→"排练计划"命令,此时从第一张幻灯片开始放映,屏幕左上角出现"预演"计时框,如图 6-30 所示。

图 6-30 "预演"计时框

图 6-31 排练计时完毕的消息框

② 当放映的时间达到要求时,单击鼠标,接着放映下一个文本、动画、对象或切换下一个幻灯片。

③ 重复操作步骤②,直到整个演示文稿放映完毕,在弹出的对话框中单击"是"或"否"按钮,如图 6-31 所示。

(3) 利用"动作按钮"切换。设置好动作按钮,并建立相应的动作后,也可以进行切换效果的实现,操作步骤如下。

① 选中要使用动作按钮的幻灯片或某项文本、对象等。
② 选择"幻灯片放映"→"动作按钮"命令,弹出如图 6-32 所示的"动作按钮"图标,指向某一按钮显示该按钮的名称。

图 6-32 "动作按钮"图标

图 6-33 "动作设置"对话框

③ 选择一个按钮,在幻灯片的指定位置上按住鼠标左键拖动到适应位置释放,弹出

"动作设置"对话框,如图6-33所示。

④ 设置"单击鼠标"或"鼠标移过"时产生的动作,即"超链接到"和"播放声音",最后单击"确定"按钮,幻灯片上出现相应的图标,放映时单击该图标会放映指定的幻灯片。

3. 动画效果的设置

动画效果设置是指对幻灯片中的标题、文本、多媒体对象等设置放映时出现的动画方式,可以通过"动画方案"和"自定义动画"两种方式进行设置。

(1) 利用动画方案设置动画

选择"幻灯片放映"→"动画方案"命令,弹出"幻灯片设计"任务窗格,在任务窗格中单击动画方案。动画方案是系统将标题、文本等各部分间出现的动画以最佳的效果进行搭配,只需选择一种方案,各部分就会以不同的动画方式出现,不需要一一设置。

(2) 自定义动画

自定义动画是用户自己对幻灯片中的各个部分设置不同的动画方案,各部分按所设置的顺序进行演示,操作步骤如下。

① 选择"幻灯片放映"→"自定义动画"命令,弹出如图6-34所示的"自定义动画"任务窗格。

图6-34 "自定义动画"任务窗格

图6-35 各类型的动画方案设计

② 在幻灯片中单击要设置动画的部分(标题、文本、多媒体对象等),然后单击"添加效果"右侧的▼按钮,弹出动画类型列表,每一种类型下都有若干动画方案,如图6-35所示。

③ 选择动画方案并单击,若不满意则可单击其他效果,然后再在列表框中选择。

④ 选中"自动预览"复选框,当设置一项动画方案后,幻灯片会自动演示,单击"播放"按钮也会演示指定项的动画方案,单击"幻灯片放映"按钮则从当前幻灯片开始放映幻灯片。

⑤ 打开"开始"下拉列表,选择触发动画播放的动作("单击时"、"之前"、"之后");在"速度"下拉列表中选择动画显示速度;在"方向"列表中选择动画显示方向;单击"重新排序"左边的↑或右边的↓可调整对象的播放顺序。

⑥ 单击"确定"按钮,动画方案设置完毕,各元素左侧会出现顺序标志1,2,3,…。

4. 超链接的建立

超链接是将文本、字符、图形等对象与一个幻灯片、一个演示文稿、一个文档等之间建立一种链接,在放映时单击被链接的对象,则对应的链接内容将显示出来。

本章实例中,第 2 张幻灯片(总结内容提纲)中的各个条目需要超链接到相应内容的幻灯片上。下面以其为例介绍建立超链接的操作方法。

(1) 打开第 2 张幻灯片,选中需要建立超链接的第一个对象"品牌战略",右击,在快捷菜单中选择"超链接"命令,弹出如图 6-36 所示的"插入超链接"对话框。

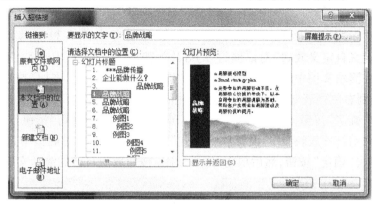

图 6-36 "插入超链接"对话框

(2) 在"链接到"区域单击"文本档中的位置"按钮,在随之出现的"请选择文档中的位置"列表框中选择被超链接的目标对象"品牌战略"幻灯片,"幻灯片预览"区将会显示出该幻灯片的样式。

(3) 如果需要为超链接加上屏幕提示,可以单击"屏幕提示"按钮,在随之出现的对话框的"屏幕提示文字"文本框中输入屏幕提示信息。

(4) 单击"确定"按钮,超链接建立完成。

如图 6-37 所示,建立超链接后的文本颜色将变为配色方案中的"强调文字和超链接"选项所定义的颜色,并加下画线。

(5) 按照(1)~(5)的顺序依次为各个条目都建立对应的超链接。

说明: 建立超链接也可选择"插入"→"超链接"命令,或按下"Ctrl"+"K"组合键,然后在"插入超链接"对话框中进行操作。

图 6-37 添加了"超链接"后的效果图

5. 自定义放映的设置

自定义放映是用户将已有演示文稿中的幻灯片分组,创建多个不完全相同的演示文稿,放映时根据观众的不同放映演示文稿中的特定部分。其操作步骤如下。

(1)选择"幻灯片放映"→"自定义放映"命令,弹出"自定义放映"对话框,如图6-38所示。

(2)单击"新建"按钮,弹出"定义自定义放映"对话框,如图6-39所示。

(3)在"定义自定义放映"对话框的"幻灯片放映名称"文本框中输入名称。

(4)在"在演示文稿中的幻灯片"列表框中选择幻灯片;单击"添加"按钮,被选中的幻灯片自动添加到右侧列表框中,单击"删除"按钮还可以撤销选取。

(5)单击"确定"按钮,返回"自定义放映"对话框,再单击"关闭"按钮。

(6)选择"幻灯片放映"→"设置放映方式"命令,在出现的对话框中选中"自定义放映"单选项,单击"确定"按钮,然后单击"观看放映"按钮放映自己的演示文稿。

图6-38 "自定义放映"对话框

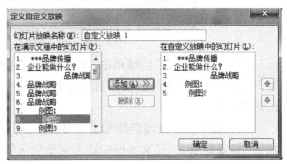

图6-39 "定义自定义放映"对话框

6.3.10 演示文稿的显示与打印

1. 屏幕视图方式及其特点

PowerPoint中提供五种视图方式,分别是幻灯片视图、大纲视图、幻灯片浏览视图、备注页视图和幻灯片放映视图。

在一份演示文稿文件打开后,屏幕处于五种不同视图方式中的某一种模式下。切换到某一种需要的视图模式,可以有两种方式:一种方式是直接用鼠标单击PowerPoint的视图栏切换按钮中视图方式的按钮;另一种方式是从"视图"菜单中选择视图方式命令。

对于演示文稿的编排,每一种视图方式在演示文稿的制作和显示中都有不同的作用和优势,用户应该根据实际的工作需要灵活应用。

(1)幻灯片视图

编排演示文稿时,幻灯片是最常用也是最直观的视图模式。当注意力集中在对某一张幻灯片的文本和其他对象的处理时,应当使用幻灯片视图;在幻灯片视图中,可以逐张添加文本和图形、表格、剪贴画及其他对象,并且可以很方便地对它们进行编辑和排版。在幻灯片视图模式中还可以看到整张幻灯片,或改变显示比例,放大幻灯片的一部分做细致的修改。

(2)大纲视图

在大纲视图中,演示文稿会以大纲形式显示,每张幻灯片中的标题和正文组成了大纲的内容。可以从一个屏幕上看到更多的幻灯片标题和正文信息,因而编排文稿也就更方便些。可以认为大纲视图是最适合组织演示文稿思路的。在大纲视图中,每张幻灯片的标题都会出现在编号和图标的旁边,正文在每个标题的下面。正文的缩进可以达5层。

（3）幻灯片浏览视图

在幻灯片浏览视图中,可以看到所有幻灯片的缩略图,完整地显示所有文本和图片;也可以重新为幻灯片排列顺序,轻松地添加、删除和移动幻灯片;还可以用"幻灯片浏览"工具栏上的按钮来设置幻灯片放映的时间,并选择幻灯片的动画、切换方式。

（4）幻灯片放映视图

观看最终的实际显示效果要在幻灯片放映视图中进行。

（5）备注页视图

在备注页视图中,编辑区上半部分显示的是幻灯片的缩略图,下半部分是备注页编辑区,可以在该区域中输入演讲者备注和一些注释信息,以便在演示过程中使用,也可以打印一份备注页作为参考。

2. 页面设置

页面设置是打印的基础,其操作步骤如下。

（1）选择"文件"→"页面设置"命令,打开如图6-40所示的"页面设置"对话框。

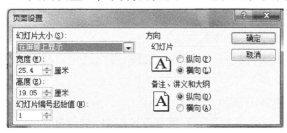

图 6-40　"页面设置"对话框

（2）在"页面设置"对话框中,可以分别对幻灯片、备注、讲义及大纲等进行各项设置,包括幻灯片的大小、宽度、高度、幻灯片编号起始值、方向等。

（3）单击"确定"按钮,设置完成。

3. 打印设置

演示文稿的打印包括幻灯片、大纲、备注、讲义等的打印,其操作步骤如下。

（1）选择"文件"→"打印"命令,打开如图6-41所示的"打印"对话框。

（2）在"打印"对讲框分别进行设置:选择打印机;选择打印范围,可以是全部幻灯片、选定的幻灯片、当前幻灯片、自定义的幻灯片或输入幻灯片的编号;选择打印内容,可以是幻灯片、讲义、大纲或备注等,如果打印讲义,如图6-41所示,还可以指定打印时每页的幻灯片数及排列顺序;确定打印份数;指出是否进行逐份打印等。

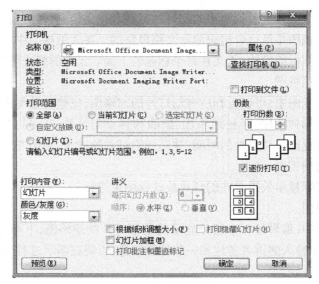

图 6-41 "打印"对话框

(3) 设置完之后,单击"确定"按钮,准备好打印机和打印纸,就可以开始打印操作。

6.3.11 演示文稿的其他常用操作

1. 将演示文稿保存为放映格式

如果仅仅是为了放映,而不是编辑演示文稿,那么还可以将演示文稿保存为放映格式,其操作步骤如下。

(1) 打开一份编辑好的演示文稿。
(2) 选择"文件"→"另存为"命令,弹出"另存为"对话框。
(3) 在"保存类型"下拉列表中选中"PowerPoint 放映"选项。
(4) 选择存储位置并输入文件名称。
(5) 单击"保存"按钮,将生成一个扩展名为.pps 的文件。

说明:双击.pps 类型文件后,不用打开 PowerPoint 软件,将直接启动该演示文稿,进入演示画面。当放映结束时,返回 Windows 系统界面。当然,存为放映格式的.pps 文件仍然可以用 PowerPoint 打开和编辑。

2. 将演示文稿保存为 Web 格式

在 PowerPoint 中,还可以将演示文稿保存为 Web 格式,利用 IE 等浏览器查看。

(1) 设置 Web 页的默认格式

在将演示文稿保存为 Web 格式,准备利用浏览器查看之前,首先必须进行 Web 页默认格式的设置,其操作步骤如下。

① 选择"工具"→"选项"命令,弹出"选项"对话框。
② 选择"常规"选项卡。
③ 单击"Web 选项"按钮,弹出"Web 选项"对话框,如图 6-42 所示。
④ 在出现的对话框中根据设置需要,进行相关项目的设置。

说明:如图 6-42 所示,"Web 选项"对话框中共有 6 个选项卡,分别用来设置 Web 页的格式和风格。在"常规"选项卡中,若选中"添加幻灯片浏览控件"复选框,当用 IE 浏览时,将在窗口下方出现 6 个翻页之类的按钮;应选"浏览时显示幻灯片动画"复选框,否则幻灯片动画效果将会被忽略。在"文件"选项卡中,若选中"利用文件夹管理支持性文件"复选框,在保存为 Web 文档时会在文档所在目录下建立一个文件夹,把所有图形等支持性文件存入其中,这便于文件管理。其他选项卡的使用与上面两个基本相同。

图 6-42 "Web 选项"对话框

（2）把 PPT 格式文件转换为 HTML 格式文档

可以将已经制作好的 PPT 格式文稿转换为 HTML 格式,其操作步骤如下。

① 打开一份编辑好的 PPT 演示文稿。
② 选择"文件"→"另存为"命令,弹出"另存为"对话框。
③ 在"保存类型"下拉列表中选择"Web 页"。
④ 如果有必要,还可以修改原来的文件名称。
⑤ 单击"更改标题"按钮,在"页标题"文本框中输入文本,再单击"确定"按钮。
⑥ 单击"保存"按钮,即可将制作好的 PPT 格式文件转换为 HTML 格式。

说明: 利用"工具"→"选项"→"保存"命令,还可以将演示文稿的默认文件保存格式设置为"Web"格式。

3. 用 Web 浏览器观看 Web 格式的演示文稿

用 Web 浏览器打开 Web 格式的演示文稿,出现浏览窗口。

这是一个带有三个框架的标准 Web 页面,左框显示大纲标题列表,起到导航栏的作用,单击任一标题可以切换幻灯片;右上框显示每一张幻灯片,原来幻灯片的放映特性都会保留;右下框架显示演讲者备注文本。三个框架的分隔条可以用鼠标拖动,从而改变框架窗格的大小。

在框架下方有一个控制工具栏,上面有六个按钮:"大纲"、"展开/折叠大纲"、"备注"、"上一张幻灯片"、"下一张幻灯片"和"全屏放映"。通过使用控制工具栏能够快速、方便地观看全部幻灯片。

在办公事务中,通过制作并播放直观、形象、生动的多媒体演示文稿,可以解释一些较复杂的概念、问题和现象,从而能抓住人们的注意力,增加演示内容的显示效果。

制作演示文稿时,首先需要创建其框架结构,然后进行文字输入及文字编排;根据需要,演示文稿的一些幻灯片中还可以进行图片与图形的添加,表格与图表的添加,组织结构图的添加,声音与影片的添加,以及进行幻灯片播放时旁白的录制。

演示文稿制作完成后,有时还需要进行调整和修饰,这就涉及幻灯片及其中对象的录制、移动、修改、删除等操作;根据需要还可以进行幻灯片模板的更换、修改幻灯片的母版设置、更改幻灯片的背景和幻灯片中各元素的配色方案等。

幻灯片放映时,需要进行切换效果设置,幻灯片中各元素和动画设置、动作按钮设置;在幻灯片中,为了播放顺序及导航设置的需要,还可以建立和应用超链接;如果需要,用户可以自定义放映内容,并对放映方式进行设置。

根据需要,还可以设置演示文稿有不同的屏幕显示效果,也可以进行各种打印操作。

根据需要,演示文稿还可以将 PowerPoint 文件保存为放映类型、Web 格式及在网上播放。

通过本章的学习,能熟练创建、编排各种风格的多媒体式演示文稿。

 习 题 6

一、上机操作题

利用本章所学知识,制作某单位(公司、饭店、宾馆、酒店、旅行社、学校)、个人或其他主题的宣传片,从而练习演示文稿和幻灯片的制作。具体要求如下。

(1) 第一张幻灯片为封面,最后一张幻灯片为封底;第二张幻灯片为目录,目录到各张幻灯片之间应该有双向的超链接。

(2) 各张幻灯片之间有切换效果设置。

(3) 每张幻灯片应该有动作按钮设置,并且要求风格一致。

(4) 幻灯片不少于15张,根据需要可以分设几层。

(5) 幻灯片中对象至少应该有图片、图表、组织结构图、表格、动画、流程图、声音、视频等。

(6) 至少有两张幻灯片有丰富的想象,从而可以设置各种各样的自定义动画效果。

(7) 插入声音、视频等多媒体对象时,如果文件太大,不需要存盘,只进行练习即可;同时,如果要存盘,不要有太多图片。另外,尽量使用 GIF 和 JPEG 图片,从而减少图片磁盘存储量。

(8) 练习幻灯片放映时的操作控制。

(9) 练习将文件存为 PPS 或 Web 格式,查看效果。

二、选择题

1. 在 PowerPoint 中,如果要给演示文稿选择模板,应该通过(　　)任务窗格。
   A. 幻灯片设计　　B. 幻灯片版式　　C. 自定义动画　　D. 幻灯片切换
2. 在同一演示文稿中,复制和删除幻灯片一般在(　　)视图中进行。
   A. 普通视图　　　　　　　　　　　B. 幻灯片浏览视图
   C. 幻灯片放映视图　　　　　　　　D. 备注页
3. 要给自定义动画配上声音,应使用(　　)命令来实现。
   A. "单击开始"　　　　　　　　　　B. "现实高级日程表"
   C. "计时"　　　　　　　　　　　　D. "效果选项"
4. 在放映演示文稿时,要直接跳转到放映某张幻灯片,可以按(　　)来操作。
   A. 空格键或向右、向下光标键　　　B. 退格键或向左、向上光标键

  C. 数字编号＋回车键   D. "Esc"键
5. 用 PowerPoint 制作演示文稿,其一般制作步骤是(　　)。
  a. 美化演示文稿和设置动画效果   b. 设计提纲
  c. 放映调整   d. 制作幻灯片
  A. abcd   B. badc   C. bcda   D. bdac
6. 母版分为幻灯片母版、讲义母版和(　　)这三种。
  A. 标题母版   B. 文本占位符母版
  C. 备注母版   D. 对象母版
7. 选择(　　)菜单中的"动作按钮"命令,可以为幻灯片添加动作按钮。
  A. 幻灯片放映   B. 格式   C. 插入   D. 视图
8. 幻灯片放映方式通常有三种,不属于这三种的是(　　)。
  A. 演讲者放映(全屏幕)   B. 在展台浏览(窗口)
  C. 观众自行浏览(窗口)   D. 在展台浏览(全屏幕)

三、问答题

1. 简述演示文稿的普通视图方式及其界面组成。
2. 何谓演示文稿的配色方案？如何修改幻灯片中标题和文本的配色方案？
3. 什么是演示文稿的母版？有几种母版？标题母版有什么作用？如何设置？
4. 试比较动画效果设置的"动画方案"与"自定义动画"的异同。
5. 何谓超链接？在演示文稿中建立超链接有几种方法？如何在演示文稿中建立超链接？说出其中一种方法的主要操作步骤。

第 7 章 办公中的桌面信息管理

在办公业务处理中,办公人员经常需要进行电子邮件交流和桌面信息管理,比如管理邮件、安排约会、建立联系人和任务等,利用有关软件可以提高这些活动的管理效率。

本章介绍利用 Outlook 2003 组织和共享桌面上信息及与其他人通信的方法,主要讲述其基本功能和具体操作,包括创建和维护联系人列表,创建、发送、接收和管理电子邮件,创建和运用任务,使用日历对约会、会议进行事务管理,以及创建、应用日记和便笺。

7.1 桌面信息管理

办公人员每天需要通过收发电子邮件与相关人员联络,记住每件该做的事情,记录每一次做过的事情,进行预订会议的安排,为会议安排车辆和会议室等资源,为领导进行日程安排等。这些都是办公人员的经常性工作。可见,办公室的工作是繁杂琐碎的,如何提高办公人员信息管理的效率在现代化办公中已经变得非常重要。

下面通过一个实例来说明桌面信息管理的含义及相关活动设置方法。

假设今天是 5 月 25 日,××省国税局决定于 6 月 10 日召开一次税务信息化推广会议,办公室秘书负责整个会议的组织工作。王秘书近期要做的主要工作如下。

(1) 为了顺利召开本次会议,本单位信息中心部分技术人员将于 5 月 28 日去北京参加一个"税务信息化技术产品博览会",以便了解相关信息。届时王秘书需要根据局长的要求,给这些人员发送电子邮件,鼓励他们多收集相关产品信息,多掌握最新技术走向。

(2) 5 月 30 日,公司参加技术博览会的人员回来后,需要召开一次小型的汇报会议。为此王秘书需要进行会议安排,通知相关信息、业务、稽核、财务人员参加汇报会。

(3) 6 月 3 日,某系统集成商代表要来洽谈信息化三期规划建设问题,为此需要开一个招待宴会,时间为当天晚上 7:00,地点在西花园西餐厅。

(4) 为了 6 月 10 日会议的顺利召开,王秘书还需要给会务组、秘书组、宣传组及其他会议相关服务人员布置具体任务。

(5) 为了确保各项准备工作无误,王秘书还需要将一些日常性小事(如近期需要购买打印纸)记录成便笺形式,以防遗忘;同时为了进行工作的回顾,需要将有关事项以工作日记的形式记录下来;事情千头万绪,王秘书希望在事情的处理过程中及在临开会之前,最好能有人进行提醒,以免误事。

在配备了计算机的办公室中,勤快的秘书会随时记录并输入预订的或者已办的事情。但是,这种模拟手动操作的方式其实很麻烦,而且不可避免出现遗漏。时间一长,大量的信息因疏于维护而最终成为难以处理的垃圾。另外,这也解决不了组织多人会议时,确定共有空闲时间和地点等资源问题。

其实,对于此问题,只要对计算机稍做一些设置和准备,就完全可以自动记录办公人员的工作,提醒即将开始的活动,甚至辅助确定会议时间。这就是办公自动化中的桌面信息管理功能。具体功能如下。

7.1.1 管理日程

现在是星期一的早晨,办公人员正在组织一天的工作。作为身负诸多使命的秘书,需要有一个策略来帮助掌控日程并快速完成各项任务。

1. 任务

任务是办公人员要在它完成前对其进行跟踪的与个人或工作相关的事宜。一项任务可以发生一次,也可以重复发生。定期任务可以定期重复,也可以根据标记的任务完成日期重复。例如,办公人员可能要在每个月的最后一个星期五向经理发送状态报告,或者可能要在自上一次理发后一个月时理发。

2. 发布日程安排信息的方法

通过发布日程安排,可以使那些本来无权访问日历的人也可以看到日程安排。通过鼓励那些人发布自己的日程安排,可以更加方便高效地调整会议时间。

可以将含有安排好的预约时间(如果需要,还可以包括会议或约会的详细信息)的月历发布到网页上,而不是仅发布空闲和忙碌时间。其他人可查看该信息以便安排参与会议,但是他们无法在网页上输入信息。此外,当办公人员在日历中添加、删除或修改约会时,网页不会自动更新,每次更新时,都需要保存日历。

7.1.2 安排会议

角色定义及具体说明如下。

1. 会议组织者

任何建立会议的人员都会成为会议组织者。组织者是唯一可以在会议建立后更改会议详细信息的人员。此外,请记住,永远不能为现有会议分配新组织者。其人一旦成为组织者,就永远是组织者。

2. 与会者

受邀参加会议的任何人都被视为与会者。与会者有两种类别:必选的与会者和可选的与会者。一旦将与会者添加到与会者列表中,该人便始终被视为会议的与会者;即使某个与会者谢绝会议,他/她也仍旧被视为与会者。

3. 地点/资源

会议的召开场所为地点,有时称为"资源"。如何为会议指定地点(或资源)取决于组织安排各项事宜的方式。

4. 分配任务

任务是一项与人员或工作相关的事务,且在完成过程中要对其进行跟踪。任务可发生一次或重复执行(定期发生的项目)。可以将按规律发生的约会或任务指定为定期任务。定期任务可按固定间隔重复执行,或在标记的任务完成日期基础上重复执行。

7.2 桌面管理软件介绍

Outlook 是微软公司出品的 Office 套装软件的组件之一,它对 Outlook Express 的功能进行了扩充。Outlook 的功能很多,可以用它来收发电子邮件、管理联系人信息、记日记、安排日程、分配任务。Outlook 现已不再只是一个收发电子邮件的软件,它已经和 Office 的其他组件紧密地结合在一起,构成了一个统一的整体。

这样 Outlook 就变成了一个信息处理中心,在 Outlook 里几乎就可以处理所有的日常事务,甚至可以在 Outlook 里直接浏览网页,所以 Outlook 也被称为桌面信息管理器。

7.2.1 界面总体介绍

Outlook 窗口左方的小窗格称之为 Outlook 面板。面板里的许多小图标和 Windows 桌面上的快捷方式图标一样,单击它们可以完成不同的工作。还可以把这些快捷图标放在不同的组里,更好地管理它们,如图 7-1 所示。

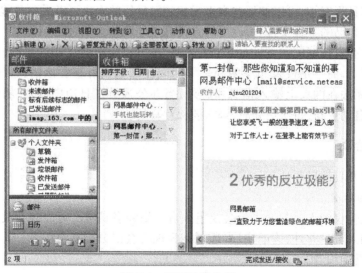

图 7-1 界面总体介绍

7.2.2 主要功能预览

1. Outlook 的面板和任务

单击 Outlook 面板的"Outlook 今日"图标,这时信息浏览窗口就显示了今天或未来几天的预览。我们可以像浏览网页一样来浏览 Outlook 今日页面。

单击"任务",就切换到了"任务"预览窗口,在这里可以查看任务的完成情况,也可以设置新的任务。

若要添加一个新任务,单击"单击此处添加新任务"灰色文字,输入"学习 Outlook",在

"截止日期"下方的下拉列表向下箭头键,选择完成日期。在窗口的其他部分单击,一个新的任务就设置好了。

现在单击面板的"Outlook 今日",任务列表就多了一个条目,前面的复选框没有选中,表示此任务还没有完成。

2. 日历

单击"日历",在"日历"预览框里,左方的是时间列表,显示了一天的 0 到 24 小时,在这里可以安排约会、会议等的时间;右上方的是日历,可以选择具体的某一天;右下方是任务列表。

(1) 添加一个新的约会

在时间表里拖动鼠标,选择约会要占用的时间,选择下午 2:00 到 5:00,单击鼠标右键,选择"新建约会",在弹出的对话框里输入相应的内容,单击"保存并关闭"按钮,这样一个新的约会就添加完成了。

回到"Outlook 今日","日历"下面的"今日"就列出了今天的约会。

单击左侧面板的"日历"按钮,切换到"日历"视图,在默认情况下,Outlook 的日历使用"天/周/月"的查看方式。视图的最左边是一天当中的时间段。8:00 到 17:00 为浅黄色,表示我们一天的工作时间;深黄色则表示业余时间。Outlook 以每半小时为单位将一天的时间分成若干段。时间段的右边是日程表,日程表的标题显示了日程所对应的日期。图 7-2 表格就是日程表,可以在这里安排一天的活动。

图 7-2　日程表

在日期选择区可以选择要安排活动的具体日期,单击另外一个日期,视图的其他部分都做了相应的改变。单击日期选择区标题栏的黑色箭头,还可以看到其他月份的日期。任务板用来显示选中日期要做的任务(图 7-3)。

图 7-3 约会日期的设置

在 Outlook 里,约会是指一个人在一天中某一段时间中的活动,比如到邮局取包裹、交个人总结等。

单击"文件"菜单,选择"新建"选项,单击"约会"命令,进入约会编辑窗口。在"主题"文本框中输入约会的具体内容(打扫卫生),输入约会的地点(办公室),在下面的多行文本框中输入约会的详细内容和备注。单击"开始时间"或"结束时间"下拉列表框,可以设置合适的开始时间或结束时间,单击"保存并关闭"按钮,切换到刚才设置约会的日期,这时约会就显示在时间段列表里了(图 7-4)。

图 7-4 约会日期的设置

如果要改变约会开始的时间,可以拖动约会的蓝色边框,这样约会的开始时间就改变了。还可以改变约会的结束时间。拖动约会下方的蓝色边框,这样约会的持续时间就改变了。

要改变约会日期,可拖动约会到日历上的适当日期上。这时选择刚才约会拖动到的日期,会看到约会移动到这一天了,这说明约会的日期改变了,但约会的时间仍然没有改变。

可以利用剪贴板来移动约会。单击约会左方的蓝色边框选中约会，单击"编辑"菜单，选择"剪切"命令，这样约会就放到剪贴板上了，可以用粘贴的方法将剪贴板上的约会粘贴到其他日期。双击约会，在弹出的约会编辑窗口中可以修改约会的内容。

（2）约会冲突

安排的约会可能会发生冲突。如果发生冲突，从视图上可以很容易地看出来。双击这个约会，会弹出一个黄色的信息条。信息条说明了这个约会和其他约会冲突了。这时可以改变约会的开始时间，黄色的提示条就消失了，约会不再冲突了。

（3）约会提醒

这时屏幕弹出 Outlook 约会提醒框，它在约会即将到来时弹出，提醒做某事，而且它还能发出提示音。单击"提醒"对话框的"打开项目"按钮，在弹出的对话框里可以查看即将到来的约会的详细信息。双击要设置提醒的约会，进入约会编辑窗口，可以设置约会的提醒，将"提醒"复选框选中，打开"提前"下拉列表，选择提示提前于约会的时间，单击小喇叭按钮，进入"提醒声音"对话框，在这里可以设置提示音所用的声音文件名，也可以单击"浏览"按钮在目录中搜索。如果不要提示音，可以取消选中"播放该声音"。单击"确定"按钮，回到约会编辑窗口，单击"保存并关闭"按钮，这样约会提醒就生效了。还可以调整 Outlook 的默认设置，新的约会提醒会自动使用默认设置。单击"工具"菜单，选择"选项"命令，打开"选项"对话框，在"首选参数"选项卡里的"日历"选项区，可以设置默认的提醒配置。现在的"默认提醒"是选中的，打开"提前"下拉列表，选择提前的具体时间，可以选择"10 分钟"，单击"确定"按钮，这样新创建的约会就会打开提醒功能，自动设置提醒的提前时间为 10 分钟。

（4）周期约会

约会项目带有两个相对的弯箭头，这表示是一个周期约会。如双击午餐约会，这时会弹出"打开定期项目"对话框，如果选择"打开本次事件"，那么修改只对当前选中日期的午餐约会生效；如果选择第二项"打开序列"，那么修改将作用于所有日期的午餐约会，选择第二项，单击"确定"按钮，进入定期约会编辑窗口。

单击工具栏编辑窗口的"重复周期"按钮，在"约会周期"对话框里可以修改午餐时间。可以将普通约会改为周期约会，如"打扫卫生"目前是普通约会，双击"打扫卫生"约会，进入约会编辑窗口，单击"重复周期"按钮，在"约会周期"对话框里，约会时间部分的值和原来的约会是一样的，把约会设置为每周一打扫卫生，并且无结束日期，单击"确定"按钮，退出"约会周期"对话框，单击"保存并关闭"按钮，这时打扫卫生约会就变成周期约会了。

同样，周期约会也可以改为普通约会。双击周期约会，选中"打开序列"，单击"确定"按钮，单击"重复周期"按钮，进入"约会周期"对话框，单击"删除周期"按钮，这时约会的周期就被删除了，单击"保存并关闭"按钮，约会就变为非周期的了。

（5）删除约会

单击要删除的约会左面的蓝色边框，按"Del"键，因为选中的是一个周期约会，所以会弹出"确认删除"对话框询问是删除当前约会，还是将当前约会及所有同样的周期约会都删除，选择"全部删除"，单击"确定"按钮，周期约会序列就被删除了。

（6）约会分类

在日历中设置的约会多了，要查看约会就不是很方便了，使用"组织日历"窗口，可以为约会分类并采用各种视图方式查看约会。单击"工具"菜单中的"组织"命令，打开"组织日历"窗口。

在"组织日历"窗口的"创建新类别"文本框中输入"娱乐休闲"，单击"创建"按钮。上方的文本框中出现了"娱乐休闲"，这样为约会新创建了一个类别，用同样的方法再创建一个类别"会议"。

创建好了这些类别后，就可以将约会分类。按住"Ctrl"键，选择日历里的几个会议约会，单击"组织日历"窗口中的"添加"按钮，这样选中的约会就以"会议"分类了。若要查看刚才的设置，可以单击"组织日历"视图的"使用视图"按钮，在"更改您的视图"列表中选择按类别，下面的约会列表(图7-5)就是按类别分类的。

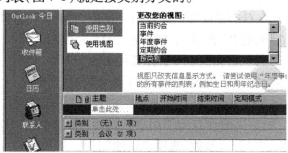

图7-5　约会分类

单击"会议"类的"+"号，刚才设置的几个会议约会都在这里。查找约会：单击"常用"工具栏上的"查找"按钮，弹出查找日历窗口，在"查找"文本框里输入要查找的关键字，单击"查找"按钮，包含关键字的约会就显示出来了。如图7-6所示。

图7-6　约会分类的设置明细

(7) 切换回原来的"日历视图"

单击"视图"→"排列方式"→"当前视图"→"天/周/月"命令，这样就切换回原来的视图了。这和在"组织日历"窗口的视图列表中选择视图方式是一样的。

在所有的文件夹视图里，都可以通过"视图""当前视图"命令切换视图方式。

3. 写日记

Outlook 还可以自动记日记。单击信息浏览窗口的"个人文件夹_Outlook 今日"文字，文件夹列表就显示出来了，单击"日记"文件夹，单击"条目类型"，当前日期的日记就被打开了，可以查看在一段时间里，在 Outlook 或 Office 其他组件里做过了什么。

也可以在这里写日记。在日记窗口标题栏单击鼠标右键，选择"新日记条目"，在弹出的"日记条目"窗口里打开"条目类型"下拉列表,选择"会议",在窗口里输入相应的内容。

单击"保存并关闭"按钮,这则日记就以一个新的条目列在窗口里了,并且这个新的条目图标还和标尺对应,可以方便地知道是哪天及何时的日记。

4. 创建联系人

单击"Outlook 今日"信息浏览窗口的"联系人",在联系人窗口里可以记录和查看联系人的各种信息。创建一个新联系人步骤如下:在联系人窗口里单击鼠标右键,选择"新联系人"选项,进入"联系人"窗口,输入联系人的信息(图 7-7)。单击"保存并关闭"按钮,一个新的联系人就出现在联系人浏览窗口里了。

Outlook 里有一个通讯簿,可以很方便地处理通讯地址等资料。只需要单击"联系人"文件夹,就可以将所有联系人的信息显示出来,这些"条目"就被称为联系人项目。

图 7-7　创建联系人

5. 发送邮件

在"Outlook 今日"里单击"草稿",单击鼠标右键,选择"新邮件",在"邮件"窗口的"收件人"里输入创建的联系人的姓名,添加主题和邮件的内容。

单击"保存"按钮,关闭"邮件"窗口,"草稿"列表里就多了一个项目,就是刚才创建的邮件草稿。注意:邮件的小图标是一张未装入信封的信纸,表示这一封邮件是保存着的但还没有决定是否要发送。

在邮件草稿编辑好以后,把它转到发件箱里,再和其他要发送的邮件一起发送。双击刚才的邮件草稿,单击"常用"工具栏上的"发送"按钮,切换到"Outlook 今日",单击"发件箱"文件夹,刚才的邮件被放到发件箱里了,而且图标变成了一个信封,表示这封邮件准备发送了。

单击"常用"工具栏上的"发送和接收"按钮,这时 Outlook 就开始发送邮件了。发送完邮件后,发件箱就空了。

6. 写便笺

单击面板上的"便笺"图标,在便笺浏览窗口里单击鼠标右键,选择"新便笺",在弹出的小窗口里输入便笺的内容。

关闭便笺窗口,一个小便笺就"贴"在便笺浏览窗口里了,就可以在任何时候通过双击便笺图标来查看和修改便笺。

除以上功能外,Office 还具有自动修复功能。如果 Outlook 出了问题,可以用 Office 安装程序修复 Outlook,即使修复不了 Outlook,还可以把 Outlook 里的个人信息保存为一个扩展名为.pst 的文件,这样就不用担心信息丢失了。

7.3 电子邮件的使用

Outlook 最能吸引人的地方就是将信息的管理和信息的获取与传播紧密地结合在一起。通俗地说,信息服务就是一些必要的设置,以获得网络功能。借助信息服务,用户可以发送、接收、存储邮件和项目。通常情况下,信息服务是保存在用户配置文件中的。例如,不同用户可以分别创建自己的配置文件,并在自己的配置文件中设置需要的信息服务,如设置个人文件夹、设置自己的电子邮件帐户、设置自己的通讯簿等。

支持多种邮件服务是 Outlook 的重要功能特性,用户只要通过正确的设置,就可以采用相同的操作与几乎所有目前流行的邮件服务程序进行通信——收发电子邮件。Outlook 在这个功能模块上做了重大调整,不再支持 Microsoft Mail,但支持 Hotmail。

Outlook 支持如下类型的邮件信息服务:Microsoft Exchange Server、POP3、IMAP、HTTP。

简化电子邮件通信方式是 Outlook 的又一项新增功能。在 Outlook 中不再有分开的 Internet 和 Exchange 模式。Internet 和 Exchange 帐户在一个配置文件中,使用一个模式。并且使用新的"电子邮件帐户"向导,可以在同一位置对所有的电子邮件帐户进行设置和管理。这些都大大简化了信息的创建与共享方式,能够以更具效率的方式管理时间与信息。现在,用户无需离开 Outlook 便可以从自己所有的电子邮件帐户(甚至如 Hotmail 这种基于 Web 的电子邮件帐户)中发送与接收电子邮件消息。

7.3.1 设置电子邮件帐户和目录

在创建配置文件的时候,系统会提示用户立即设置电子邮件帐户和目录服务。如果用户创建了一个没有电子邮件帐户的配置文件,系统则会在用户首次使用该配置文件的时候打开"Outlook 启动"向导,指导用户进行相关的信息服务设置。用户还可以在使用过程中更改配置文件中的电子邮件帐户设置和目录等。这是 Outlook"在一个地方管理多种邮件帐户"的新功能特性,给用户带来了极大的便利。

不过,无论是在哪种情况下进行电子邮件和目录的设置,都是通过"电子邮件帐户"向导来完成的。因此,学会使用该向导非常关键。

1. 打开"电子邮件帐户"向导

除了前面提到的创建配置文件过程中会出现"电子邮件帐户"向导外,用户还可以通过执行如下所示的操作打开"电子邮件帐户"向导。

(1) 首次打开没有电子邮件帐户的配置文件,通过"Outlook 启动"打开"电子邮件帐户"向导。

（2）如果已经打开用户配置文件，请在 Outlook 主视图中单击"工具"菜单，再单击"电子邮件帐户"命令。

下面将要介绍的添加和管理电子邮件帐户和目录都是通过该向导来完成的。

"Outlook 启动"向导稍有不同，下面对该向导的使用方法作一简要的介绍。

当用户首次使用没有电子邮件帐户的配置文件时，系统会弹出如图 7-8 所示的"Outlook 启动"向导，用来指导用户完成配置文件的信息设置。在每一步操作过程中，向导都会给出相关的指导信息，这样有助于用户正确地进行设置。单击"下一步"按钮，打开"帐户配置"对话框，如图 7-9 所示。

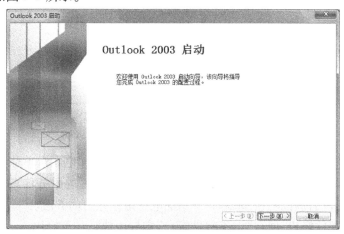

图 7-8　"Outlook 启动"向导

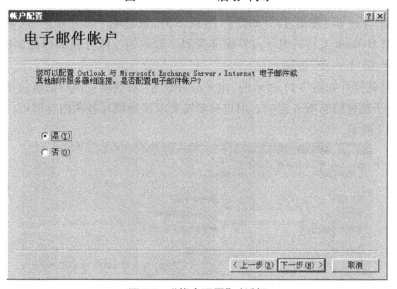

图 7-9　"帐户配置"对话框

接着选择"是"单选钮，并单击"下一步"按钮，打开"新建电子邮件帐户"向导，如图 7-10 所示，该向导的使用方法将在后面章节中介绍。

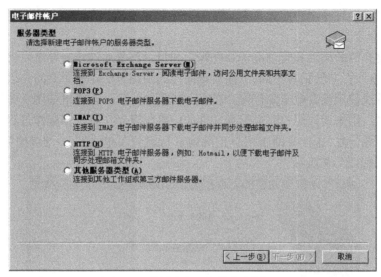

图 7-10 "新建电子邮件帐户"向导

2. 添加电子邮件帐户

这里要介绍的是通过"电子邮件帐户"向导如何完成添加电子邮件帐户。在执行此操作之前,用户必须首先向 ISP 申请电子邮件帐号,并了解相关的服务信息。下面就以添加 POP3 电子邮件帐户为例说明在 Outlook 中添加电子邮件帐户的方法。

要添加电子邮件帐户,请在"电子邮件帐户"向导中执行如下操作。

(1) 选中"添加新电子邮件帐户"单选钮。

(2) 单击"下一步"按钮,打开如图 7-10 所示的"新建电子邮件帐户"向导。在该向导中显示了所有 Outlook 支持的电子邮件服务类型。选中相应服务器类型前面的单选钮(如"POP3")并单击"下一步"按钮。

(3) 这时就打开如图 7-11 所示的"电子邮件设置"对话框。该对话框包括了几乎所有的 Internet 电子邮件信息服务选项。用户只要按要求正确填写各项内容即可。填好各项内容后如图 7-12 所示。

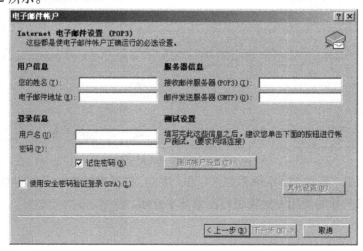

图 7-11 "电子邮件设置"对话框

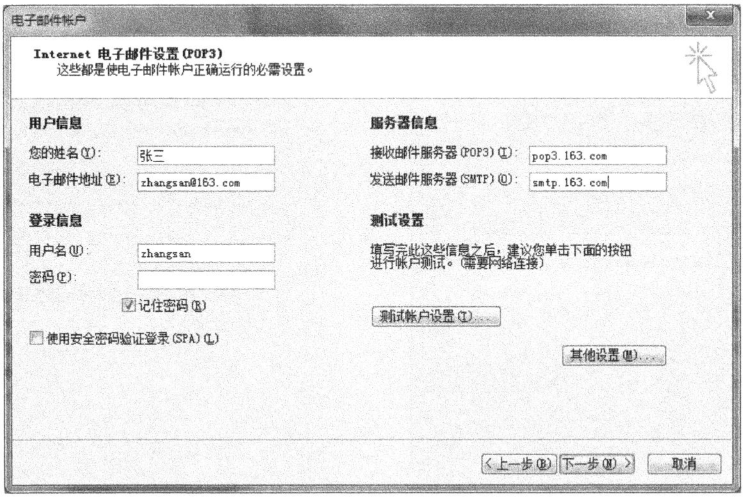

图7-12 填好的"电子邮件设置"对话框

该对话框中各项内容的含义如下:

您的姓名:用户键入的内容将显示在发送邮件的发件人电子邮件地址前。

电子邮件地址:即是用户要添加的电子邮件帐户的地址,该地址将被添加到当前的配置文件中。

用户名:用户在邮件服务器上的电子邮件帐号,即 POP3 邮件帐号。系统会根据用户键入的"电子邮件地址"自动填写。

密码:登陆"用户名"中的帐号时使用的密码,键入的密码将以星号隐秘显示。

记住密码:若选中该复选框,则 Outlook 记住该密码,否则,登陆时提示用户输入。

接收邮件服务器和邮件发送服务器:邮件服务器的 IP 地址或域名。

使用安全密码验证登陆:除非有特殊要求,一般不选该项。

(4)填好各项后,单击"其他设置"按钮,可以打开"Internet 电子邮件设置"对话框,如图 7-13 所示。在"常规"选项卡上,可以设置用户的其他信息,这是为方便管理帐户设置的。单击"发送服务器"选项卡,可以设置发送服务器的特殊要求,如图 7-14 所示。单击"连接"选项卡,可以设置电子邮件的连接类型,如图 7-15 所示。单击"高级"选项卡,可以设置服务器端口(一般情况下都是默认值,无需改动)、服务器连接超时的时间长短(这是发出超时响应的时间限制,通过拖动滑块改变这个时间的短长)、电子邮件的传递选项(如是否在服务器保留副本、删除操作的含义)等,如图 7-16 所示。

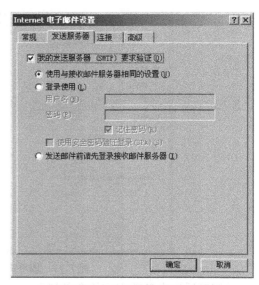

图 7-13 "Internet 电子邮件设置"对话框　　　图 7-14 "发送服务器"选项卡

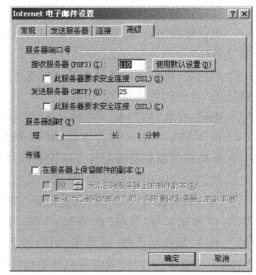

图 7-15 "连接"选项卡　　　图 7-16 "高级"选项卡

（5）设置完成后单击"确定"按钮确认，退出该对话框，返回"电子邮件设置"对话框。

（6）单击"测试帐户设置"按钮，可以启动 Outlook 的测试功能对所进行的电子邮件帐户设置是否正确进行测试，如图 7-17 所示。测试要求用户的计算机有可用的网络连接。

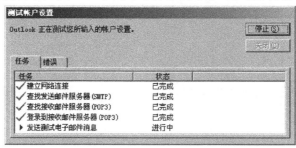

图 7-17 "测试帐户设置"对话框

（7）单击"下一步"按钮，打开如图 7-18 所示的"完成"对话框，单击"完成"按钮。

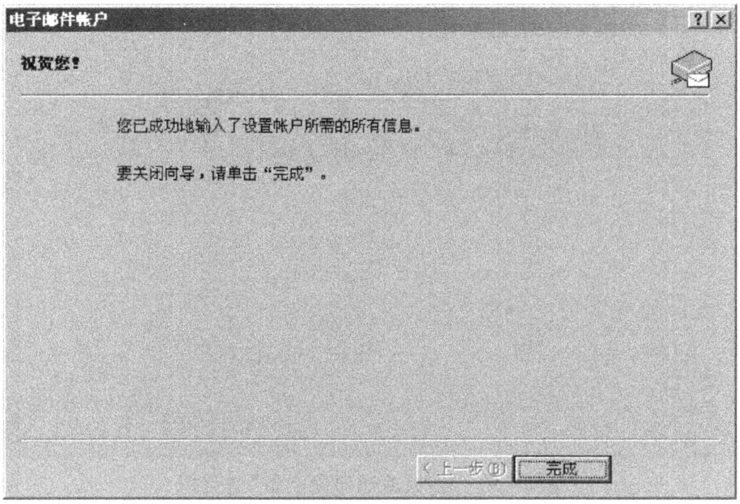

图 7-18 "完成"对话框

执行上述操作后，该电子邮件帐户就添加到当前配置文件中。添加其他类型的信息服务与此类似，用户可按照同样的操作方法在同一个配置文件中添加多个电子邮件帐户，这是 Outlook 采用新电子邮件帐户向导管理帐户给用户带来的轻松体验。

3．添加目录和通讯簿

在 Outlook 中可以添加 Internet 目录服务。该服务用于查找和验证不在当地通讯簿或企业范围目录内的电子邮件地址或其他信息。该项服务是由 Internet 上的 LDAP 服务器提供的。LDAP 即轻型目录访问协议，提供对 Internet 目录访问的协议。用户如果要使用 Internet 目录服务，必须连接到 Internet，除非 LDAP 目录是组织网络的一部分。

通讯簿是管理联系人信息和发送邮件的好帮手。一般情况下，可以在配置文件中添加"Outlook 通讯簿"和"个人通讯簿"信息服务。"Outlook 通讯簿"是根据"联系人"文件夹中的联系人项目自动创建的通讯簿，当用户创建或修改"联系人"文件夹中的联系人项目后，"Outlook 通讯簿"也会自动进行相应的更新。"个人通讯簿"则是一种自定义的通讯簿，用于存储和检索个人常用的各种邮件地址等各类有关联系人的信息。"个人通讯簿"同时还可以设置个人通讯组列表，即创建并作为单个电子邮件地址添至"个人通讯簿"中的电子邮件地址的集合。如果将个人通讯组列表作为邮件的收件人地址，则邮件会发送到列表中的每个电子邮件地址。

添加新目录或通讯簿操作如下。

（1）在"电子邮件帐户"向导中选中"添加新目录或通讯簿"单选钮，并单击"下一步"按钮。

（2）打开"目录或通讯簿类型"对话框，如图 7-19 所示。

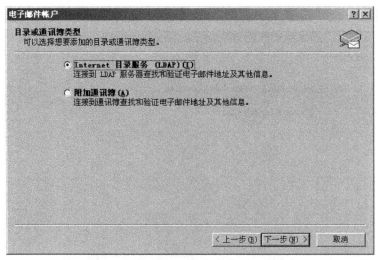

图7-19 "目录或通讯簿类型"对话框

（3）如果选择"Internet 目录服务"单选钮并单击"下一步"按钮，则打开如图7-20 所示的对话框；如果选择"附加通讯簿"单选钮并单击"下一步"按钮，则打开如图7-21 所示的对话框。

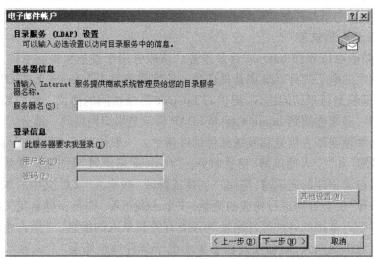

图7-20 "添加目录服务"向导

（4）接下来的操作方法与添加电子邮件帐户的方法十分类似，只要按照提示一步一步往下设置就是了。下面就以添加"个人通讯簿"为例说明具体的设置方法。

（5）在如图7-21 所示的"添加通讯簿"向导中选中"个人通讯簿"，并单击"下一步"按钮，打开如图7-22 所示的"个人通讯簿"对话框。在"个人通讯簿"选项卡上，可以设置个人通讯簿的名称、路径和通讯簿中姓名的显示方式等。

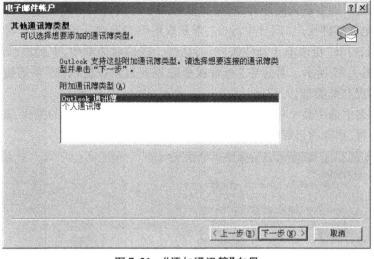

图 7-21 "添加通讯簿"向导

(6) 单击"附注"选项卡,如图 7-23 所示。在该选项卡上可以填写有关个人通讯簿的附加说明文字。

图 7-22 "个人通讯簿"选项卡

图 7-23 "附注"选项卡

(7) 单击"确定"按钮。这时系统会弹出如图 7-24 所示的提示对话框提示用户重新启动 Outlook。

图 7-24 添加信息服务后需要重新启动 Outlook

4. 管理电子邮件帐户、目录和通讯簿

在一个配置文件中,用户可以添加多种类型的电子邮件服务。此时用户可以根据需要对它们进行管理,如设置默认的电子邮件帐户、删除已经废弃不用的电子邮件帐户和个人通讯簿等。这些操作也都是在"电子邮件帐户"向导中进行的。具体的操作方法和添加电

子邮件帐户和目录的方法大同小异,现简要说明如下。

(1) 在"电子邮件帐户"向导中选中"查看或更改现有电子邮件帐户"单选钮,再单击"下一步"按钮,打开"更改电子邮件帐户"对话框。在该对话框中,罗列出已经设置的电子邮件帐户,如图7-25所示。若选中"查看或更改现有目录或通讯簿"单选钮并单击"下一步"按钮,则情况与此类似。

(2) 在列表中选中某个项目,再单击相应的按钮即可进行相关的操作,如设置默认值、更改先前的设置、删除项目等。

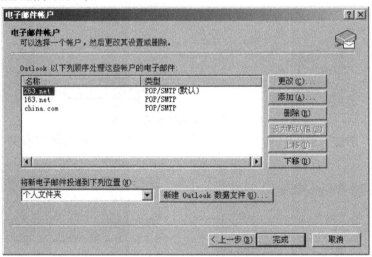

图7-25 电子邮件帐户创建

7.3.2 电子邮件使用注意事项

1. 预防电子邮件病毒

计算机病毒可以通过网络尤其是电子邮件迅速传播,危害很大。对付邮件病毒,第一是防。例如,拒收陌生人的邮件,不从陌生的站点下载文件。第二是杀。如果不慎下载了邮件病毒,可以利用各个病毒厂商的最新杀毒软件查杀邮件病毒。第三是杀防结合。

2. 电子邮件的使用技巧与建议

电子邮件使用中必须注意一些基本问题,否则将会给工作带来麻烦。以下提供一些电子邮件使用技巧和建议供参考。

(1) 尽量使用专门的邮件管理程序

现在某些网站提供的免费邮箱服务主要供个人使用,用于办公业务则不太安全,并且不太方便。而专用的电子邮件管理程序可以在离线的状态下撰写邮件,可一次写上若干封,全部完成后再单击"发送"按钮自动接通网络集中发出。收信时自动将所有信件一次取回,然后可离线阅读。收发工作完成后自动断线。所以在线时间全部都是在传输信件,效率将大大提高。

(2) 正确设置E-mail软件

正确设置E-mail软件,如使用Outlook、Outlook Express等软件提供的"收发邮件后自动挂断连接"、"挂断前先提示是否要挂断"等功能,可使收发结束后就自动断线。

(3) 多申请几个不同站点的免费邮箱

如果条件允许,不妨多申请几个不同站点的免费 E-mail 邮箱,用于不同用途。例如,用一个邮箱专门收取私人信息,一个邮箱处理公务信函,一个邮箱收订电子刊物等。

(4) 及时取消订阅的邮件列表和电子刊物

如果确信不再需要所订阅的邮件列表和电子刊物,则转至相关网址取消订阅,不然电子邮箱会塞满各种无关信息。

(5) 公共场合尽量少填写个人信息

在聊天室和一些需要登记个人信息的场合,要尽可能少地填写个人信息,以免遭到垃圾邮件的侵袭。

(6) 及时整理邮箱

检查邮箱并及时删除已经下载的邮件,删除尚未阅读但确信不要的邮件,以节省时间和邮箱空间。

(7) 注意清除浏览器的历史记录和缓存

当在公用的计算机上进行电子邮件操作后,应该清除浏览器的历史记录和缓存,以防另有用心的人查看这些信息。

7.4 日记和便笺的使用

利用日记可以记录下自己最近做的一些事情,以便回顾和总结;而利用便笺可以随手写下自己最近需要处理的一些事务,以便给自己做出提醒。

7.4.1 日记的使用

Outlook 中的"日记"同平常生活中的日记一样,也是用来记录与联系人有关的各项交流活动、重要项目及自己各种类型的活动。

1. 创建日记条目

创建日记条目的操作步骤如下。

(1) 打开"文件"菜单,选择"新建"下的"日记条目"命令,打开编辑日记的窗口。

(2) 窗口中的输入内容如图7-26所示。

① "主题"文本框:输入日记所记该次活动或事件的简短概述。

② "条目类型"下拉列表:单击右侧的▼按钮,从中选择能表达日记内容的类型。

③ "单位"文本框:输入所记活动组织者的单位名称。

图 7-26　创建日记条目视图

④"时间"列表框:选择所记活动或事件的日期和时间及持续的时间。

⑤ 在窗口下部的"正文"编辑框中输入简短的对此次活动或事件的感想和看法等文字内容。

(3)单击"保存并关闭"按钮,完成日记条目的创建。

2. 打开日记条目

根据需要,有时可以打开过去的日记条目,操作步骤如下。

(1)在"文件夹列表"中单击"日记"选项,打开"日记"窗口,如图7-27所示。

(2)在"日记"窗口右侧列表框中单击"××××年××月"右侧的▼按钮,在弹出的日历中选择日期。

图7-27 "日记"窗口

(3)选中要打开的日记名称,选择"文件"菜单中的"打开"命令;或双击要打开的日记名称,都可以打开对应的日记条目。

7.4.2 便笺的使用

便笺就是电子便条,使用便笺可以随时记录一些事项、问题、提醒等。

1. 创建便笺

创建便笺有多种方法,这里介绍其中一种。操作步骤为:打开"文件"菜单,选择"新建"→"便笺"命令,在弹出的黄色便笺纸上输入要记录的文字即可。

2. 编辑便笺

如果便笺中的文字存在错误,就需要对其进行编辑。便笺的编辑包括对便笺中的文字进行修改、删除、复制等操作,还可以为便笺设置不同的纸张颜色。

(1)文字的编辑

在Outlook主窗口的"文件夹列表"中单击"便笺"选项,打开"便笺"窗口,然后双击要编辑的便笺目标,在黄色便笺纸中进行修改即可。

(2)便笺颜色的设置

在便笺图标上右击,在快捷菜单中选择"颜色"命令,在下一级菜单中选择相应的颜色名,可以将便笺按其内容的不同分别设置为粉红、蓝、绿和白等颜色。

在办公业务处理中,用户经常需要进行桌面信息管理活动。本章介绍了办公桌面信息管理软件 Outlook 的功能,主要包括电子邮件的处理,使用日历安排会议、约会,任务的分派,联系人、便笺、日记的使用等,在办公中合理地利用这些功能可以提高办公的效率和质量。

在本章的学习中,要重点掌握 Outlook 实效启动时的用户帐号设置,熟悉联系人的创建方法及其联系人的文件夹的应用,能够进行电子邮件的创建、发送、接收、排序、筛选及其邮箱管理,能够利用日历创建约会和安排会议,了解任务创建及其任务分派的方法,知道便笺、日记的创建方法及其作用。

习 题 7

一、上机操作题

1. 先将经常联系的亲戚、朋友、同学等人的信息资料输入 Outlook,建立联系人文件夹;然后利用 Outlook 创建一封带两个附件的电子邮件,并发送给 3 个朋友,邮件地址要求从上面建立的"联系人"文件夹中选取。
2. 利用 Outlook 的"日历"安排自己一周内的学习任务和课外活动计划。
3. 假如你是一家公司总经理办公室的文秘人员,公司总经理要求明天上午 8 点召开一次销售部门经理工作会议,要求创建一项任务并发送给有关人员,邮箱地址自行设置。
4. 使用便笺将近期必须办的事情记录下来,作为备忘录。
5. 昨天,你代表公司与海达贸易公司在东方大酒店,同其商务代表张荣海,就产品供销一事进行了商务洽谈,双方圆满地达成了合作协议,并由你邀请,双方在酒店二楼餐厅共进晚餐。要求利用 Outlook 的日记功能完成该日记的记录工作。

二、简答题

1. 桌面信息管理的任务有哪些?
2. Outlook 有哪些常用功能?
3. 使用电子邮件有哪些注意事项?

三、论述题

论述桌面管理软件在办公中的运用。

第8章 办公局域网的组建与运用

8.1 计算机网络的基础知识

8.1.1 计算机网络的含义

计算机网络技术是计算机技术和现代通信技术紧密结合的产物,是当今世界发展最快的技术之一。计算机网络不仅为社会的信息化奠定了坚实的基础,为社会经济的发展起到了巨大的推动作用,同时也使人们的生活和工作方式产生了深刻的变革。

所谓计算机网络,是指将分布在不同地理位置的具有独立功能的多台计算机及其外部设备,通过通信设备和传输介质相互连接起来,并在相应的网络操作系统、网络管理软件及网络通信协议的管理和协调下,实现信息传递和资源共享的计算机系统。

这里所指的具有独立功能的计算机,是指一台台实实在在、可自主运行、互不从属的计算机系统。相互连接,包含了物理和逻辑两个层次:相互连接的物理层次,称为互连,由硬件实现;相互连接的逻辑层次,称为互联,由软件实现。这里需要着重指出的是,共享资源是计算机网络的最主要应用。资源则包含了构成这一系统的所有要素,它包括计算机的处理能力、数据、应用程序、主机及各种输入/输出设备等。

8.1.2 计算机网络的功能

1. 数据通信

数据通信是计算机网络最基本的功能。它用来快速传送计算机与终端、计算机与计算机之间的各种信息,包括文字信件、新闻消息、咨询信息、图片资料、报纸版面等。利用这一特点,可实现将分散在各个地区的单位或部门用计算机网络联系起来,进行统一的调配、控制和管理。

2. 资源共享

"资源"指的是网络中所有的软件、硬件和数据资源。"共享"指的是网络中的用户都能够部分或全部地享受这些资源。例如,某些地区或单位的数据库(如飞机机票、饭店客房等)可供全网使用;某些单位设计的软件可供需要的地方有偿调用或办理一定手续后调用;一些外部设备如打印机,可面向用户,使不具有这些设备的地方也能使用这些硬件设备。

如果不能实现资源共享,各地区都需要有完整的一套软、硬件及数据资源,则将大大地增加全系统的投资费用。

3. 分布处理

当某台计算机负担过重时,或该计算机正在处理某项工作时,网络可将新任务转交给空闲的计算机来完成,这样处理能均衡各计算机的负载,提高处理问题的实时性;对大型综合性问题,可将问题各部分交给不同的计算机分头处理,充分利用网络资源,扩大计算机的处理能力,即增强实用性。对解决复杂问题来讲,多台计算机联合使用并构成高性能的计算机体系,这种协同工作、并行处理要比单独购置高性能的大型计算机便宜得多。

8.1.3 计算机网络的分类

计算机网络的分类方式有很多种,根据不同的分类原则,可以产生多种网络类型。

1. 按覆盖范围分类

(1) 局域网(Local Area Network,缩写为 LAN)

局域网又称局部网,是指在有限的地理区域内构成的计算机网络。它具有很高的传输速率(一般在 10Mbps~100Mbps 之间),其覆盖范围一般不超过 10km,通常将一座大楼或一个校园内的分散的计算机连接起来构成局域网。局域网采用的通信线路一般为双绞线或同轴电缆。这种网络组网便利,传输效率高。

(2) 城域网(Metropolitan Area Network,缩写为 MAN)

城域网的作用范围比局域网大,通常在几十到上百千米,可以覆盖一个城市。城域网中可以包含若干个彼此互连的局域网。城域网通常采用光纤或微波作为网络的主干通道。

(3) 广域网(Wide Area Network,缩写为 WAN)

广域网又称远程网,一般来说比城域网大的网络都可以称为广域网。广域网可以将相处遥远的两个城域网连接在一起,也可以把世界各地的局域网连接在一起。广域网涉及的区域大,如跨多个城市、国家、洲间的网络都是广域网。

把世界各地的局域网连接在一起的广域网称为 Internet。Internet 是通过卫星、光纤等传输介质,利用网络互连设备将世界各地的计算机连接在一起,使用 TCP/IP 进行通信的全球计算机网络。

2. 按传输介质分类

(1) 有线网

传输介质采用有线介质连接的网络称为有线网,常用的有线传输介质有双绞线、同轴电缆和光导纤维。

双绞线是由两根绝缘金属线互相缠绕而成,这样的一对线作为一条通信线路,由四对双绞线构成双绞线电缆。双绞线点到点的通信距离一般不能超过100m。目前,计算机网络上使用的双绞线按其传输速率分为三类线、五类线、六类线、七类线,传输速率在10Mbps~600Mbps之间,双绞线电缆的连接器一般为 RJ-45。

同轴电缆由内、外两个导体组成,内导体可以由单股或多股线组成,外导体一般由金属编织网组成。内、外导体之间有绝缘材料,其阻抗为50Ω。同轴电缆分为粗缆和细缆,粗缆用 DB-15 连接器,细缆用 BNC 和 T 连接器。

光缆由两层折射率不同的材料组成。内层由具有高折射率的玻璃单根纤维体组成,外层包一层折射率较低的材料。光缆的传输形式分为单模传输和多模传输,单模传输性能优于多模传输。所以,光缆分为单模光缆和多模光缆,单模光缆传送距离为几十公里,多模光缆为几公里。光缆的传输速率可达到每秒几百兆位。光缆用 ST 或 SC 连接器。光缆的优点是不会受到电磁的干扰,传输的距离也比电缆远,传输速率高。光缆的安装和维护比较困难,需要专用的设备。

(2) 无线网

采用无线介质连接的网络称为无线网。目前无线网主要采用三种技术:微波通信、红外线通信和激光通信。这三种技术都是以大气为介质的。其中微波通信用途最广,目前的卫星网就是一种特殊形式的微波通信,它利用地球同步卫星作中继站来转发微波信号,一个同步卫星可以覆盖地球三分之一以上表面,三个同步卫星就可以覆盖地球上全部通信区域。

通常情况下,一个实用的计算机网络都是由各种介质共同组成的,例如在校园网络中使用光纤,到各个办公楼后可使用双绞线连接到各台计算机。

3. 按传输速率分类

网络的传输速率有快有慢,传输速率快的称为高速网,传输速率慢的称为低速网。在计算机通信中,数据传输速率是以每秒钟传输的二进制位(bit,比特)来计算的,记为 bps。一般将传输速率在 kbps～Mbps 范围的网络称为低速网,在 Mbps～Gbps 范围的网称为高速网。也可以将 kbps 网称为低速网,将 Mbps 网称为中速网,将 Gbps 网称为高速网。

网络的传输速率与网络的带宽有直接关系。带宽是指传输信道的宽度,带宽的单位是 Hz(赫兹)。按照传输信道的宽度可分为窄带网和宽带网。一般将 kHz～MHz 带宽的网称为窄带网,将 MHz～GHz 的网称为宽带网,也可以将 kHz 带宽的网称为窄带网,将 MHz 带宽的网称为中带网,将 GHz 带宽的网称为宽带网。通常情况下,高速网就是宽带网,低速网就是窄带网。

4. 按服务方式分类

(1) 客户机/服务器网络

服务器是指专门提供服务的高性能计算机或专用设备,客户机是指用户计算机。这是由客户机向服务器发出请求并获得服务的一种网络形式,多台客户机可以共享服务器提供的各种资源。这是最常用、最重要的一种网络类型,不仅适合于同类计算机联网,也适合于不同类型的计算机联网,如 PC 机、Mac 机的混合联网。这种网络安全性容易得到保证,计算机的权限、优先级易于控制,监控容易实现,网络管理能够规范化。网络性能在很大程度上取决于服务器的性能和客户机的数量。目前,针对这类网络有很多优化性能的服务器称为专用服务器。银行、证券公司都采用这种类型的网络。

(2) 对等网

对等网不要求专用服务器,每台客户机都可以与其他每台客户机对话,共享彼此的信息资源和硬件资源,组网的计算机一般类型相同。这种组网方式灵活方便,但是较难实现集中管理与监控,安全性也低,较适合作为部门内部协同工作的小型网络。

8.1.4 计算机网络的拓扑结构

网络拓扑是指由网络结点设备和通信介质构成的网络结构图。网络拓扑结构对网络所采用的技术、网络的可靠性、可维护性和实施费用等都有重大的影响。常见的局域网拓扑结构主要有总线形、星形和环形几种,其中星形拓扑结构是目前组网的首选。

1. 总线形拓扑结构

在总线形拓扑结构中,通信网络仅仅是传播媒体,不存在交换机或转发器,所有结点通过适当的硬件接口(一般是网卡)直接与总线相连,如图8-1所示。

总线形网络采用广播的方式传播信息,即从任一结点发出的信号向两个方向广播至整个媒体的长度。这种传播方式本身存在着两个问题:一是任一结点发送的消息可能被所有结点接收,所以需要某种方法指定这次数据传送的方向;二是如果两个结点同时传送数据,则其数据将互相覆盖而变得混乱,所以需要一种传送的规范。要解决这两个问题,应从帧和MAC协议两个方面入手。

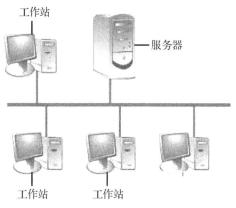

图8-1 总线形拓扑结构

组建总线形局域网使用的电缆比较少,无需集线器,且容易安装,但由于所有的电脑都共享一条数据通道,在高通信量的网络环境中传输电缆会成为网络的瓶颈,而且传输电缆一旦出现故障就会导致整个网络瘫痪。因此,这种结构只适用于连接设备较少,且在较短距离内传输小容量信息的网络。

2. 星形拓扑结构

在星形拓扑结构中,站点通过点到点的链路与中心结点相连,如图8-2所示。这种结构的特点是网络具有很强的扩容性,数据的安全性和优先级容易控制,易实现网络监控。但中心结点的故障会引起整个网络的瘫痪。

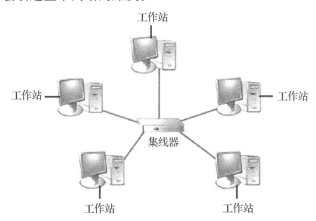

图8-2 星形拓扑结构

中心结点有两种可选的数据传播方式:一种是以广播的方式工作,从一个站点传送的帧到达中心结点后重传到外部链路上,这种方式在逻辑上是总线形,即服务器不干预网络的传输服务;另一种是中心结点作为一个帧交换设备工作,一个到达中心结点的帧经过处理后找到相应的目的结点后传送。

3. 环形拓扑结构

在环形拓扑结构中,各结点通过通信介质连成一个封闭的环,如图 8-3 所示。环形网络容易安装和监控,但容量有限,网络建成后,难以增加新的站点。

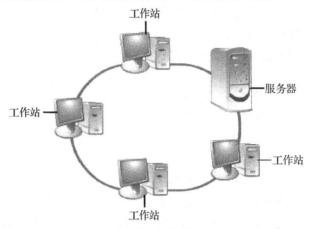

图 8-3 环形拓扑结构

环形拓扑结构网络使用的电缆长度短,不需要接线盒,适用于光纤。但也会因结点故障而引起全网瘫痪,并且故障诊断困难。同时此种拓扑结构还具有扩容不方便等缺点。

8.1.5 计算机网络中的基本硬件设备及通信协议

要组建计算机网络,除了准备联网的计算机外,通常还需要准备必要的硬件设备,并添加和设置所需的通信协议。

1. 基本硬件设备

组建网络所需要的基本硬件设备除了要用于联网的计算机外,还需要有网卡、网线、集线器或者交换机。

(1) 网卡

网卡是组建计算机网络的基本硬件设备,计算机主要通过网卡接入局域网。网卡一般在计算机主板的扩展槽上,通过总线与计算机沟通。根据总线类型不同,主要有 ISA 网卡、PCI 网卡和 USB 网卡,目前使用最广的是 PCI 网卡,如图 8-4 所示。除了总线类型外,网卡最重要的性能指标是数据传输速率,目前主要介于 10Mbps～1000Mbps 之间。

图 8-4 PCI 网卡

(2) 网线

网线包括光缆、同轴电缆和双绞线。

光缆传输距离长,传输率高,不会受到电子监听设备的监听,是高安全性网络的最佳选择。但由于其价格较高,同时又需要有高水平的安装技术,所以常用在大型骨干网中。

同轴电缆又分为基带同轴电缆和宽带同轴电缆。它以硬铜线为芯,外包一层绝缘材料。这层绝缘材料用密织的网状导体环绕,网外再覆盖一层保护性材料,具有屏蔽性好、传输距离远的特点,但安装维护不太方便。

双绞线是用两条拧在一起的互相绝缘的铜线组成,是目前最常用的连网线缆。它价格便宜,安装方便,但易受干扰。目前局域网中常用的双绞线一般是非屏蔽的 5 类 4 对(即 8 根导线)的电缆线,如图 8-5 所示。线缆两端装有 RJ-45 水晶头,连接工作站的网卡和集线器,传输速率能达到 100Mbps,最大网线长度为 100m,可以通过安装中继器加大连接距离,最大范围可达到 500m。

图 8-5 带水晶头的双绞线

(3)集线器或交换机

集线器是组建局域网时经常要用到的设备之一,它是对网络进行集中管理的重要工具,就像树的主干一样,是各分支的汇聚点。集线器是一种共享设备,所有端口共享全部带宽,其实质是一个中继器,主要功能是对接收到的信号进行再生放大,以扩大网络的传输距离。例如,一款 100Mbps 的 8 口集线器是 8 个端口共享 100Mbps 带宽。图 8-6 所示的是一款 8 口单 10MB 以太网集线器。

图 8-6 8 口单 10MB 以太网集线器

图 8-7 24 口全双工/半双工自适应交换机

交换机又称交换式集线器,因为它具备了集线器的功能,在外观与使用上都与集线器类似,但是更加智能化。交换机会记忆哪个地址接在哪个端口上,并决定将数据包送往何处,而不会送到其他不相关的端口,因此那些未受影响的端口可以继续向其他端口传送数据,从而突破了集线器同时只能有一对端口工作的限制。所以,利用交换机可以让每个用户都能获得足够的带宽,从而提高整个网络的工作效率。图 8-7 所示的是一款全双工/半双工自适应交换机。

使用集线器或交换机组网灵活,它处于星形网络的中心位置,集中管理入网的每台计算机。某台工作站故障不会影响整个网络的正常运行,并可以方便地增加或减少工作站。通过集线器或交换机可以监视网络中各工作站的工作状况,如正在使用或已关闭的计算机、通信线路是否正常等情况均可以通过面板上的指示灯显示,大大方便了网络的日常维护工作。

2. 通信协议

计算机之间的通信离不开通信协议,通信协议实际上是一组规定和约定的集合,可以简单地理解为各计算机之间互相会话所使用的共同语言。两台计算机在通信时,必须使用相同的通信协议。

网络通信协议的种类很多,如 TCP/IP、NetBEUI、IPX/SPX 兼容协议等,应用最广的通信协议是 TCP/IP 协议。在小型局域网中,每台电脑只要添加了 TCP/IP 协议并进行简单设置,即可相互通信。

8.2 办公局域网的组建

组建网络包括选择网络拓扑结构、选择和安装硬件设备与软件系统、进行网络配置、设置工作组、设置共享资源和映射网络驱动器等环节。

8.2.1 软硬件的准备与安装

通常办公网对网络安全和数据传输速率要求都比较高,需要使用专门的服务器。而在小型的办公局域网中,一般不需要专门的服务器,组建成对等网即可满足日常网络应用需求。在组网前需要根据网络拓扑结构购买网络设备。星形拓扑结构具有结构简单、架设成本低、安装方便等优点,很适合建设小型办公局域网络。

1. 软硬件的准备

软件方面,通常使用 Windows XP 操作系统,通过本地连接接入,共享 Internet 连接。

硬件方面,包括计算机、网卡(计算机主板自带)、交换机、网线(双绞线)、RJ-45 接头(水晶头)等。

2. 软硬件的安装

(1) 硬件安装

首先要根据各计算机的位置与交换机的距离确定需要的网线长度。下面主要讲解一下网线的制作过程。

在制作网线前,必须准备相应的工具和材料。首要的工具是夹线钳,如图 8-8 所示。该工具上有三处不同的功能,最前端是压制 RJ-45 头工具槽,这里可将 RJ-45 头与双绞线合成。中间是剥线口,它用来剥开双绞线外壳。离手柄最近端是锋利的切线刀,此处可以用来切断双绞线。

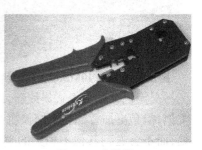

图 8-8 夹线钳

网线的制作过程如下:

① 剪断:利用夹线钳的剪线刀口剪取适当长度的网线。

② 剥皮:用压线钳的剪线刀口将线头剪齐,再将线头放入剥线刀口,让线头触及挡板,稍微握紧压线钳慢慢旋转,让刀口划开双绞线的保护胶皮,拔下胶皮。

③ 排序:剥除外包皮后即可见到双绞线网线的 4 对 8 条芯线,并且可以看到每对的颜色都不同,如图 8-9 所示。每对缠绕的两根芯线是由一种染有相应颜色的芯线加上一条只染有少许相应颜色的白色相间芯线组成。四条全色芯线的颜色为:棕色、橙色、绿色、蓝色。每对线都是相互缠绕在一起的,制作网线时必须将 4 个线对的 8 条细导线一一拆开、理顺、捋直,然后按照橙白、橙、绿白、蓝、蓝白、绿、棕

图 8-9 剥除外包皮后的双绞线

白、棕的线序(568B 标准)排列整齐。

将水晶头有塑料弹簧片的一面向下,有针脚的一方向上,使有针脚的一端指向远离自己的方向,有方型孔的一端对着自己,此时,最左边的是第 1 脚,最右边的是第 8 脚,其余依次顺序排列。

④ 剪齐:把线尽量抻直(不要缠绕)、压平(不要重叠)、挤紧理顺(朝一个方向紧靠),然后用夹线钳把线头剪平齐。这样,在双绞线插入水晶头后,每条线都能良好接触水晶头中的插针,避免接触不良。如果以前剥的皮过长,可以在这里将过长的细线剪短,保留的去掉外层绝缘皮的部分约为 14mm,这个长度正好能将各细导线插入到各自的线槽。如果该段留得过长,一来会由于线对不再互绞而增加串扰,二来会由于水晶头不能压住护套而可能导致电缆从水晶头中脱出,造成线路的接触不良甚至中断。

⑤ 插入:以拇指和中指捏住水晶头,使有塑料弹片的一侧向下,针脚一方朝向远离自己的方向,并用食指抵住;另一手捏住双绞线外面的胶皮,缓缓用力将 8 条导线同时沿RJ-45 头内的 8 个线槽插入,一直插到线槽的顶端。

⑥ 压制:确认所有导线都到位,并透过水晶头检查一遍线序无误后,就可以用夹线钳压制 RJ-45 头了。将 RJ-45 头从无牙的一侧推入夹线钳夹槽后,用力握紧线钳,将突出在外面的针脚全部压入水晶头内。

在把水晶头的两端都做好后即可用网线测试仪进行测试,如图 8-10 所示。如果测试仪上 8 个指示灯都依次为绿色闪过,证明网线制作成功。如果出现任何一个灯为红灯或黄灯,都证明存在断路或者接触不良现象,此时最好先对两端水晶头再用夹线钳压一次,再测,如果故障依旧,再检查一下两端芯线的排列顺序是否一样,如果不一样,剪掉一端重新按另一端芯线排列顺序制作水晶头,直到测试全为绿色指示灯闪过为止,这时一条完好的网线就制作完成了。

图 8-10　用网线测试仪测试网线

然后在各办公室中布置好网线。如果计算机主板上没有自带网卡,还需要在每台计算机的主板上安装网卡。完成以上工作后,将网线的两头分别插入交换机上的端口和计算机上的网卡接口,这样计算机物理网络便已成形。

(2) 软件安装

为每台计算机安装好 Windows XP 操作系统,并安装好各种硬件的驱动程序。由于目前多数 Windows 版本都支持即插即用功能,Windows 会自动检测出添加的即插即用型设备,并为之安装系统自带的驱动程序。必要时才需要手动安装,具体步骤与安装声卡、显卡等其他设备驱动程序一样。

8.2.2　网络配置

Windows XP 系统在网络设置方面也同样十分智能。只要正确安装网卡,启动计算机后,操作系统就会自动添加必要的网络组件,这些组件包括以下内容。

Microsoft 网络客户端:允许用户的计算机访问 Microsoft 网络上的资源。

Microsoft 网络文件和打印机共享:允许网络中的其他计算机访问用户计算机上的资源。

Internet 协议(TCP/IP):功能最强大的网络通信协议。

连接局域网后,用户需要手动配置 IP 地址,操作步骤如下。

(1) 选择"开始"→"设置"→"控制面板"命令,打开"控制面板"窗口。

(2) 双击"网络连接",打开"网络连接"窗口,然后右击"本地连接"图标,在快捷菜单中单击"属性"按钮,打开"本地连接属性"对话框,如图 8-11 所示。

图 8-11 "本地连接属性"对话框

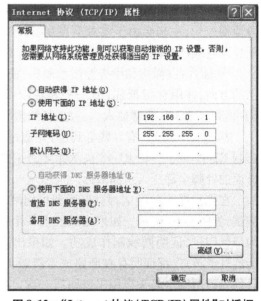
图 8-12 "Internet 协议(TCP/IP)属性"对话框

(3) 从对话框的列表中选择"Internet 协议(TCP/IP)",单击"属性"按钮,打开如图 8-12 所示对话框;如果列表中看不到"Internet 协议(TCP/IP)"项,可单击"安装"按钮,从对话框中选择协议进行安装。

(4) 在"IP 地址"栏中填入本机 IP 地址,如 192.168.0.1。然后单击"子网掩码"文本框,系统将自动输入子网掩码 255.255.255.0,依次单击"确定"按钮,关闭所有对话框,即可完成 IP 地址的设置。

(5) 按照步骤(2)的方法打开"本地连接状态"对话框,如果连接成功,在对话框中将显示连接情况和连接速率。

在为作为服务器的计算机以外的计算机设置 IP 地址时,将"默认网关"文本框中填入服务器计算机的 IP 地址。例如,服务器计算机 IP 地址为 192.168.0.1,则将其他计算机的默认网关设置为此值。

8.2.3 设置计算机的网络标识

计算机的网络标示是 Windows 在局域网上用来识别计算机身份的信息,它包括计算机名、所属工作组和域等信息。可以根据需要更改计算机网络标示。如果网络中的计算机较多,可以根据部门或任务将计算机合理地划分到不同的工作组中加以区分。

在 Windows 桌面上右击"我的电脑"图标,选择"属性"命令,打开"系统属性"对话框,切换到"计算机名"选项卡,如图 8-13 所示。单击"更改"按钮,打开"计算机名称更改"对话框,如图 8-14 所示。更改计算机名和工作组后,依次单击各个对话框中的"确定"按钮,重启计算机后即可使新的设置生效。

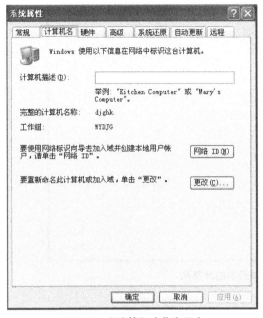

图 8-13 "计算机名"选项卡

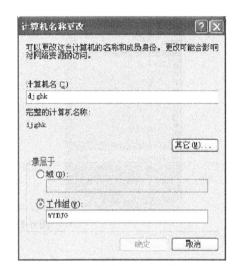

图 8-14 "计算机名称更改"对话框

"计算机名称更改"对话框中各选项说明如下。

计算机名:用于指定计算机名称。同一工作组中的计算机名称不能重复。

其他:单击该按钮,打开"DNS 后缀和 NetBIOS 计算机名"对话框,用于指定"主域名系统"(DNS)后缀,并查看其 NetBIOS 计算机名称。

域:选择此单选按钮后会激活其下的文本框,用于输入计算机在其中含有帐户的域名。用户必须以管理员的身份登录到本地计算机中,以便加入域或更改域成员。

工作组:选择此单选按钮后可激活其下的文本框,用于输入计算机是其成员的工作组的名称。

计算机网络标示设置完成后,双击打开"网上邻居",在"网络任务"列表中选择"查看工作组计算机",即可显示与本地计算机同属一个工作组里的其他入网计算机。双击某台计算机图标能够对它的共享文档或设备进行访问,如图 8-15 所示。入网的计算机也可以使用 NetMeeting 相互通信(NetMeeting 的使用将在第 10 章中介绍)。

图 8-15 局域网工作组中的计算机

 8.3 办公局域网网上资源的共享

设置资源共享是办公局域网最重要的用途之一。在架设的局域网中,连接的各台计算机都可以作为共享服务器,将本机上的文件或连接在本机上的外设设为共享,供入网的其他计算机访问与使用,大大提高办公设备的利用率。

8.3.1 设置共享文件夹

在 Windows XP 系统中,默认已将"我的电脑"窗口中的"共享文档"设为共享文件夹。但一般情况下,用户习惯将计算机中的任一文件夹设置为共享,以便网络上的其他用户访问。同时还可以设置对其访问的权限,即读取或更改。

文件夹共享分为简单共享和不简单共享。右击需要共享的文件夹,在快捷菜单中选择"共享与安全",就会出现如图 8-16 所示的界面,在"网络共享和安全"中共享该文件夹,那么这个文件夹在局域网内就可以共享了,如果选中"允许网络用户更改我的文件"复选框,那么其他用户就可远程更改你的文件了。如果有特别的需求,那简单共享就做不到了,这时就要换不简单共享。在这之前需要进行一些设置才能开启文件夹不简单共享功能。打开资源管理器,选择"工具"→"文件夹选项"命令,单击"查看"选项卡,取消选中"使用简单文件共享(推荐)"复选框,单击"应用"按钮完成设置,如图 8-17 所示。

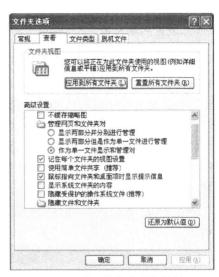

图 8-16 简单共享下的文件夹属性　　　　　图 8-17 "文件夹选项"对话框

这时右击需要共享的文件夹,在快捷菜单中选择"共享和安全",就会出现如图 8-18 所示的界面。它比简单共享的功能要多很多,也更人性化。在"共享"选项卡中可以看到有"用户数限制",如果在局域网中,连接你的人很多,你担心会死机,那么你就可以通过它限制连接的人数。

权限选项是个重点,单击"权限"按钮,可以控制用户通过网络访问该文件夹的方式,如图 8-19 所示。Everyone 表示任何用户,如果设置"允许更改"的勾打上,那么所有的用户就可以更改你的共享文件了,如果不希望所有的用户都可以来访问你的文件夹,那么你只要把 Everyone 用户删除就可以了,选择添加一个帐户来指定某个用户可以访问你的共享文件夹。

但是出于网络安全角度考虑,一般情况下不要将共享文件夹设置为"允许更改",而应设置为"允许读取",以防止删除文件等破坏性操作。

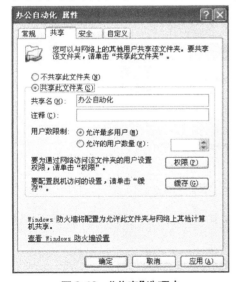

图 8-18 "共享"选项卡　　　　　　　　　图 8-19 "共享权限"选项卡

8.3.2 设置共享设备

设置共享设备的方法与设置共享文件夹类似。下面以设置共享打印机为例说明如何设置共享设备。

（1）在装有打印机的计算机上选择"开始"→"设置"→"打印机和传真"命令。

（2）找到打印机图标，将打印机设置为共享打印机。

（3）在同一工作组中的其他计算机上添加网络打印机。选择"开始"→"设置"→"打印机和传真"命令，然后在"打印机任务"栏内单击"添加打印机"，这时会弹出"添加打印机向导"对话框。

（4）单击"下一步"，选择"网络打印机或连接到其他计算机的打印机"，如图8-20所示。

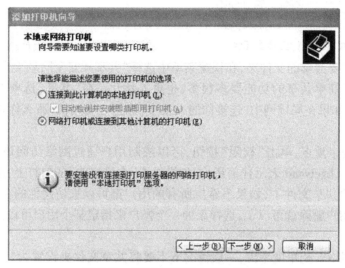

图8-20 "添加打印机向导"对话框

（5）单击"下一步"按钮，选择"连接到这台打印机"，在相应对话框中输入网络打印机的地址和打印机的名称，如图8-21所示。

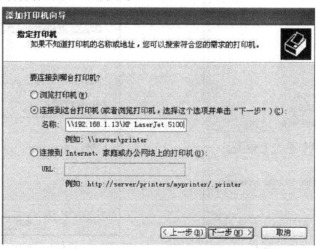

图8-21 输入网络打印机地址

(6) 单击"下一步"按钮,根据向导提示完成网络打印机的添加。

添加完成网络打印机后,在这些计算机上都可以共用一台打印机来完成打印任务。

8.3.3 搜索和访问网上计算机

除了可以从"网上邻居"的"查看工作组计算机"选项中寻找局域网内的其他计算机外,还可以直接搜索需要访问的计算机或需要的文档。操作步骤如下。

(1) 打开"我的电脑"窗口,单击工具栏中的"搜索"按钮,窗口变成如图 8-22 所示。

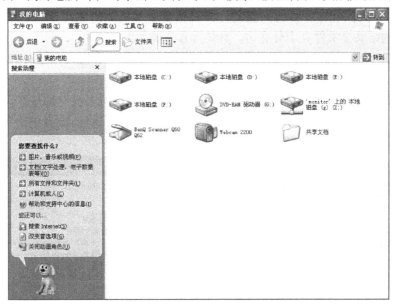

图 8-22　搜索计算机

(2) 选择"计算机或人"→"网络上的一个计算机",窗口变成如图 8-23 所示。

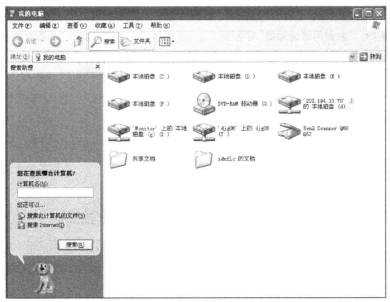

图 8-23　搜索网络中的计算机

（3）在"计算机名"框中输入要搜索的计算机名，单击"搜索"按钮，即可搜索要查找的计算机。

（4）还可以在步骤（3）搜索后选择"搜索此计算机的文件"→"所有文件和文件夹"，直接搜索需要的共享文档。

8.3.4 映射网络驱动器

映射网络驱动器就是把网上的共享文件夹映射为一个驱动器，跟本地驱动器一样都显示在"我的电脑"窗口中，以后访问该文件夹就像读取本机上的驱动器一样。这对于经常需要访问的网络共享文件夹十分有用。具体操作步骤如下。

（1）右击"我的电脑"或"网上邻居"图标，在弹出的菜单中选择"映射网络驱动器"命令，打开"映射网络驱动器"对话框，如图 8-24 所示。

（2）在对话框中指定驱动器名如"Z:"，注意不要使用本机上已有的盘符。

（3）在"文件夹"文本框后可输入需要映射的网络文件夹地址，或者单击"浏览"按钮，打开"浏览文件夹"对话框，如图 8-25 所示。

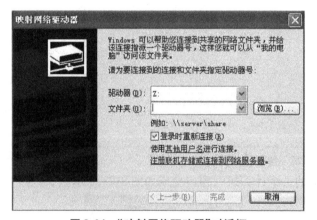

图 8-24 "映射网络驱动器"对话框　　　　图 8-25 "浏览文件夹"对话框

（4）在"网上邻居"的展开目录中选择需要映射的网络文件夹，单击"确定"按钮，完成操作。

（5）这时打开"我的电脑"，会发现本机多了一个驱动器"Z:"，其内容就是指定的网络共享文件夹的内容，使用起来非常方便。

要取消已映射的网络驱动器也十分简单，只要右击"我的电脑"或"网上邻居"图标，从弹出的菜单中选择"断开网络驱动器"命令即可。

8.4 办公局域网常见故障的处理

当局域网出现故障时，必须进行认真的分析，争取在第一时间内解决问题，排除故障，从而最大限度地降低因故障而带来的损失。

8.4.1 故障分类

通常网络故障发生的原因多种多样,可以大致分为硬件故障和软件故障。对于软件故障来说,原因主要有:TCP/IP 协议设置问题,防火墙设置问题,某些软件不支持网络安装,禁用了 Windows 系统的某些服务项,计算机病毒攻击等。问题分析起来相对比较复杂,需要具备较高的计算机水平。而对于硬件故障来说,问题比较直观,判断分析相对比较容易,因此下面着重讨论硬件故障的分析及处理方法。

8.4.2 ping 命令检查网络故障

事实上,无论是什么类型的网络故障,都可以从简单的一个"ping"命令开始,手工逐步排查故障原因。打开"开始"→"运行"命令,输入"cmd"回车,如图 8-26 所示。在该窗口下即可输入 ping 命令。

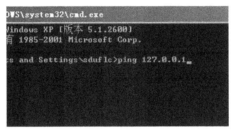

图 8-26　ping 命令窗口

1. 测试本机循环地址

首先对本地计算机的循环地址 127.0.0.1 进行 ping 测试。当遇到一些无法直接找到故障原因的特殊网络故障时,首先需要使用 ping 命令测试一下本地计算机的循环地址 127.0.0.1 能否被正常 ping 通。倘若该地址无法被正常 ping 通的话,那么说明本地计算机的 TCP/IP 协议程序受到了破坏,或者网卡设备发生了损坏。

此时,打开本地计算机系统的设备管理器窗口,从中找到网卡设备选项,并用鼠标右键单击该选项,从弹出的快捷菜单中执行"属性"命令,打开网卡设备的属性设置窗口,在该窗口的"常规"标签页面中就能看到当前的网卡工作状态是否正常了。如果不正常请参看 8.4.3 节有关内容。

当发现网卡工作状态正常的话,那很有可能是本地计算机的 TCP/IP 协议程序受到了破坏,此时不妨打开本地连接属性设置窗口,选中并删除该设置窗口中的 TCP/IP 协议选项,之后再重新安装一下 TCP/IP 协议程序,这样本地计算机的循环地址 127.0.0.1 就能被正常 ping 通了。

2. 测试本机 IP 地址

在确认 127.0.0.1 地址能够被 ping 通的情况下,继续使用 ping 命令测试一下本地计算机的静态 IP 地址是否能被正常 ping 通。倘若该地址不能被正常 ping 通的话,那么说明本地计算机的网卡参数没有设置正确,或者网卡驱动程序不正确,也有可能是本地的路由表受到了破坏。

此时可以重新检查一下本地计算机的网络参数是否设置正确。如果在网络参数设置正确的情况下仍然无法 ping 通本地 IP 地址的话,最好重新安装一下网卡设备的原装驱动程序,这样就能正确 ping 通本地计算机的静态 IP 地址了。一旦本地计算机的静态 IP 地址被顺利 ping 通的话,那就表明本地计算机已经能够加入到局域网网络中了。

3. 测试默认网关地址

本地局域网的默认网关地址也需要进行 ping 测试。由于本地计算机是通过网关与局域网中的其他计算机进行相互通信的,只有本地计算机与默认网关之间连接正常,才能确保本地计算机与其他计算机通信正常。倘若网关地址能被正常 ping 通的话,那就表明本地计算机可以与局域网中的其他计算机进行正常通信。

要是 ping 命令操作不成功的话,那很有可能是网关设备自身存在问题,或者是本地计算机与网关之间的硬件链路连接不正常,也有可能是本地计算机与网关没有设置成同一个子网中。此时,可以先用专业的线缆测试工具测试一下网络线缆的连通性,在线缆连通性正常的情况下,再检查本地工作站的网络参数是否与网关的参数设置成同一个子网中。具体细节参看 8.4.4 节有关内容。

倘若网络参数设置正确的话,再从其他计算机 ping 一下网关地址,以便确认网关自身是否存在问题。如果局域网中的其他计算机也无法 ping 通网关的话,那多半是网关设备自身存在问题,这个时候只要将故障排查重点锁定在网关设备上就可以了。

4. 测试局域网中计算机的 IP 地址

局域网中任意一台远程计算机的 IP 地址也要进行 ping 测试,以便检验本地计算机能否通过网关设备与局域网中的其他计算机进行通信。要是发现远程计算机的 IP 地址无法 ping 通的话,那很有可能是远程计算机自身无法响应,或者是远程计算机与网关设备之间的线路连接出现了问题,此时可以将网络故障的排查重点聚焦到远程计算机上或者是局域网的网络设备上。

5. 测试局域网中计算机的主机名称

局域网的远程计算机主机名称也要进行 ping 测试。在确认能够 ping 通远程计算机 IP 地址的情况下,仍然出现无法访问远程计算机内容的时候,就有必要进行这一项测试操作。如果该主机名称无法被 ping 成功的话,那很有可能是 DNS 解析出现了问题,而不是网络连接发生了故障,此时要把故障检查重点锁定在 DNS 服务器上或者是本地计算机的 DNS 设置上面。

为了有效地找出网络故障原因,在使用 ping 命令进行测试检查时,尽量确保局域网中只配置了一个网关且要求 ping 的目标主机保持正常的使用状态,同时确保本地计算机没有启用 IP 安全设置策略,这样可以保证 ping 命令能够获得正确的测试结果。

8.4.3 网卡故障

网卡是实现网络通信的关键,出现故障的原因一般是由于未正确安装驱动程序、设置错误或者网卡硬件本身的问题。

驱动程序安装错误,可能会发生不稳定的现象,可检查并重新安装正确的驱动程序;设置错误,可分别检查网卡设置的接头类型、IRQ、I/O 端口地址等参数,若有冲突,只要重新设置即可恢复正常;网卡硬件问题,可观察网卡上的 Power/TX 显示灯,当网卡正常且连接正常的网线时,只要打开计算机电源,灯就会亮,传输数据时灯还会闪烁。如果灯不亮,则是网卡本身故障,应更换网卡并重新开机测试。

8.4.4 双绞线故障

通信介质本身的导通问题也是引起网络故障的重要原因之一,因此确定网线是否正常是相当必要的,事实证明在实际工作中网线问题也的确比较普遍。一般排查网线应从以下几个方面着手。

(1) 双绞线颜色和 RJ-45 水晶头的脚位是否相符。

(2) 双绞线头是否顶到 RJ-45 水晶头顶端。如果没有,则该线的接触会较差,需要重新压线。

(3) RJ-45 水晶头侧面的金属片是否已刺入线头之中。如果没有就可能会造成线路不通。

(4) 使用剥线工具时是否切断了双绞线。有可能双绞线内的铜线已断,但外皮完好。
如果在检查网线时看不出问题所在,可以更换一条正常的网线来进行对比排查。

8.4.5 交换机故障

交换机上的 RJ-45 插槽都有对应的指示灯,通过观察各个交换机上的指示灯状态可以判断是否为交换机故障。如果某个插槽插了双绞线,或者串联其他交换机后,指示灯不亮,那么可能是这个插槽或者通过这个插槽连接的网线或交换机的问题。

交换机硬件本身出现问题的可能性比较小,一般情况可以关闭电源后重新加载电源,使交换机启动并重新完成初始化操作。

习 题 8

一、上机操作题

1. 在办公局域网上设置共享打印机,使没有打印机的计算机能够通过网络使用打印机。
2. 将单位办公局域网上经常需要访问的共享文件夹映射为网络驱动器。
3. 自己练习将办公用的几台计算机联成一个对等局域网。

二、单项选择题

1. 计算机网络建立的主要目的是实现计算机资源的共享。计算机资源主要指计算机( )。
   A. 软件与数据库　　　　　　B. 服务器、工作站与软件
   C. 硬件、软件与数据　　　　D. 通信子网与资源子网

2. 按照覆盖的地理范围进行分类,计算机网络可以分为( )三类。
   A. 局域网、广域网与 X.25　　B. 局域网、广域网与宽带网
   C. 局域网、广域网与 ATM　　D. 局域网、广域网与城域网

3. 一般覆盖某个企业或校园的计算机网络属于( )。

A. LAN B. MAN C. WAN D. FDDI

4. TCP/IP 是一种(　　)。

   A. 网络通信协议 B. 互联网协议
   C. 局域网协议 D. 传输层协议

三、思考题

1. 什么是计算机网络？计算机网络的类型如何划分？
2. 中继器、集线器和交换机都有信号放大作用，它们的功能有什么区别？
3. 如何搜索和访问局域网上的计算机？

第9章 办公中的因特网资源应用

 9.1 因特网基础及其在办公中的应用

如今互联网技术在办公中已经起到了非常重要的作用,它深刻地改变了人们的办公方式,使得移动办公、协同办公、群体办公得以顺利实现,大大提高了办公的效率。

9.1.1 因特网概述

因特网是一个将全球很多计算机网络连接而形成的计算机网络系统。它使得各网络之间可以交换信息和共享资源。因特网源于美国国防部的互联网即 ARPANET。ARPANET 工程创始于 1969 年,是美国国防部用来连接国防部军事项目研究机构与大专院校的工具,可以实现信息交换的目的。1983 年后,ARPANET 分军用和民用两个领域,再加上美国国家科学基金会建立的通信网络,使得普通科技人员也能利用该网络。

20 世纪 90 年代起,我国正式加入互联网,建成了基于 Internet 技术并可以和 Internet 互连的若干个全国性公用计算机网。目前已有 CHINANET(中国公用计算机互联网)、CHINAGBN(中国金桥信息网)、CERNET(中国教育和科研计算机网)、CSTNET(中国科学技术网)、UNINET(中国联通公用互联网)、CNCNET(中国网通公用互联网)、CIETNET(中国国际经贸网)、CMNET(中国移动互联网)、CGWNET(中国长城互联网)、CSNET(中国卫星集团互联网)。这些网络为社会提供着各种各样相关领域的信息服务。

9.1.2 IP 地址和域名

正如每部电话具有一个唯一的电话号码一样,因特网上的每个网络和每台计算机都有一个唯一的地址,这就是 IP 地址。利用 IP 地址,信息可以在因特网上正确地传送到目的地,从而保证因特网成为向全球开放互联的数据通信系统。

1. IP 地址

IP 地址可表达为二进制和十六进制格式。二进制的 IP 地址为 32 位,分为 4 个 8 位二进制数。例如,11001010 01100000 00110011 00000010。用十进制表示为:202.96.51.2。

用十进制表示 IP 地址便于用户和网管人员使用和掌握。在这种情况下,IP 地址由 4 组数字组成,每组 1~3 个数字,每组取值为 0~255,中间用圆点隔开。其中,第一组数字表示网络类别:取值为1~126时,表示主网所在网络为A类网,即大型网;128~191表示所在网络为B类网,即中型网;取值为192~233表示该网络为C类网,即小型网;还有D类网和E类网,但很少使用。

以上关于IP地址的说明属于IPV4协议定义,但随着互联网的迅速发展,IPV4定义的有限地址空间将被耗尽,地址空间的不足必定影响互联网的进一步发展,为了扩大地址空间,将采用新的IPV6协议重新定义。IPV6采用128位地址长度,几乎可以不受限制地提供地址。

2. 域名

在因特网中,既可以通过IP地址也可以通过域名来标识每台主机。因特网使用一种标准的命名方式来标识因特网上的每一台主机,这种命名方式称为域名系统(Domain Name System,DNS)。主机是与因特网相连的任何一台计算机,既包括为因特网普通用户提供网络服务的大型机、小型机和工作站,也包括普通用户的PC机。

域名有着明显的层次结构,自右向左表示范围逐渐减小,一般格式为:

主机服务类型.单位或机构名.单位类型名.国家或地区代码

例如,www.pku.edu.cn就是北京大学的域名。

其中,www是为用户提供服务的主机类型,pku代表北京大学,edu代表该网站为教育机构,cn代表中国。这是按照欧美国家地址的书写习惯,根据域的大小从小到大排列。

事实上,域名只是为了便于记忆因特网中的主机而采用的名字代码。

表9-1列出了常用的域名类型代码,表9-2列出了部分国家和地区的域名代码。

表9-1 常用的域名类型代码

域代码	服务类型	域代码	服务类型
.com	商业机构	.firm	公司企业
.edu	教育机构	.web	从事3W活动的机构
.gov	政府部门	.nom	个人性质
.int	国际机构	.store	销售公司企业
.net	网络组织	.arts	艺术类机构
.org	非营利组织	.info	信息服务部门
.mil	军事组织		

表9-2 部分国家和地区的域名

国家和地区代码	国家和地区名	国家和地区代码	国家和地区名
au	澳大利亚	hk	中国香港
br	巴西	it	意大利
ca	加拿大	jp	日本
cn	中国	kr	韩国
de	德国	sg	新加坡
fr	法国	tw	中国台湾
uk	英国	us	美国

3. 域名的注册申请

申请域名之前,需要选择好要注册的域名,然后再向因特网网络信息中心(NIC)登记注册。如果要登记注册域名也可与因特网服务提供商(ISP)联系,然后由 ISP 设定所需的 DNS 服务器功能。DNS 服务器提供了 DNS 地址和 IP 地址之间的翻译和转换。

作为个人用户,通过个人计算机与因特网连接,只登记一个用户名即可。域名由当地 ISP 提供,将该服务机构的域名作为自己的因特网地址的一部分即可。

9.1.3 内部网(Intranet)概述

Intranet 是 Internet 的延伸和发展。正是利用了 Internet 的先进技术,特别是 TCP/IP 协议,保留了 Internet 允许不同计算平台互通及易于上网的特性,Intranet 得以迅速发展。但 Intranet 在网络组织和管理上更胜一筹,它有效地避免了 Internet 所固有的可靠性差、无整体设计、网络结构不清晰及缺乏统一管理和维护等缺点,使企业内部的秘密或敏感信息受到网络防火墙的安全保护。因此,同 Internet 相比,Intranet 更安全,更可靠,更适合企业或组织机构加强信息管理与提高工作效率,被形象地称为建在企业防火墙里面的 Internet。

Intranet 所提供的是一个相对封闭的网络环境。这个网络在企业内部是分层次开放的,内部有使用权限的人员访问 Intranet 可以不加限制,但对于外来人员进入网络,则有着严格的授权。因此,网络完全是根据企业的需要来控制的。在网络内部,所有信息和人员实行分类管理,通过设定访问权限来保证安全。比如,对普通员工访问受保护的文件(如人事、财务、销售信息等)进行授权及鉴别,保证只有经过授权的人员才能接触某些信息;对受限制的敏感信息进行加密和接入管理;等等。同时,Intranet 又不是完全自我封闭的,它一方面要版主企业内部人员有效地获取交流信息;另一方面也要对某些必要的外部人员,如合伙人、重要客户等部分开放,通过设立安全网关,允许某些类型的信息在 Intranet 与外界之间往来,而对于企业不希望公开的信息,则建立安全地带,避免此类信息被侵害。

与 Internet 相比,Intranet 不仅是内部信息发布系统,而且是该机构内部业务运转系统。Intranet 的解决方案应当具有严格的网络资源管理机制、网络安全保障机制,同时具有良好的开放性;它和数据库技术、多媒体技术及开放式群件系统相互融合连接,形成一个能有效地解决信息系统内部信息的采集、共享、发布和交流的,易于维护管理的信息运作平台。

Intranet 带来了企业信息化新的发展契机。它革命性地解决了传统企业信息网络开发中所不可避免的缺陷,打破了信息共享的障碍,实现了大范围的协作。同时以其易开发、省投资、图文并茂、应用简便、安全开放的特点,形成了新一代企业信息化的基本模式。

9.1.4 网间网(Extranet)概述

Extranet 是采用 Internet/Intranet 技术使企业与企业或客户联系起来,完成共同目标的合作网络,是 Intranet 与 Internet 之间的桥梁。Extranet 既不像 Internet 那样提供公共服务,也不像 Intranet 那样仅仅提供对内服务,它可以有选择地向公众开放其服务,或有选择地向合作者开放其服务,为电子商贸或其他商业应用提供有用的工具。通常情况下,Extranet 只是 Intranet 和 Internet 基础设施上的逻辑覆盖,仅用访问控制和路由表进行控制,而不是建立新的物理网络。

9.1.5 因特网在现代办公中的应用

1. 信息浏览（WWW）

互联网的信息浏览服务是通过支持 WWW 网页技术的网络浏览器实现的，互联网用户使用网络浏览器能够轻松地访问浏览网上的信息。它使用超文本链接技术，将 Internet 中的资源互相联系起来，通过连接可以浏览 WWW 网页、FTP 服务器的文件目录等。

2. 数据检索（Data Retrieval）

Internet 包罗的信息非常丰富，凡涉及人们生活、工作和学习等各个方面的信息是应有尽有，且还有相当一部分大型数据库是免费提供的。用户可在 Internet 中查找到最新的科学文献和资料；还可在 Internet 中获得休闲、娱乐和家庭技艺等方面的最新动态；也可在 Internet 拷贝到大量免费的软件以供使用。

3. 电子邮件（E-mail）

电子邮件是人们在互联网上广泛使用的信息传递工具，每天都有人通过 Internet 收发电子邮件。它是目前最有效的信息交换手段之一，因为它具有费用低、速度快、准确性好、交互能力强的特点。

4. 新闻组（News Group）

新闻组是互联网提供的一项重要服务。因特网上有很多个新闻服务器，分布在世界各地。它能够随时更新消息，任何一条发送到新闻组服务器上的消息，很快就能传遍全球，所以最新的资料及动态新闻往往都出自新闻组。参加了新闻组后，不仅可以阅读新闻，还可以选择感兴趣的话题进行讨论和发表意见。新闻组提供的服务是交互性的，如果有技术问题需要解决，只要发送信息到新闻组，就会在最短的时间内得到网友的解答。

5. 文件传输协议（File Transfer Protocol，缩写为 FTP）

文件传输协议是 Internet 上一种常用的网络应用之一，其基本功能是实现计算机间的文件传输。FTP 由支持文件传输的众多符合国际标准的规定所构成。Internet 用户可以通过 FTP 连接到远程计算机上，并在该计算机上查看文件资料，将所感兴趣的资源（如计算机应用软件、图像文件等）下载到用户计算机中。同时，用户也可以将自己计算机中的资源上传到远程计算机中。

6. 电子公告板（Bulletin Board System，缩写为 BBS）

也称为"电子论坛"。在 Internet 中设有近万个电子公告板，专门用来发布涉及科学研究、艺术欣赏、文学创作、社会、评论、哲学等各种内容的专题，以吸引同行和对此专题感兴趣的人来参加讨论、交流。凡是对电子公告板上的某一个专题感兴趣的人，都可以利用自己的电脑，经与 Internet 的本地网络连接后，通过 E-mail 输入，就能进入论坛，像参加讨论会一样发表自己的见解，参加交流、讨论。

7. 远程登录（Telnet）

也称为"远程连接电脑"。是指一台计算机远程连接到另一台计算机上，并在远程计算机上运行自己系统的程序，从而共享计算机网络系统的软件和硬件资源。远程登录使登录到远程计算机的用户在自己的计算机上操作，而在远程计算机上响应，并且将结果返回到自己的计算机上。目前，在 Internet 上，还备有约 3000 多个最常用的信息检索工具。用户一旦连接成功,就可运用这些检索工具来寻找、利用所需的计算机资源,这大大便于开展国际间的合作研究。

8. 其他应用

其他应用还包括网络电话、网络视频会议及远程办公等。

9.1.6 因特网的接入方式与实现技术

目前可供选择的 Internet 接入方式很多,主要有 PSTN、ISDN、DDN、LAN、ADSL、VDSL、Cable-Modem、PON 和 LMDS 共 9 种,它们各有各的优缺点,下面简要介绍这些接入方式的基本知识。

1. PSTN 拨号入网

PSTN(Published Switched Telephone Network,公用电话交换网)技术是利用 PSTN 通过调制解调器拨号实现用户接入的方式。这种接入方式是大家非常熟悉的一种接入方式,目前最高的速率为 56kbps,已经达到仙农定理确定的信道容量极限,这种速率远远不能够满足宽带多媒体信息的传输需求;但由于电话网非常普及,用户终端设备 Modem 很便宜,而且不用申请就可开户,只要家里有电脑,把电话线接入 Modem 就可以直接上网。因此,PSTN 拨号接入方式比较经济,但是随着宽带的发展和普及,这种接入方式终将被淘汰。PSTN 接入方式如图 9-1 所示。

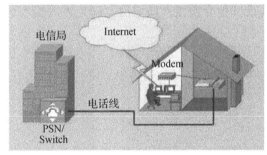

图 9-1　PSTN 接入方式

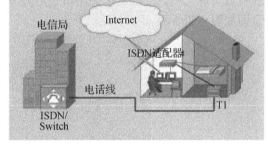

图 9-2　ISDN 专线入网

2. ISDN 专线入网

ISDN(Integrated Service Digital Network,综合业务数字网)接入技术俗称"一线通",它采用数字传输和数字交换技术,将电话、传真、数据、图像等多种业务综合在一个统一的数字网络中进行传输和处理。用户利用一条 ISDN 用户线路,可以在上网的同时拨打电话、收发传真,就像两条电话线一样。ISDN 基本速率接口有两条 64kbps 的信息通路和一条 16kbps 的信令通路,简称 2b + d,当有电话拨入时,它会自动释放一个 b 信道来进行电话接听。

就像普通拨号上网要使用 Modem 一样,用户使用 ISDN 也需要专用的终端设备,主要由网络终端 NT1 和 ISDN 适配器组成。网络终端 NT1 好像有线电视上的用户接入盒一样必不可少,它为 ISDN 适配器提供接口和接入方式。ISDN 适配器和 Modem 一样,又分为内置和外置两类,内置的一般称为 ISDN 内置卡或 ISDN 适配卡,外置的 ISDN 适配器则称之为 TA。

ISDN 接入技术示意,如图 9-2 所示。用户采用 ISDN 拨号方式接入需要申请开户,初装费根据地区不同而会不同,ISDN 的极限带宽为 128kbps,各种测试数据表明,双线上网速度并不能翻番,从发展趋势来看,窄带 ISDN 也不能满足高质量的 VOD 等宽带应用。

3. DDN 专线入网

DDN 是英文 Digital Data Network 的缩写,这是随着数据通信业务发展而迅速发展起来的一种新型网络。DDN 的主干网传输媒介有光纤、数字微波、卫星信道等,用户端多使用普通电缆和双绞线。DDN 将数字通信技术、计算机技术、光纤通信技术及数字交叉连接技术有机地结合在一起,提供了高速度、高质量的通信环境,可以向用户提供点对点、点对多点透明传输的数据专线出租电路,为用户传输数据、图像、声音等信息。DDN 的通信速率可根据用户需要在 $N \times 64kbps(N = 1 \sim 32)$ 之间进行选择,当然速度越快租用费用也越高。

用户租用 DDN 业务需要申请开户。DDN 的收费一般可以采用包月制和计流量制,这与一般用户拨号上网的按时计费方式不同。DDN 的租用费较贵,普通个人用户负担不起,DDN 主要面向集团公司等需要综合运用的单位。因此它不适合社区住户的接入,只对社区商业用户有吸引力。

4. LAN 方式入网

LAN 方式接入是利用以太网技术,采用光缆 + 双绞线的方式对社区进行综合布线。具体实施方案是:从社区机房铺设光缆至住户单元楼,楼内布线采用五类双绞线铺设至用户家里,双绞线总长度一般不超过 100m,用户家里的电脑通过五类跳线接入墙上的五类模块就可以实现上网。社区机房的出口是通过光缆或其他介质接入城域网。LAN 方式接入示意图如图 9-3 所示。

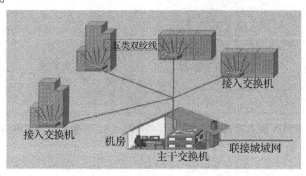

图 9-3 LAN 方式入网

采用 LAN 方式接入可以充分利用小区局域网的资源优势,为居民提供 10M 以上的共享带宽,这比现在拨号上网速度快 180 多倍,并可根据用户的需求升级到 100M 以上。

5. ADSL 方式入网

ADSL(Asymmetrical Digital Subscriber Line,非对称数字用户环路)是一种能够通过普通电话线提供宽带数据业务的技术,也是目前极具发展前景的一种接入技术。ADSL 素有"网络快车"之美誉,因其下行速率高、频带宽、性能优、安装方便、不需交纳电话费等特点而深受广大用户喜爱,成为继 Modem、ISDN 之后的又一种全新的高效接入方式。

ADSL 接入技术示意图如图 9-4 所示。ADSL 方案的最大特点是不需要改造信号传输线路,完全可以利用普通铜质电话线作为传输介质,配上专用的 Modem 即可实现数据高速传输。ADSL 支持上行速率 640kbps ~ 1Mbps,下行速率 1Mbps ~ 8Mbps,其有效的传输距离在 3km～5km 范围以内。在 ADSL 接入方案中,每个用户都有单独的一条线路与 ADSL 局端相连,它的结构可以看做是星形结构,数据传输带宽是由每一个用户独享的。

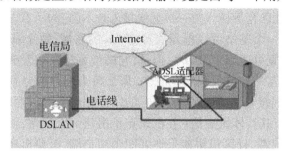

图 9-4　ADSL 方式入网

6. VDSL 方式入网

VDSL 比 ADSL 还要快。使用 VDSL,短距离内的最大下传速率可达 55Mbps,上传速率可达 2.3Mbps(将来可达 19.2Mbps,甚至更高)。VDSL 使用的介质是一对铜线,有效传输距离可超过 1000m。但 VDSL 技术仍处于发展初期,长距离应用仍需测试,端点设备的普及也需要时间。

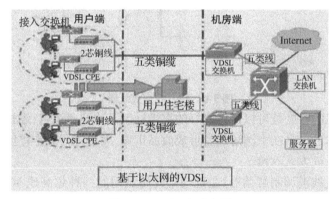

图 9-5　VDSL 方式入网

目前有一种基于以太网方式的 VDSL,接入技术使用 QAM 调制方式,它的传输介质也是一对铜线,在 1.5km 的范围之内能够达到双向对称的 10Mbps 传输,即达到以太网的速率。如果这种技术用于宽带运营商社区的接入,可以大大降低成本。基于以太网的 VDSL 接入方式示意图见图 9-5,方案是在机房端增加 VDSL 交换机,在用户端放置用户端 CPE,二者之间通过室外五类线连接,每栋楼只放置一个 CPE。

7. PON 方式入网

PON(Passive Optical Network,无源光纤网络)技术是一种点对多点的光纤传输和接入技术,下行采用广播方式,上行采用时分多址方式,可以灵活地组成树形、星形、总线形等拓扑结构,在光分支点不需要节点设备,只需要安装一个简单的光分支器即可,具有节省光缆资源、带宽资源共享、节省机房投资、设备安全性高、建网速度快、综合建网成本低等优点。

PON 包括 ATM-PON(APON,即基于 ATM 的无源光纤网络)和 ETHERNET-PON(EPON,即基于以太网的无源光纤网络)两种。APON 技术发展得比较早,它还具有综合业务接入、QOS 服务质量保证等独有的特点,ITU-T 的 G.983 建议规范了 ATM-PON 的网络结构、基本组成和物理层接口,我国信息产业部也已制定了完善的 APON 技术标准。

8. LMDS 方式入网

这是目前可用于社区宽带接入的一种无线接入技术,它的示意图见图 9-6。

在该接入方式中,一个基站可以覆盖直径 20km 的区域,每个基站可以负载 2.4 万用户,每个终端用户的带宽可达到 25Mbps。但是,它的带宽总容量为 600Mbps,每基站下的用户共享带宽,因此一个基站如果负载用户较多,那么每个用户所分到带宽就很小了。故这种技术对于社区用户的接入是不合适的,但它的用户端设备可以捆绑在一起,可用于宽带运营商的城域网互联。其具体做法是:在汇聚点机房建一个基站,而汇聚机房周边的社区机房可作为基站的用户端,社区机房如果捆绑四个用户端,汇聚机房与社区机房的带宽就可以达到 100Mbps。

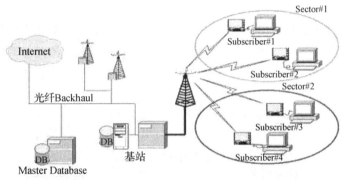

图 9-6 LMDS 方式入网

采用这种方案的好处是可以使已建好的宽带社区迅速开通运营,缩短建设周期。但是目前采用这种技术的产品在中国还没有形成商品市场,无法进行成本评估。

9. Cable-Modem 方式入网

Cable-Modem(线缆调制解调器)是近两年开始试用的一种超高速 Modem,它利用现成的有线电视(CATV)网进行数据传输,已是比较成熟的一种技术。随着有线电视网的发展壮大和人们生活质量的不断提高,通过 Cable-Modem 利用有线电视网访问 Internet 已成为越来越受业界关注的一种高速接入方式。

由于有线电视网采用的是模拟传输协议,因此网络需要用一个 Modem 来协助完成数字数据的转化。Cable-Modem 与以往的 Modem 在原理上都是将数据进行调制后在 Cable(电缆)的一个频率范围内传输,接收时进行解调,传输机理与普通 Modem 相同,不同之处在于它是通过有线电视 CATV 的某个传输频带进行调制解调的。

采用 Cable-Modem 上网的缺点是由于 Cable-Modem 模式采用的是相对落后的总线形网络结构,这就意味着网络用户共同分享有限带宽;另外,购买 Cable-Modem 和初装费也都不算很便宜,这些都阻碍了 Cable-Modem 接入方式在我国的普及。但是,它的市场潜力是很大的,毕竟中国 CATV 网已成为世界第一大有线电视网。

9.2 网上信息的浏览与保存

浏览网上信息是网络化办公中必不可少的技能之一。上网浏览需要浏览器,常用的浏览器有 Internet Explorer(IE 浏览器)、遨游浏览器、世界之窗、360 浏览器、谷歌浏览器等,本节介绍使用 IE 浏览器进行信息浏览与网页保存方法。

9.2.1 浏览网页

作为 Web 浏览器,浏览网页是 IE8.0 最基本的功能。用户可以通过在"地址"栏中输入所知道的网页地址来打开所需的网页进行浏览。以后还可以利用历史记录和通过自动填写网站表单与密码的功能来提高浏览网页的效率。

1. 浏览网页

用户在"地址"栏中输入已经知道的网页地址,然后按"Enter"键即可转到相应的网页。一般情况下网页中不单单显示内容,其中会包含许多超链接。单击其中某个超链接会转到另一相关的网页上。分辨网页中的内容是不是超链接的方法很简单,只需将鼠标指针移到某个对象上,看它是否变成小手状 。如果指针变成小手状,说明它当前指向的文本或者对象是个超链接。

如果要使新打开的网页作为一个选项卡与原来的网页显示在同一窗口中,可右击超链接,在弹出的快捷菜单中选择"在新选项卡中打开"命令。

2. 自动完成功能

IE8.0 提供了"自动完成"功能,可以保存输入在 Web 表单字段的密码和其他信息。通过保存此信息,IE 会在用户日后开始输入相同信息时自动填写表单字段。例如,在"地址"栏中输入"f",即会自动弹出一个下拉列表,其中列出用户访问过的以 f 开头的网站地址,如图 9-7 所示。

图 9-7 自动完成功能

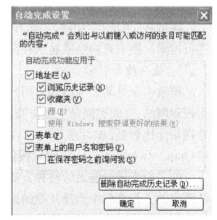

图 9-8 "自动完成设置"对话框

在默认情况下,自动完成是打开的。如果关闭了自动完成,用户还可以从"Internet 选项"对话框中打开它。此外用户还可以指定自动完成功能应用于哪些方面。

要设置自动完成功能,可单击导航栏中的"工具"按钮,从弹出菜单中选择"Internet 选项"命令,打开"Internet 选项"对话框,切换到"内容"选项卡,在"自动完成"栏中单击"设置"按钮,打开"自动完成设置"对话框,根据需要选中或者清除"地址栏"、"表单"、"表单上的用户名和密码"复选框,如图9-8 所示。

3. 浏览最近访问过的页面

IE8.0 具有记忆功能,当浏览过一些网页后,用户不必再次在"地址"栏中输入相应的地址就可以快速访问这些网页。访问最近浏览过的网页的方法有以下几种。

(1) 返回到刚离开的网页:单击"地址"栏左边的"上一步"按钮 。

(2) 返回到上一次使用 IE 访问过的网页:单击导航栏中的"查看"→"浏览器栏"→"历史记录"选项,显示最近访问过的网站地址,然后单击要访问的站点。单击"历史记录"下方的箭头,可以在弹出菜单中选择按日期、站点、访问次数和今天的访问顺序来对历史记录列表进行排序。

(3) 前进到执行返回操作之前浏览的网页:单击"下一步"按钮 ,或者单击"下一步"按钮右侧的箭头,从弹出的下拉列表中进行选择。

9.2.2 搜索信息

因特网是一个庞大的信息库,要想快速找到所需要的信息,就需要使用搜索工具进行搜索。用户可以使用 IE8.0 窗口界面中的即时搜索框来进行搜索,也可以使用特定的搜索引擎来进行搜索。此外,用户还可以在进入网页后查找当前网页上指定的文本。

1. 使用即时搜索框进行搜索

在 IE8.0 中,搜索助手被位于"地址"栏右上方的即时搜索框所取代。在即时搜索框中输入要查找的主题或短语,然后按"Enter"键或者单击"搜索"按钮,IE8.0 即会使用默认的搜索工具进行查找,并在窗口中显示符合查找条件的网页地址。如果要在新选项卡中显示搜索结果,输入关键字或短语后,可按"Alt"+"Enter"组合键。

2. 使用"地址"栏进行搜索

通过在"地址"栏中键入 go、find 或?,后跟所需信息的关键词、网站名称或短语,也可以进行搜索。搜索到的结果显示在浏览窗口中。

3. 使用搜索引擎

搜索引擎是某些网站面向用户提供的网上查询服务功能。提供搜索引擎的网站简称为搜索网站,在此类网站上可以查询网站、网页、商品信息及其他各种资料。目前国内的搜索网站比比皆是,如百度(http://www.baidu.com)、雅虎(http://www.yahoo.com.cn)、新浪(http://www.sina.com.cn)、搜狐(http://www.sohu.com)等都是比较著名的搜索网站。

如果用户通过前面的两种方法没有搜索到所需的结果,可单击搜索按钮右侧的箭头,从弹出的下拉菜单中选择其他的搜索提供程序,如 Baidu、Google、搜狗等。

用户还可以将自己惯用的搜索工具添加到"搜索"菜单中,并可在它们中切换,以便改善搜索结果。单击"搜索"按钮右侧的箭头,选择"查找更多提供程序"命令,打开如图9-9所示的"Internet Explorer 库"页面,选择要使用的搜索引擎。

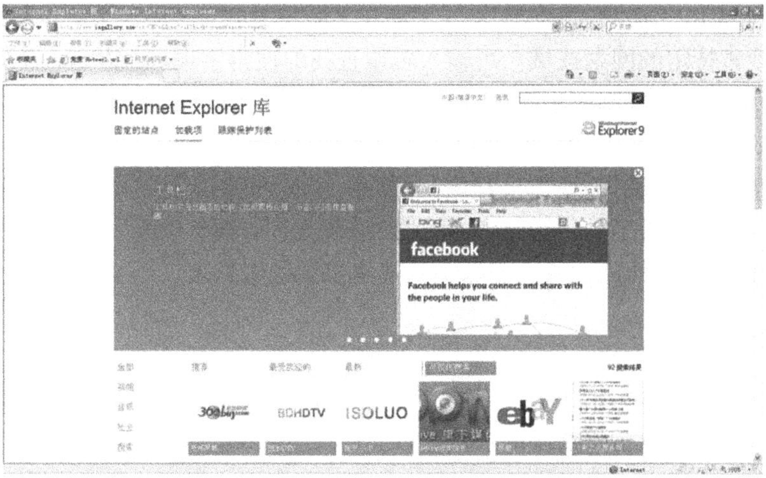

图 9-9 "Internet Explorer 库"页面

4. 查找当前页上的文本

在浏览网页时,用户还可以查找当前网页中指定的文本内容。例如,在网上读书时可以搜索特定的词条。

单击"搜索"按钮右侧的箭头,从弹出菜单中选择"在此页上查找"命令,打开"查找"对话框,进行所需设置后,单击"下一个"按钮,即可查找当前网页上的指定文本。

"查找"对话框中的各选项功能说明如下。

(1) 查找:用于输入要查找的文本内容。

(2) 全字匹配:用于使所查找的整个单词与"查找内容"文本框中的文本全部相符。否则 IE 将把该词作为某个长词的一部分进行搜索。

(3) 区分大小写:用于在查找英文单词时区分大小写字符。

(4) 上一个:用于向前查找符合条件的文本。查找到的文本将用反色显示。

(5) 下一个:用于向后查找符合条件的文本。

5. 搜索技巧

在 Internet 上查找信息,很重要的一点是在关键词的选择上。以下是改善搜索结果的一些方法,使用这些搜索技巧可以使搜索结果变得更为精确一些。

(1) 使用具体的词语,而不是一般的类别。例如,在搜索狗时,可以同时指定狗的品种,而不只是搜索"狗"。

(2) 使用引号搜索具体的短语。在字词上加上引号会限制搜索结果仅包括含有与指定的内容完全相同的短语的网页。如果不使用引号,搜索结果将包括所有含有所使用的词语的页面,而不论这些词语的顺序如何。

(3) 在关键字前使用减号(-)可以排除含有该字词的页面。使用减号将检索不含有该词语的网页。但是要注意在符号和搜索字词之间不要添加空格,应输入"-Bogart",而不是"- Bogart"。

(4) 除非要查找特定标题,否则不要使用如"的"、"我的"或"地"之类常见词语。如果这些词语是需要查找的内容的一部分(例如:歌曲名),应加入常见词语并在短语上加上引号。

(5) 使用同义或近义搜索字词。选择搜索关键词时应有创意或使用词典。用户可在搜索框中键入词典以查找联机词典。

（6）仅搜索特定的网站或域。可输入希望查找的搜索字词,后跟"site:"及希望搜索的网站地址,以便将搜索范围缩小到该特定的网站。例如,如果要在 Microsoft.com 网站中查找有关病毒的信息,可输入"病毒 site:www.microsoft.com"。

（7）使用专业搜索引擎或提供程序,如使用 MSN 图像搜索工具搜索图片。许多网站都提供它们独有的搜索工具,包括从购物到兴趣各方面。IE8.0 可以检测某些网站上的专业搜索提供程序,以方便用户将它们添加到搜索提供程序列表。

9.2.3 收藏网页

IE8.0 提供了收藏夹功能,用户可以将喜爱的网页或网站地址添加到收藏夹中,以后就可以通过收藏夹快速访问这些网页或站点。

1. 将某个网页或网站添加到收藏夹

可以将自己经常访问的网页或网站添加到收藏夹,操作步骤如下。

（1）转到要添加到收藏夹的网页。

（2）打开"收藏夹"菜单,单击"添加到收藏夹"选项。

（3）在出现的"添加收藏"对话框的"名称"文本框中键入该页的新名称,然后单击"添加"按钮。

2. 整理收藏夹

当收藏的网页不断增加时,用户可以将它们组织到文件夹中,也可以创建新的文件夹来组织收藏的项目,从而进行收藏夹的整理。操作步骤如下:

（1）打开"收藏夹"菜单,单击"整理收藏夹"选项。

（2）在弹出的如图 9-10 所示的"整理收藏夹"对话框中,单击"新建文件夹"按钮,然后输入文件夹的名称,最后按回车键。

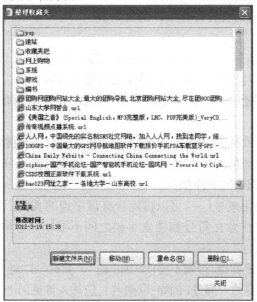

图 9-10 "整理收藏夹"对话框

(3) 将列表中的快捷方式拖放到相应的文件夹中,也可以重新命名后再拖动。

(4) 如果快捷方式或文件夹太多而导致无法拖动,可以先选择要移动的网页,然后单击"移动"按钮,在弹出的"浏览文件夹"对话框中选择合适的文件夹,然后单击"确定"即可。

3. 将某个网页或网站从收藏夹中删除

在"收藏夹"菜单上,单击"整理收藏夹",出现"整理收藏夹"对话框,选择要删除的网页或文件夹,然后单击"删除"按钮。也可以单击"收藏夹"按钮,在出现的收藏夹中右击要删除的网页或文件夹,在弹出的快捷菜单中选择"删除"命令。

4. 使用收藏夹中的地址

要使用收藏夹的地址,可以单击"收藏夹"菜单,然后单击要打开的对应网页即可。

9.2.4 保存网页内容

1. 已经打开网页的保存

上网浏览信息时,如果发现有用的信息,可以将其保存,以便日后脱机浏览该网页。操作步骤如下。

(1) 在需要保存的网页上单击"文件"→"另存为"命令,出现如图 9-11 所示的"保存网页"对话框。

图 9-11 网页的保存类型

(2) 选择保存网页的路径,并输入文件名称。

(3) 在"保存类型"下拉列表框中选择保存类型。如图 9-11 所示"保存类型"下拉列表框中提供了 4 种类型,一般常用"网页,全部"、"网页,仅 HTML"和"文本文件"三种。其中,当需要网页的全部内容(包括文字、图形、动画及其他网页元素)时,选择"网页,全部";当只需要网页文字,并且希望保留网页文字的字体和段落格式时,选择"网页,仅 HTML";若只需要网页文字,不需要原来的格式时,选择"文本文件"。

(4) 单击"保存"按钮,完成当前网页的保存。

2. 未打开网页的保存

用户还可以在不打开网页的情况下保存它，前提是在当前浏览的网页中有该网页的超链接。操作步骤如下。

（1）右击想要保存的超链接，弹出如图 9-12 所示的快捷菜单。

图 9-12　从快捷菜单中选择"目标另存为"

（2）单击"目标另存为"选项，出现"另存为"对话框。

（3）选择网页保存的目录并输入文件的名字，单击"保存"按钮，就可以保存该超链接指向的网页。

（4）网页下载的同时会有"文件下载"对话框，进行下载进程的显示，下载完毕后，系统会给出提示打开或者关闭该文件。

（5）单击"打开"按钮，会启动相应的程序打开下载文件。

3. 网页中图片的保存

用鼠标右键单击网页上的图片，从弹出的快捷菜单中选择"图片另存为"选项，在随即弹出的"保存图片"对话框中，指定文件保存的路径、文件名及文件类型，然后单击"保存"按钮，即可保存图片。

9.2.5　打印网页内容

因为工作需要，常常必须打印网页内容。网页可以在未打开的情况下，通过右击超链接的热区，直接选择"打印目标"打印；也可以首先进行页面设置，然后再进行打印操作。另外，一些网页在打印前还需要进行一些预处理，待版面效果比较满意后才进行打印。

1. 直接打印未打开的网页

打印一个超链接指向的网页时，不用打开网页即可实现打印，当然前提是该超链接指向的网页确实存在并且没有损坏。同上面的操作类似，用鼠标右键单击要打印的网页，在弹出的快捷菜单中单击"打印目标"选项即可。

操作步骤如下。

（1）右击要打印的超链接指向的网页，弹出如图 9-12 所示的快捷菜单。

(2) 单击"打印目标"选项,出现如图 9-13 所示的"打印"对话框。

(3) 在"打印"对话框的"常规"选项卡中,选择打印机,设置页面范围和打印份数。

图 9-13 "打印"对话框

(4) 根据需要,可以在"选项"选项卡中进行相关设置。

(5) 单击"打印"按钮,就可以打印该超链接指向的网页。

2. 对已经打开的网页进行打印设置

对于已经打开的网页,选择"文件"→"打印"命令,即可直接打印当前页面的内容。当然也可以与 Office 办公软件中的文档打印一样,先进行页面设置。其操作步骤如下。

(1) 打开需要打印的网页。

(2) 选择"文件"→"页面设置"命令,出现如图 9-14 所示对话框。

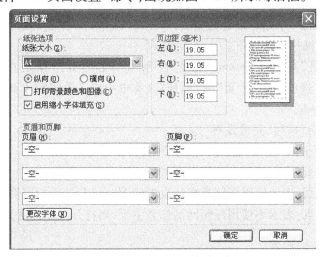

图 9-14 "页面设置"对话框

(3) 在"页边框"中,键入页边距大小(以毫米为单位)。

(4) 在"方向"区域中,选择"纵向"或"横向",指定页面打印时的方向。

(5) 在"页眉和页脚"框中,可使用如表 9-3 所示变量指定要打印的信息。变量可以和文本组合使用(例如,页码,&p/&P),用户也可以根据实际需要进行取舍。

表9-3 打印变量的含义

打印变量	打印含义
&u	Web 页地址(URL)
&d	短格式日期
&D	长格式日期
&T	24 小时的时间格式
&p	当前页码
&P	Web 页总数
&b	文本居中(后跟 &b)
&b&b	文本右对齐(后跟 &b&b)
&&	单个 & 号(&)
&w	窗口标题

9.3 IE 浏览器的设置

大多数情况下,用户基本上不需要配置什么就可以上网浏览。但是浏览器的默认设置并非对每个用户都适用,有时需要对浏览器进行一些手工设置,让它更有效地工作。

9.3.1 主页的设置

这里仍然以 IE8.0 为例。IE8.0 浏览器的默认主页是 Microsoft 公司的页面,用户可以把自己访问最频繁的一个站点设置为主页,这样每次启动 IE 浏览器时,就会第一个显示该网页。设置主页的操作步骤如下。

(1) 选择"工具"菜单→"Internet 选项"命令,打开如图 9-15 所示的对话框。

(2) 在"常规"选项卡中"主页"的"地址"文本框中输入希望的主页地址,如图 9-15 所示,输入 www.sdu.edu.cn。

(3) 单击"确定"按钮,完成设置。

在"常规"选项卡的"主页"框架中有三个按钮,作用分别如下。

(1) 使用当前页:表示使用当前正在浏览的网页作为主页。

(2) 使用默认页:表示使用浏览器默认设置的 Microsoft 公司的网页作为主页。

(3) 使用空白页:表示不使用任何网页作为主页,当打开浏览器时只显示一个空白页。

9.3.2 临时文件夹的设置

用户浏览过的网页存储在本地计算机的临时文件夹中,当再次浏览时浏览器会检查该文件夹中是否有这个文件,如果有,浏览器将把该临时文件夹中的文件与源文件的日期属性作比较;如果源文件已经更新,则下载整个网页,否则显示临时文件夹中的网页。

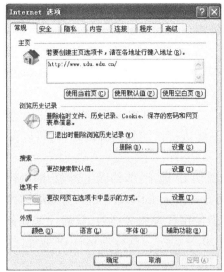

图 9-15 "Internet 选项"对话框

图 9-16 浏览文件夹对话框

合理配置临时文件夹,可以提高浏览速度,从而无须每次访问同一个网页时都重新下载。设置操作步骤如下。

(1) 打开"Internet 选项"对话框。

(2) 在"常规"选项卡中单击"浏览历史记录"栏中的"设置"按钮,出现如图 9-16 所示的"Internet 临时文件和历史记录设置"对话框。

(3) 在"Internet 临时文件"栏中,通过上下箭头改变"要使用的磁盘空间"的大小。

(4) 单击"移动文件夹"按钮,出现"浏览文件夹"对话框,如图 9-17 所示,选择目标文件夹,即可将 Internet 临时文件夹移动到用户选择的文件夹中。

图 9-17 "浏览文件夹"对话框

9.3.3 代理服务器的设置

1. 代理服务器简介

在一般情况下,使用网络浏览器直接去连接其他 Internet 站点取得网络信息时,是直接联系到目的站点服务器,然后由目的站点服务器把信息传送回来。代理服务器是介于客户端和 Web 服务器之间的另一台服务器,有了它之后,浏览器不是直接到 Web 服务器去取回网页而是向代理服务器发出请求,信号会先送到代理服务器,由代理服务器来取回浏览器所需要的信息并传送给你的浏览器。简单地讲,代理服务器就是提供网络代理服务的服务器。

代理服务器的主要功能如下。

(1) 设置用户验证和记账功能,可按用户进行记账,没有登记的用户无权通过代理服务器访问 Internet 网,并对用户的访问时间、访问地点、信息流量进行统计。

(2) 对用户进行分级管理,设置不同用户的访问权限,对外界或内部的 Internet 地址进行过滤,设置不同的访问权限。

（3）增加缓冲器（Cache）,提高访问速度,对经常访问的地址创建缓冲区,大大提高热门站点的访问效率。通常代理服务器都设置一个较大的硬盘缓冲区（可能高达几个吉字节或更大）,当有外界的信息通过时,同时也将其保存到缓冲区中,当其他用户再访问相同的信息时,则直接由缓冲区中取出信息,传给用户,以提高访问速度。

（4）连接内网与Internet,充当防火墙（Firewall）:因为所有内部网的用户通过代理服务器访问外界时,只映射为一个IP地址,所以外界不能直接访问到内部网;同时可以设置IP地址过滤,限制内部网对外部的访问权限。

（5）节省IP开销:代理服务器允许使用大量的伪IP地址,节约网上资源,即用代理服务器可以减少对IP地址的需求,对于使用局域网方式接入Internet,如果为局域网内的每一个用户都申请一个IP地址,其费用可想而知。但使用代理服务器后,只需代理服务器上有一个合法的IP地址,LAN内其他用户可以使用10.*.*.*这样的私有IP地址,这样可以节约大量的IP,降低网络的维护成本。

目前常用到的代理服务器软件有很多,例如wingate、winroute、ccproxy等。

总体来说,只要局域网内有一台机器能够上网,其他机器就可以通过这台机器上安装的代理服务器软件来代理共享上网,最大限度地减少硬件费用和上网费用。只需要在服务器上代理服务器软件里进行帐号设置,就可以方便地管理客户端代理上网的权限,在提高员工工作效率和企业信息安全管理方面充当了重要的角色。

2. 通过代理服务器浏览信息

这里仍旧以IE8.0为例。假设代理服务器IP地址为:192.168.0.2,子网掩码为:255.255.255.0,HTTP服务端口为80,本计算机所分配的IP地址为:192.168.0.11。下面具体说明如何配置网卡和IE浏览器,使其能够顺利通过指定的代理服务器上网。操作步骤如下。

（1）配置IP地址、子网掩码、网关及DNS。右击"网上邻居",选择"属性"命令,右击"本地连接",选择"属性"命令,出现如图9-18所示的对话框,选中"Internet协议（TCP/IP）"项,单击"属性"按钮,在出现的对话框中单击"使用下面的IP地址"并设置IP地址为:192.168.0.11,子网掩码为:255.255.255.0（网关和DNS无需配置）。单击"确定"按钮,即可完成设置。

图9-18 "本地连接 属性"对话框

（2）启动IE8.0。然后单击"工具"→"Internet选项"菜单,在"Internet选项"对话框中单击"连接"选项卡,如图9-19所示。

（3）单击"局域网设置"按钮,出现"局域网（LAN）设置"对话框,在"代理服务器"区域的"为LAN使用代理服务器"前打上"√",在"地址"标签后的文本框中填入192.168.0.2,在"端口"标签后的文本框中填入80,如图9-20所示。

(4)单击"确定"按钮后,再单击"确定"按钮,即完成配置。

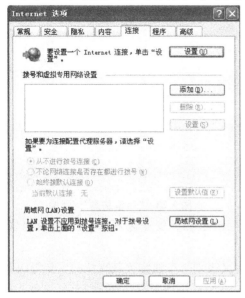

图 9-19 "连接"选项卡

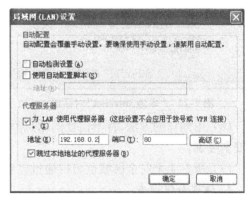

图 9-20 "局域网(LAN)设置"对话框

9.3.4 网络安全措施的设置

这里所说的网络安全设置,实际是指对 IE 访问区域的安全设置,此设置可以让你设定对被访问网站的信任程度。

1. 设置安全区域

IE8.0 包含了四个安全区域:Internet、本地 Internet、可信站点、受限站点。可以将 Web 页分类放入某个安全区域中。每个区域分别设置成低、中低、中、高 4 个安全级别,4 个安全级别的安全限制越高,浏览网页时实现的功能越少,可以根据需要进行设置。设置安全区域的操作步骤如下。

(1)在 IE 中,选择"工具"→"Internet 选项",打开"Internet 选项"对话框。

(2)打开"安全"选项卡,如图 9-21 所示。

(3)对话框中列出了 4 个安全区域及其各自的意义解释。单击"本地 Intranet"图标,可以看到系统默认将其设置为"安全级—中低",调整滑杆可以调整它的安全级别。

(4)单击"站点"按钮,可以在"本地 Intranet"对话框中定义哪些站点为本地 Intranet,如图 9-22 所示。

(5)单击"可信站点"图标,然后单击"站点"按钮,将认为"安全"的 Web 页添加到受信任的站点区域中,如图 9-23 所示。

图 9-21 "安全"选项卡

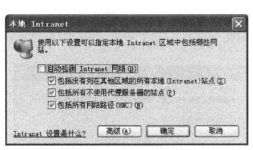
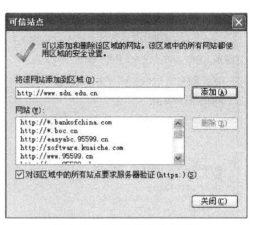

图9-22 "本地Intranet"对话框　　　　图9-23 "可信站点"对话框

(6) 用同样的方法,将不信任的站点添加到"受限站点"安全区域,并可以设置该区域的安全级别。

(7) 所有4个安全区域也可以通过设置自定义级别来单独修改其默认的安全等级。

2. 设置分级审查

使用分级审查功能,能够让IE对与暴力、裸体或性等有关的Web内容进行过滤,防止显示令人不愉快的内容,尤其对于未成年人接触因特网的场合非常有用。设置分级审查的操作步骤如下。

(1) 在IE中,选择"工具"→"Internet选项",打开"Internet选项"对话框。打开"内容"选项卡,如图9-24所示。

(2) 在如图9-24所示的对话框中,单击"内容审查程序"区域中的"启用"按钮,启用分级审查功能。打开"内容审查程序"对话框,如图9-25所示。

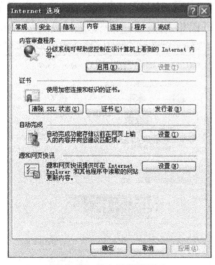

图9-24 "内容"选项卡　　　　图9-25 "内容审查程序"对话框

(3) 在"内容审查程序"对话框中,按照提示对各种级别的内容进行设置。选择完毕后单击"确定"按钮。

(4) 此时会弹出"创建监护人密码"对话框。在设置密码之后,分级审查功能将被启用。要改变或禁止该分级审查功能必须先输入监护人的密码才能进行。

3．设置安全证书

安全证书是一种在网上能证明文件、个人和机构真实身份的技术。例如，从 IE 上下载或运行程序时，IE 可以使用该技术核实程序身份。虽然这样并不能阻止某些进行蓄意破坏的程序下载到计算机上运行，但可以减少某些人通过伪造程序进行蓄意破坏的机会。

许多因特网站点均禁止未授权者查看发送到该站点或由该站点发出的信息，这类站点称为"安全"站点。访问这类站点时，会自动发送安全证书，而 IE 将在状态栏上显示一个锁形图标。查看安全证书的操作步骤如下。

（1）打开"Internet 选项"对话框，切换到"内容"选项卡。

（2）在"证书"选项组中，单击"证书"或"发行者"按钮，打开"证书"对话框，如图 9-26 所示。

图 9-26 "证书"对话框

（3）单击对话框中的标签以查看信任的各类最新证书列表。这些安全证书由独立的证书发行机构发布，每种证书可提供不同级别的可信度。可以从证书发行机构获得个人安全证书。

9.3.5 IE 浏览器的其他设置

除了上面的设置外，IE8.0 浏览器还有一些其他常用项目的设置，主要有以下几项。

1．设置历史记录保存天数及删除历史记录

通过历史记录，用户可以快速访问已经浏览过的网页。用户可以指定网页保存在历史记录中的天数，也可以清楚历史记录。操作步骤如下。

（1）打开"Internet 选项"对话框。

（2）在"常规"选项卡"浏览历史记录"栏中单击"设置"按钮，在弹出的"Internet 临时文件和历史记录设置"对话框中，"历史记录"栏中的"网页保存在历史记录中的天数"文本框中输入要保留的天数，如图 9-27 所示。

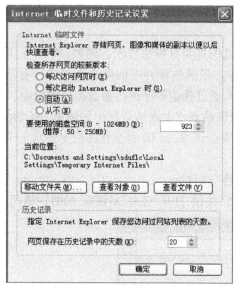

图 9-27 设置历史记录的保留天数

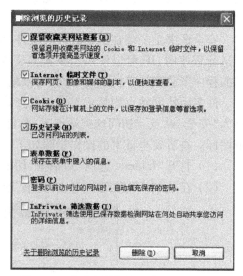

图 9-28 "删除浏览的历史记录"对话框

(3) 在"常规"选项卡"浏览历史记录"栏中单击"删除"按钮,在弹出的"删除浏览的历史记录"对话框中,可根据具体需要,勾选所需删除的内容,单击"删除"按钮完成操作,如图 9-28 所示。

2. 快速显示要访问的网页

用户在初次访问某个网页时,最关心的是有没有自己需要的信息,常常希望能快速显示该网页,也就是只显示文字,暂时屏蔽掉图片、声音、动画等多媒体对象。对此,可以由用户自行设置。操作步骤如下。

(1) 打开"Internet 选项"对话框。

(2) 单击"高级"选项卡,在"多媒体"区域,清除"显示图片"、"在网页中播放动画"、"在网页中播放声音"等全部或部分复选框,如图 9-29 所示。

(3) 单击"确定"按钮,完成设置。

3. 设置与浏览器协同工作的程序

在默认情况下,单击 IE 浏览器的"工具"→"邮件和新闻"→"阅读邮件"命令,系统自动打开 Outlook Express 来阅读电子邮件。Outlook Express 就是与 Internet Explorer 浏览器协同工作的程序之一。用户可以根据需要来设置与 IE 浏览器协同工作的程序。

下面以设置 Windows Live Hotmail 与 IE 协同工作的电子邮件管理程序为例,说明与 IE 浏览器协同工作的程序的设置方法。操作步骤如下。

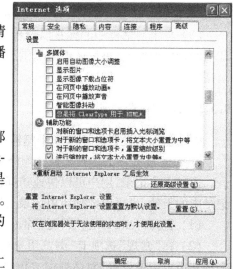

图 9-29 清除某些多媒体选项

(1) 打开"Internet 选项"对话框,切换到"程序"选项卡。

(2) 打开"电子邮件"右边的下拉列表框,选择 Windows Live Hotmail,如图 9-30 所示。

（3）单击"确定"按钮即可完成设置。

图 9-30　设置与浏览器协同工作的程序

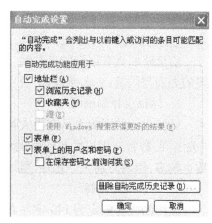

图 9-31　"自动完成设置"对话框

4．限制"自动完成"功能的设置

当用户在因特网上申请成为某网站的用户时，系统会在第一次输入完用户名和密码后弹出一个对话框，询问是否愿意保存密码，选"是"则只输入用户名而不必输入密码（密码输入由 IE 的自动完成功能提供）。表面上看，这对操作者非常方便，但其实存在一定的安全漏洞，即非用户一旦输入了用户名的首字母，IE 的自动完成就会让其无需输入密码而拥有进入权限。所以必要时我们需要限制"自动完成"功能的实现。

设置 IE 自动完成功能的操作步骤如下。

（1）打开"Internet 选项"对话框，选择"内容"选项卡。

（2）在对话框的"自动完成"区域，单击"设置"按钮。

（3）在如图 9-31 所示的"自动完成设置"对话框中可设置自动完成的功能范围："地址栏"、"表单"、"表单上的用户名和密码"。

（4）根据需要，通过图 9-31 中的"删除自动完成历史记录"按钮来去掉自动完成保留下来的密码。

9.4　微博在办公中的应用

9.4.1　微博的概念

微博，即微博客（MicroBlog）的简称，是一种通过关注机制分享简短实时信息的广播式的社交网络平台，用户可以通过 Web、WAP 及各种客户端组件个人社区，以 140 字左右的文字更新信息，并实现即时分享。2009 年 8 月份新浪网推出"新浪微博"，成为第一家提供微博服务的网站,从此微博正式进入中文上网主流人群的视野。

9.4.2 微博的特点

微博客草根性更强,且广泛分布在桌面、浏览器、移动终端等多个平台上,有多种商业模式并存,或形成多个垂直细分领域的可能,但无论哪种商业模式,都离不开用户体验的特性和基本功能。

1. 信息获取自主性

信息获取具有很强的自主性、选择性,用户可以根据自己的兴趣偏好,依据对方发布内容的类别与质量,来选择是否"关注"某用户,并可以对所有"关注"的用户群进行分类。

2. 弹性宣传影响力

微博宣传的影响力具有很大弹性,与内容质量高度相关。其影响力基于用户现有的被"关注"的数量。用户发布信息的吸引力、新闻性越强,对该用户感兴趣、关注该用户的人数也越多,影响力越大。此外,微博平台本身的认证及推荐也有助于增加被"关注"的数量。

3. 内容短小精悍

微博的内容限定为140字左右,内容简短,不需长篇大论,门槛较低。

4. 信息共享便捷迅速

可以通过各种连接网络的平台,在任何时间、任何地点即时发布信息,其信息发布速度超过传统纸媒及网络媒体。

9.4.3 微博在电子政务中的运用

由于微博存在着简单性、草根性、经济性、交互性、即时性等几大特点,短短时间它便成为用户增长迅速的一种新兴网络交互平台,并且成为了网络舆情的一种有效方式。随着它的影响力日渐增强,用户日渐增多,它在社会公众中的信息传播和舆论监督效应凸显,许多政府机构和组织也纷纷开设微博,将它看做政民互动和网络问政的重要窗口和手段。总的来说,微博在信息公开、微博问政和改进政府行政管理能力方面有着特殊的作用。

1. 信息公开的舞台

微博具有的传播特点使其越来越成为普通民众所关注的信息传送方式,这也使得微博成为政府信息公开,提高政府工作透明度的工具。据不完全统计,仅在人民微博、新浪微博和腾讯微博三大微博平台上,具备一定粉丝规模且信息发布频率较高的活跃党政机构微博就已经有400多个,其中公安微博所占比例最高、服务性最强,党政机关和交通部门的微博已成为社会亮点。从实际使用来看,"政务微博"效果显著。比如,在"3.11"日本大地震后,一些地方流言四起,并一度出现"抢盐潮",相关部门及时利用微博澄清了谣言,使得民众得以在最短时间内得到权威信息。

2. 问政的利器

微博具有的简洁、快速和互动的传播优势,使之毫无疑问地成为网络问政的利器。"微博问政"是网络问政的一种表现形式,即指不按传统的亲临现场方式,而是通过网络工具,运用网络技术进行参政、处理政务等活动。"微博问政"的优势突出表现在以下三点:一是打破时空界限,网友可以24小时参与;二是打破教育水平限制,无论学历高低都可参与问政;三是突破参与路径,可以通过手机、电脑等媒介随时参与。

3. 助力政府提高行政管理能力

广大网民对公共事务的持续关注和参与程度的逐步加深推动了"微博问政"发展和完善的速度和深度。这就要求政府不断切实提升自身的行政管理能力,以确保政民网络沟通的顺畅。

另外,微博对电子政务的影响还表现在微博公文的处理上。2011年4月20日,海宁司法局在信息公开网站上发布了《关于启用微博公文的通知》,从而成为全国第一个启用微博公文的政府机关。可以说,微博公文的出现不仅促进了政府与公民间电子政务的发展,也提升了政府及其工作人员的电子政务水平。

9.4.4 微博在企业传播中的运用

随着微博的不断发展,它已经逐渐步入了商业化时代,除了个人信息的分享外,企业也纷纷借助微博的力量开始了企业营销、公关塑造及其对话客户等一系列商业活动。

1. 企业营销

微博是适用于任何时间、任何场所的全天候服务工具,企业所做的,只需实时地将产品最新的信息放在微博上,那么对其感兴趣的顾客就会搜索到该信息,从而完成一系列的沟通服务。2009年的圣诞节促销活动,凡客诚品 VANCL 第一时间在微博发布。以新浪的微博平台作为营销平台,每天积极地与客户互动,倾听网友的意见和建议,并针对微博用户进行了专门的促销。对企业来说,表面上简化了整个营销过程,但是企业站在一线与客户直接交流,他们能得到的信息看似虽然微小,但是由于其更快的交流运转速度,客户真实的所需,客户真实的所想,都会在第一时间传达至总部,从而更好地使得企业针对客户状态,即时调整整个企业的营销战略。

2. 公关塑造

公关的重要性,近年来已慢慢被我国的企业所认识。只是市场化以来,我国许许多多的品牌因为缺乏危机公关处理能力而销声匿迹。当企业出现公关危机时,通过媒体的力量解决危机不失为一种有效的方式。作为地产知名企业,SOHO 在中国一直具有不错的品牌美誉度。但在 2009 年底却陷入一系列的诚信危机中。11月,经有关媒体报道称,"SOHO中国旗下建外 SOHO 项目,因拖欠电、水等多项费用,导致出现停暖、停热水等后果"。而 SOHO 董事长潘石屹却在第一时间用微博叫停,澄清整个事件,使得这次公关危机圆满解决。如此善用微博的特性来为企业公关服务,由此也可以看出"微博力"的强大。

3. 品牌建立

无论是对企业还是个人来说,品牌终究意味着很多事情,品牌是否能成功地建立,在一定程度上,关系到企业的生死存亡。在这个时代,类似于苹果这样的企业实在是少得可怜,大部分的企业仍旧需要通过一些社会媒体性活动脱颖而出,从而战胜同类竞争企业。品牌不会和消费者沟通,和消费者沟通的永远是人。而这些人,在微博上,被称为"推客"。现实商业活动中,品牌的建设多半是由营销及其一线工作人员构建,但是在微博中,充当发言人的推客就是品牌唯一代言人。毫无疑问,线上力量的强大是简单数字无法概括的。相对于现实商业活动,推客在线上的权威性、传播速度及其持续影响力都值得任何一个企业好好研究。

4. 在线交流

企业与消费者的及时交流,一直以来都显得有些滞后。而企业与消费者确实期望能够及时沟通。企业总是想要知道消费者需要什么,产品哪里出了问题,而消费者却想要告诉企业我们还想要什么,产品哪里出现了问题。一直以来,免费热线电话和官方留言扮演着这样的沟通角色。但是在这样一个快节奏的信息时代,显然不是明智之举。善用微博,的确能给企业和消费者之间搭建很好的沟通平台。

9.4.5 微博的申请与使用

(1) 微博的申请

这里以新浪博客为例,介绍一下博客的申请与使用。具体操作步骤如下。

① 通过新浪首页点击新浪微博链接。

② 在微博首页(http://weibo.com)注册微博,如图 9-32 所示。

图 9-32 新浪微博首页

③ 设置相关资料:昵称、所在地等。

④ 将微博地址发给你的朋友,让他们成为你的粉丝,让他们"关注"你。这样你发的每条微博将同时出现在他们的微博首页里。

⑤ "关注"你的朋友,成为他的粉丝,这样他们发的每条微博将出现在你的微博首页里。

⑥ 进入自己的微博主页,发布微博或图片。点击"我的首页",在空白位置即可输入你的微博(140 字)或分享你的图片。

⑦ 高级应用:开通手机发布。你就可以随时用手机发微博、看微博了。在图 9-33 中单击"绑定手机"。

在弹出界面中填写手机号码,并根据提示使用手机发送验证码到指定号码,如图 9-33 所示。

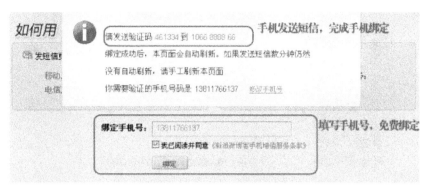

图 9-33　微博与手机绑定

微博短信通知已成功绑定手机,在你的首页也可看到,如图 9-34 所示。

图 9-34　微博已成功绑定手机

(2) 微博新功能

① 私信功能。只要对方是你的粉丝,你就可以发私信给他(或者她),如图 9-35 所示,单击"发私信"按钮。

图 9-35　使用私信功能

比如,"楼市小道消息"是我的粉丝,我要给他发私信,可在图 9-36 中的"内容"框中输入要发送的内容后,单击"发送"按钮。

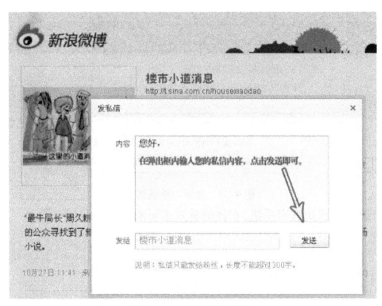

图 9-36 如何输入私信

要查看往来私信,可先回到"我的首页",在右侧列表中单击"我的私信",如图 9-37 所示,即可打开"我的私信"页面。

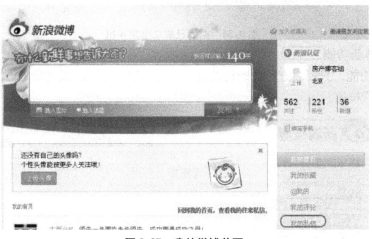

图 9-37 我的微博首页

② @功能。当你发布"@昵称"的信息时,在这里的意思是"向某某人说",对方能看到你说的话,并能够回复,实现一对一的沟通;发布的信息中"@昵称"这个字眼,可以直接点击到这个人的页面,方便大家认识更多朋友。

只要在微博用户昵称前加上一个@,然后"按空格"再输入你要对他(或她)说的话,对方就能看到了。一定要注意,"@昵称"后一定要加一个空格,否则系统会把后面的话认为也是昵称的一部分。如图 9-38 所示。

图 9-38　微博的@功能

查看"谁@我了":回到"我的首页",在右侧列表中即可看到,单击"我",如图 9-39 所示。

图 9-39　查看谁@我

③ 绑定 MSN。选择页面最上方导航中的"设置",开始绑定 MSN,如图 9-40 所示。

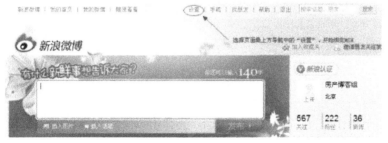

图 9-40　"设置"界面

进入"绑定 IM"页,如图 9-41 所示。

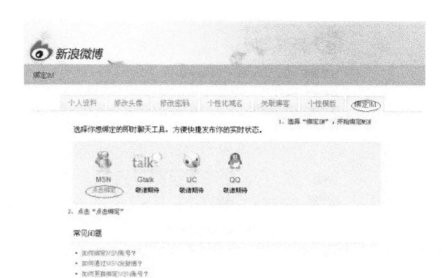

图 9-41 绑定 IM 页面

在浮出的输入框里填写 MSN 帐号,并按需要选择接收选项,最后点击"确定"按钮,如图 9-42 所示。

图 9-42 绑定聊天工具

当完成以上操作后,在 MSN 登录状态下,会弹出以下增加新联系人窗口,需给新浪微博小助手选择一个组,然后点击"确定"按钮。

复制下面的验证码,在 MSN 上发送给新浪微博小助手。当新浪微博小助手返回消息"验证成功!输入/help 可以查看帮助",即表示 MSN 账户已成功绑定。

根据自身需求,选择微博小助手的接收内容。

习题 9

一、上机操作题

1. 上网浏览自己学校的网站,并练习如下操作:
   (1) 将学校网站设为默认主页。
   (2) 将所浏览的某一网页添加到收藏夹。
   (3) 熟练掌握"后退"、"前进"及"刷新"等功能的操作。
   (4) 练习网页的保存操作。
   (5) 练习网页的打印操作。
2. 在网络上搜索可用的代理服务器地址,并通过该代理服务器浏览网络资源。
3. 尝试自己注册一个微博帐户,并登陆该帐户发布自己的第一条微博。

二、思考题

1. 分别叙述 Internet、Intranet 和 Extranet 的含义。
2. 企业接入 Internet 的方式主要有哪些?
3. Internet 在现代办公中的应用主要有哪些?
4. 网页打印的方法有哪些?打印前的预处理工作主要包括哪些?
5. 微博在现代办公中的优势有哪些?

第10章 办公中的网络视频会议及其实现

10.1 网络视频会议简介

在现在的社会中,由于生产的社会化及国际间的贸易越来越广泛,大型的乃至跨国的企业越来越多,开展业务的地域也越来越广,整个公司分布于不同城市及国家的情况越来越多,这就在客观上提高了企业在不同的地点员工之间交流的成本。而传统的集中在某一地点开会讨论的交流方式由于反应速度慢、成本高而被企业难以接受。这样,一种新的快捷方便的开会方式就成了绝大多数公司的需要,电话会议、网络会议、视频会议纷纷应运而生,解决了远距离开会的需要。在众多解决方案中,网络视频会议以其低成本、高效率而逐渐成为大多数企业的首选。针对这种情况,许多 IT 公司纷纷介入网络视频会议系统的开发,网络视频会议系统在符合 IP 协议的不同网络上运行多点视频交互平台,为个人、企业提供了更加灵活方便的视频交流,可应用于远程会议、远程教育和面对面的电子商务。

10.1.1 网络视频会议的概念

网络视频会议实质上是多媒体计算机技术与通信技术相结合的产物。它通过多媒体技术和网络通信技术的支持,为不同地域的人们提供了类似于面对面的交流方式,为身处异地的人们提供了一个相互讨论问题并可协同工作的环境,它集计算机的交互性、通信的分布性及电视的真实性为一体,具有明显的优越性。

网络视频会议系统是一种可多人与多人沟通的软件系统。企业通过此系统可以实现一对一或多对多的视频交流,也就是说不但可以和多个人进行语音交流,而且可以让大家通过电脑屏幕看到彼此,并且可以利用此系统实现图文演示、声音演示、网页浏览等功能,而这些都可以让大家共同看到。目前,视频、音频和数据相结合的多媒体通信技术已经发展成为信息时代的一种全新信息传递和交流方式,并保持着强劲的发展势头。

10.1.2 网络视频会议的典型应用

网络视频会议系统可以运行在局域网、广域网、因特网和卫星网上,不受地域限制,满足从几十人的小规模企业至上万人的跨国公司的需要,它免除了不必要的交通费用,节省了会议开支,缩短了与会时间,极大地降低了管理成本,提高了工作效率,是目前现代决策和信息交流必不可少的工具。随着网络速度的不断加快,网络视频会议系统将在一些政府机关、大型集团公司、跨国企业得以充分的运用。

目前网络视频会议系统典型的应用领域有如下几处。

（1）政府行政会议。各级行政机关通过召开网络视频会议,不但节省大量的差旅费用,而且节省时间,提高工作效率。

（2）远程教育应用。教育或培训机构通过网络视频会议进行教学,可以很好地实现教育资源共享,增加各地学生接受平等教育的机会,减轻教学负担。

（3）远程协同办公。企事业单位通过网络视频会议进行远程协同办公,可以加强团体之间的合作能力,提高工作效率,降低不必要的开销。

（4）远程医疗。医疗机构通过网络视频方式进行远程会诊、远程治疗,可以缩短治疗时间,使偏远地区也能接受到良好的医疗技术。

（5）商业会议。大规模的企业或集团公司通过召开远程网络视频会议,可以降低开销,节省时间,缩短处理紧急事务的时间,从而消除企业间沟通上的距离障碍。

（6）个人应用。利用网络视频会议系统,人们无须拨打长途电话便可以与远方的亲人、朋友联系。

10.1.3　网络视频会议的优势分析

网络视频会议主要满足用户远距离相互交流的需要,通过合理利用,它可以达到以下几个目的,从而可以给单位带来直接或间接的经济效益。

（1）节省大量的差旅费用,降低企业成本。

（2）减少在旅途中的时间,提高工作效率。

（3）提高企业与客户、供应商之间的沟通和协作。

（4）提高企业对市场的响应速度。

（5）缩短上层领导的决策周期。

（6）随时可以召集、举行会议或培训。

（7）可以远程交换数据,核对账目、协同审批文件。

（8）外部人员也可以通过互联网参与公司的会议。

10.1.4　网络视频会议的性能要求

为了达到以上目的,视频会议系统在功能和性能上必须具备以下特点。

（1）能够实现音视频交互。

（2）有良好的带宽处理机制,有强大的网速的适应能力。

（3）支持并跨越多种网络环境。

（4）支持文档共享、电子白板、网页同步等多种文本交互手段。

（5）支持屏幕广播、程序共享等多种协同办公的功能。

（6）针对不同的用户群体、用户数量,有相对应的会议机制。

（7）能同时支持多个会议通道,保障各会议通道的相对独立和信息安全性。

（8）能进行远程的 Web 方式管理、组织会议,会议授权简单、方便。

(9) 有较强的控制能力,能够把不遵守纪律的会议成员请出会议室。

(10) 有丰富的辅助功能,保证在突发情况下视频会议能正常进行。

(11) 能实现无延迟的音视频传输,保证音视频的同步性。

(12) 能进行会议录制,把会议信息完全记录下来。

(13) 有良好的扩展功能,支持服务器集群、分发式服务器和二级服务器。

10.1.5 网络视频会议系统的组成结构

一个网络视频系统主要由三大部分组成:一个会议控制中心,接入因特网的多个办公局域网,若干个通过有线或无线方式接入因特网或办公局域网的用户终端。

10.2 NetMeeting 软件及其功能

NetMeeting 是 Windows 系统自带的网上聊天软件,意为"网上会面"。NetMeeting 除了能够发送文字信息聊天之外,还可以配置麦克风、摄像头等仪器,进行语音、视频聊天。虽然,国外的 ICQ 和国内的 QQ 等聊天软件已经风行起来,并且拥有 QQ 秀、形象及各种增值服务等功能,但是因为太花哨,NetMeeting 依然占有一席之位。因为 NetMeeting 是通过计算机的 IP 帐号来查找,所以,只需知道计算机的 IP 地址就能够与另外的计算机聊天。它仍然是目前常用的一种通信质量较好、功能较完善的会议程序,利用它可以轻松实现网络视频会议。

NetMeeting 拥有很强大的功能,它可以说是最早实现网络视频聊天、会议的即时通讯软件之一,只要配备麦克风、摄像头这样简单的道具,就可以真正实现足不出户。

它另外的一个功能就是可以和其他人共享操作彼此屏幕上的电子白板,和其他人一起协同完成演示文稿、表格统计等协同办公内容,这对于 SOHO 一族很重要。

总结起来,NetMeeting 共有以下四大功能。

(1) 聊天:文字、语音、视频统统都可以。

(2) 白板:可以和朋友共享一块黑板一起画图,一起完成演示文稿,一起进行表格统计等。

(3) 文件传递:特别是比较大的文件,用这个直接传递,避免邮箱因容量不足而拒绝接收,非常方便。

(4) 共享桌面、共享程序:如果对一些计算机功能不了解,可以请高手指导操作,并且是直接通过网络在线进行指导,既快捷又高效。

基于以上几点,学会使用 NetMeeting,会令学习工作事半功倍。

10.3 利用 NetMeeting 实现网络视频会议

本节以 NetMeeting 为例,介绍网络会议的实现方法,从而学会如何利用 NetMeeting 进行网络会议的召开。

10.3.1 利用 NetMeeting 实现网络视频会议的工作流程

利用 NetMeeting 实现网络视频会议时,首先需要对会议主持人使用的 NetMeeting 服务器和与会人员使用的 NetMeeting 客户端进行设置;设置完成后,主持人通过 E-mail 方式通知相关人员在指定的时间登录指定的服务器地址,然后就可以召开网络视频会议。在会议举行中间,与会人员可以进行语音聊天、共享文档、发送信息、观看演示文档及通过共享的白板用画图形式进行交流。

10.3.2 NetMeeting 服务器的设置

在利用 NetMeeting 实现网络视频会议时,可以使用微软公司另一个产品 ILS(Internet Locator Server,因特网定位服务器)来构建 NetMeeting 的服务器。

服务器构建好后,所有 NetMeeting 客户都可以登录到这个服务器上,客户名称均可在服务器的列表中显示,这样便于选择交流者,因而不需要记住每个客户的 IP 地址或计算机名称。

ILS 运行于 Windows NT/2000 环境下,对于 Windows NT Server 4.0 需要到微软的站点上下载 ILS 软件;而对于 Windows 2000,ILS 是它的一个组件,只需要进行简单的安装就行。

本节以 Windows 2000 为例,服务器端使用 Windows 2000 系统自带的网络电话服务器端软件 ILS,客户端使用 Windows XP 系统自带的网络电话客户端软件 Microsoft NetMeeting。

构建 NetMeeting 服务器的操作步骤如下。

(1) 依次选择"开始"→"设置"→"控制面板",打开"控制面板"窗口,双击"添加或删除程序",单击"添加/删除 Windows 组件"命令,弹出如图 10-1 所示的"组件"列表。

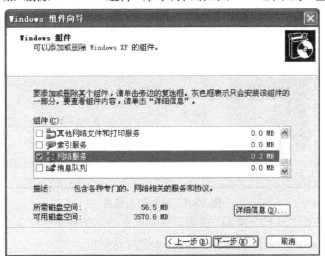

图 10-1 在"组件"列表中选取"网络服务"项目

(2) 在图 10-1 所示的"组件"列表中,单击选中"网络服务"项目。

(3) 单击"详细信息"按钮,弹出"网络服务"对话框,在"网络服务的子组件"列表中,选中"Site Server ILS 服务"复选框,如图 10-2 所示。

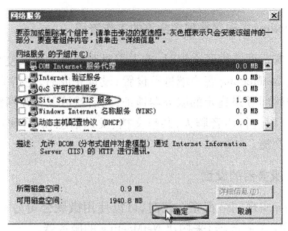

图 10-2 "网络服务"对话框

(4) 单击"确定"按钮,系统要求插入 Windows 2000 Server 安装盘,在光驱中插入 Windows 2000 Server 安装盘后单击"确定"按钮,开始配置组件。配置完成后单击"完成"按钮,即完成 NetMeeting 服务器的构建。

10.3.3　NetMeeting 客户端的设置

下面以 Windows XP 为例,介绍 NetMeeting 客户端的安装与设置。操作步骤如下。

(1) 在 XP 系统里,附件中没有 NetMeeting,依据以下地址找到 NetMeeting:C:\Program Files\NetMeeting。双击运行"conf.exe",打开 NetMeeting 设置对话框,如图 10-3 所示。

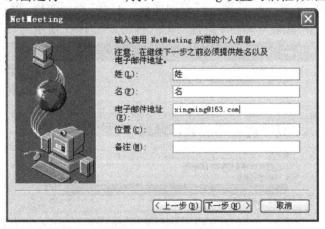

图 10-3　输入个人信息

还可以通过单击"开始"菜单,选择"运行"命令,在打开的"运行"对话框中键入"conf",然后单击"确定"按钮,打开 NetMeeting 设置对话框。

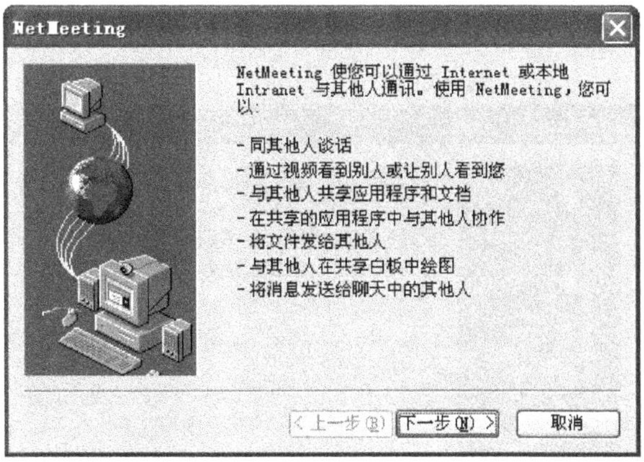

图 10-4 NetMeeting 设置对话框

（2）单击"下一步"按钮，如图 10-4 所示。按照要求输入姓名、电子邮件地址（必需）等信息，对于输入的任何信息，都会显示在你所登陆的目录服务器上。输完后单击"下一步"按钮，进入如图 10-5 所示的对话框。

（3）选择你所使用的目录服务器，此处是用默认的服务器。如果要使用其他的服务器，就输入你所使用的目录服务器地址。目录服务器下面的选择框可以选择是否在目录服务器中，列出自己的名字。单击"下一步"按钮，进入如图 10-6 所示的对话框。

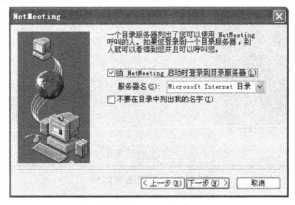

图 10-5 选择目录服务器

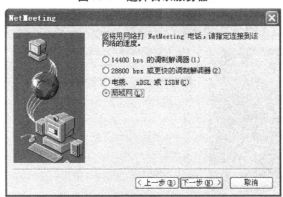

图 10-6 选择网络连接方式

（4）这一步需要根据自己的实际情况，选择网络连接的方式，此处选择的是局域网。

对于多数使用调制解调器上网的用户,应该选择第二项,单击"下一步"按钮,进入如图10-7所示的对话框。

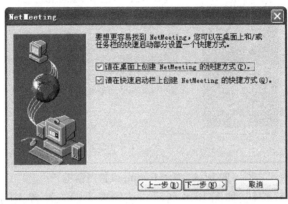

图10-7 是否创建快捷方式

(5)选择是否在桌面和启动栏创建快捷方式。如果不想创建快捷方式,单击对应的方框将对勾去掉。单击"下一步"按钮,进入如图10-8所示的对话框。

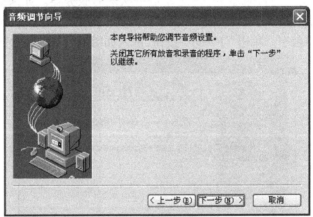

图10-8 音频调节向导

(6)确认已经关掉了其他所有的放音和录音的程序后,单击"下一步"按钮,进入如图10-9所示的对话框。

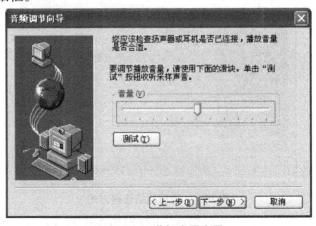

图10-9 调节扬声器音量

（7）调节扬声器的音量,使用划块来调节音量的大小,单击"测试"按钮可以试听音量是否合适。调节好之后,单击"下一步"按钮,进入如图 10-10 所示的对话框。

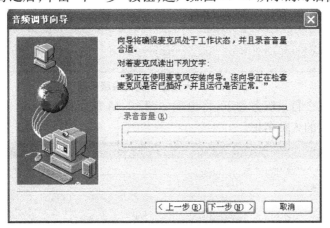

图 10-10　调节麦克风音量

（8）可以对着麦克风说几句话,如果不满意,用下面的滑块调节麦克风的音量,调整满意后,单击"下一步"对话框,进入如图 10-11 所示的对话框。

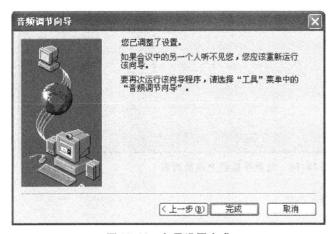

图 10-11　向导设置完成

图 10-12　NetMeeting 主窗口

（9）出现上图所示的画面,表明设置已完成。单击"完成"按钮,就会正式启动 NetMeeting。最后会出现如图 10-12 所示的主窗口,设置完成。

在图 10-12 右上方竖排的三个按钮分别用来"进行呼叫"、"结束呼叫"、"在目录中找到某人"。下方的四个按钮用来"共享程序"、"白板"、"聊天"、"传送文件"。

如果设置了"当 NetMeeting 启动时登录到目录服务器"的话,NetMeeting 一启动就可检测到服务器是否可用,并在无用户介入的情况下自动从后台登录 NetMeeting。单击右上方第三个按钮,就可以显示当前登录到该目录服务器上的人员列表。

如果没有设置"当 NetMeeting 启动时登录到目录服务器"的话,就会出现如图 10-13 所示的对话框。

图 10-13　无法登录到目录服务器

如果登录到某个目录服务器下,将出现如图 10-14 所示的对话框,里面列举了所有参加本服务器下会议的人员名单。

图 10-14　目录服务器上成员列表

10.3.4　NetMeeting 的基本操作

1. 呼叫概述

可以用如下方法发出 NetMeeting 呼叫。

(1) 直接。NetMeeting 直接连接到 Internet 目录服务器或其他计算机。要发送呼叫,既可以选择登录到服务器上的某人,也可以通过键入计算机名或地址来呼叫另一台计算机。

(2) 使用网关。NetMeeting 可以使用网络上的网关来连接到电话或视频会议系统。

(3) 使用网关守卫。NetMeeting 使用网络上某台计算机来帮助查找并连接到其他人、计算机和网关。网关守卫控制对网络的访问,允许或拒绝呼叫并控制带宽。它们同时帮助进行地址解析,将电子邮件地址转换为正确的网络地址。

(4) 将电话呼叫转接到 NetMeeting。电话呼叫可以被转接到 NetMeeting、提供音频和视频能力。呼叫被转接以后，只有音频和视频功能可用。NetMeeting 的数据会议功能，例如聊天、白板、程序共享不可用。

2．呼叫步骤

（1）打开 NetMeeting 主窗口，选择"呼叫"→"新呼叫"命令，如图 10-15 所示。

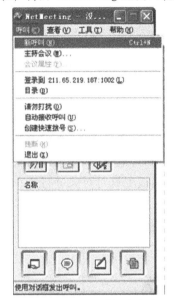

图 10-15　"呼叫"操作方式

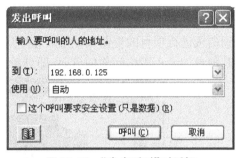

图 10-16　"发出呼叫"对话框

（2）弹出"发出呼叫"对话框，在"到"栏内键入 IP 地址呼叫，如图 10-16 所示。

（3）单击"呼叫"按钮，等待呼叫响应，如图 10-17 所示。

图 10-17　等待呼叫相应

（4）被呼叫的一方，在 NetMeeting 打开的情况下，将跳出如图 10-18 所示的对话框。

图 10-18　被呼叫方接收呼叫

（5）单击"接受"按钮，加入呼叫人一方的 NetMeeting 会议，选择"忽略"，拒绝建立通话。如图 10-19 所示，在"名称"列表中，将看到加入会议的所有人。

3．聊天功能

使用"聊天"，会议参加者可以同时进行相互交谈。由于只有两个人能进行音频或视频连接，所以聊天在分组会议中很有用，因为每个人都能加入。当有人向你发送聊天消息时，消息将显示在如图 10-20 所示的"聊天"窗口中。

图 10-19　NetMeeting 名称栏

利用聊天形式发送信息,具体操作步骤如下。

(1) 单击"聊天"按钮,打开"聊天"窗口。

(2) 在"消息"中键入要发送的消息,然后执行下列操作之一:要将消息发送给每个人,单击"发送给"中的"聊天中的每个人";如果只将消息发送给一个人,单击"发送给"中的人名。

(3) 单击"发送消息"按钮或按回车键即可发送消息。

4. 白板功能

如图 10-21 所示,白板允许会议中的每个人同时绘制图形并键入文本。可以添加白板页、画图形、键入文本及使用荧光笔或远程指示器强调某个项目。可以在白板和其他程序之间,或从窗口和桌面区域到白板进行项目的复制和粘贴。粘贴后,可以使用白板工具对对象进行进一步图解说明。其他参加者不用访问你的桌面,即可看到你的工作。

图 10-20 "聊天"窗口

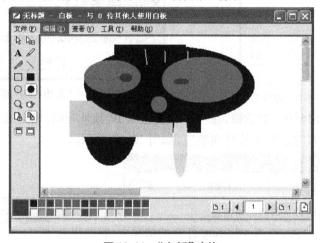

图 10-21 "白板"功能

5. 共享程序

共享程序允许会议参加者同时查看和使用文件。只有打开文件的人需要在其计算机上安装程序,其他参加者可以在没有程序的情况下处理文档。

在同一时刻只能有一人控制共享程序。如果"可控制的"显示在共享程序窗口的标题栏内,说明共享该程序的人拥有控制权并允许其他人在该程序中工作。如果鼠标指针有一个带大写字母的对话框,则说明另一个会议参加者控制着该程序。

所有会议参加者都可以在开会期间共享程序。每个参加者的共享程序显示在其他参加者桌面的一个独立共享程序窗口内。

设置共享程序的操作步骤如下。

(1) 单击"共享程序"按钮,打开"共享"窗口,如图 10-22 所示。

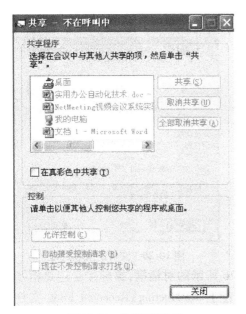

图 10-22 "共享"窗口

图 10-23 "文件传送"窗口

(2) 在"共享"窗口单击要共享的程序名称。

(3) 单击"共享"按钮,即可将程序设置为共享。要共享计算机桌面,单击"共享"窗口中的"桌面",单击"共享"即可。

6．传送文件

进行网络会议时,还需要有文件传送功能,利用 NetMeeting 与会人员之间可以相互传送文件。具体操作步骤如下。

(1) 单击"传送文件"图标,跳出如图 10-23 所示窗口。

(2) 单击"添加"图标,选择要传送的文件,如图 10-24 所示。

图 10-24 添加要传送的文件

(3) 添加文件完毕,单击想向其发送文件的人的姓名,或单击"全部"将文件发送给会议中的每个人。文件的传送速度随着文件的大小变化,传送过程如图 10-25 所示。

图 10-25 文件的传送过程

图 10-26 文件的接收过程

(4) 在对方传送文件过来的时候,会有如图 10-26 所示的对话框,提醒接受还是拒接传来文件。在默认情况下,接受的文件将保存在硬盘上 NetMeeting\Received Files 文件夹里。

7. 连接视频

可以使用 NetMeeting 为其他会议参加者发送自己或所讨论项目的视频图像。要发送视频图像,需要有视频捕获卡和照相机,或支持 Windows 视频的照相机。即使没有视频设备,也可以接收和查看视频图像。虽然会议中可能有多个人,但可以只同一个人交换视频图像。

首先需要调整视频设置,在"工具"菜单上,单击"选项",打开"选项"对话框,在"视频"选项卡上,进行所需更改。要更改视频照相机属性,请单击"来源"按钮。只有在查看视频图像时,才可以使用"来源"按钮,如图 10-27 所示。

图 10-27 "视频"选项卡

使用视频功能具体操作步骤如下。

（1）发送视频

安装好摄像头之后，单击"开始视频"按钮。也可以通过单击"工具"菜单，指向"视频"，然后单击"发送"来发送视频。启动视频后，按钮变为"停止视频"。要停止视频，请单击"停止视频"按钮，如图 10-28 所示。

（2）接收视频

指向"工具"菜单上的"视频"，然后单击"接收"。或者单击"工具"→"选项"命令，单击"视频"选项卡，选中"在每次呼叫开始时自动发送视频"复选框，就可以自动接受视频了。虽然一个会议中可能有几个人，但可以只跟一个人交换视频。

图 10-28　发送视频

（3）查看正在发送的视频图像

单击"画中画"按钮，正在发送的图像将显示在主视频窗口内的小视频窗口中，如图 10-29 所示。

当双方都有视频时，在大窗口中可以看到对方，画中画看到自己，如图 10-30 所示。

图 10-29　"画中画"功能

图 10-30　双方视频时的"画中画"功能

如果在呼叫前查看视频图像，NetMeeting 将在连接好时发送图像。如果想在自己的视频窗口中查看准备发送的图像，单击"查看"菜单中的"我的视频"，如图 10-31 所示。

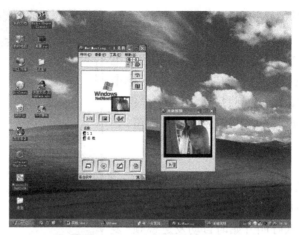

图 10-31　呼叫前查看视频图像

这样就是一个视频会议的完整进行过程，也可以开始就从"呼叫"菜单中单击"主持会议"命令，开始一个会议，然后再让加入会议的人员进行连接，如图 10-32 所示。

图 10-32　开始会议的方法

再在跳出的对话框中设定要发起的会议的一些限制参数，如图 10-33 所示。

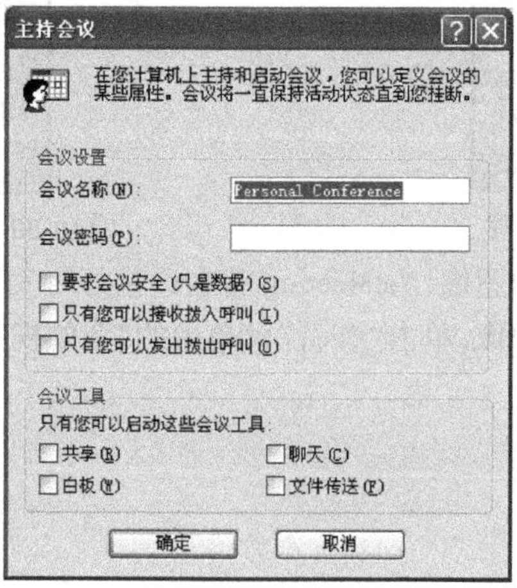

图 10-33　设置会议参数

习题 10

一、上机操作题

1. 熟悉 NetMeeting 软件的安装与服务器、客户端的设置方法。
2. 熟悉 NetMeeting 软件的基本操作内容。
3. 在办公局域网内召开一次网络视频会议。

二、思考题

1. 什么是网络视频会议？它有哪些使用优势？目前其主要有哪些应用领域？
2. NetMeeting 主要有哪些功能？对硬件有什么要求？
3. 搜索网络资源，找寻有哪些与 NetMeeting 功能类似的软件，并与 NetMeeting 相比较，了解其应用中存在的优缺点。

第11章 办公自动化设备的使用与维护

办公自动化设备是指在办公过程中所使用的各种仪器设备,通俗地讲,只要是办公过程中使用的仪器设备,都属于办公自动化设备。

常用的办公自动化设备包括多功能一体机、扫描仪、打印机、传真机、数码相机、多媒体投影机、光盘刻录机、摄像头、调制解调器及碎纸机等。其中扫描仪、数码相机、摄像头是输入设备,用来进行文件、图形、图像、视频等的输入工作;打印机是输出设备,用来把在电脑中编辑好的文档或图形输出到其他介质上;传真机是一种介于输入和输出两种功能之间的设备。下文详细介绍上述几种办公设备。

11.1 办公自动化设备的概念

11.1.1 办公自动化设备的定义

办公设备,泛指与办公室相关的设备。办公设备有广义概念和狭义概念之分。狭义概念指多用于办公室处理文件的设备。例如,人们熟悉的多功能一体机、传真机、打印机、复印机、投影机、碎纸机、扫描仪等,还有台式计算机、笔记本、考勤机、装订机等。广义概念则泛指所有可以用于办公室工作的设备和器具,这些设备和器具在其他领域也被广泛应用,包括电话、程控交换机、小型服务器、计算器等。简言之,所有在办公过程使用的仪器设备,都是办公设备。

11.1.2 办公自动化设备的分类

根据我国统计局起草的国家质量监督检疫检验总局批准发布的 GB/T4754-2002《国民经济行业分类》的规定,文化、办公用机械制造包括六大项:电影机械、幻灯及投影设备、照相机及器材、复印和胶印设备、计算器及货币专用设备、其他文化办公设备。以上设备包括了上述办公设备狭义概念中的大多数产品。

1. 根据使用对象分类

办公自动化设备可分为普通办公设备和专业办公设备。例如,几乎在所有办公室都能见到的传真机、打印机、复印机等就是普通办公设备。而邮局、银行、金融、财务、铁路、航空、建筑工程等机构和部门使用的有特殊构造和要求的设备被称为专业办公设备。例如,各种非标准尺寸(纸张幅面)的票据打印机、POS 机(可传输信息和打印票据)、AMT 及打印机等。

2. 根据功能分类

根据功能大致可分为文件输入及处理设备、文件输出设备、文件传输设备、文件整理设备等。每一类设备又都包括多种产品,以下列举的只是其中的主要设备或常用设备。

(1) 文件输入及处理设备:计算机、打字机、扫描仪等。

(2) 文件输出设备:可分为文件复制设备和文件打印设备。

(3) 文件复制设备包括:制版印刷一体化速印机和油印机、小胶印机、静电复印机、数字式多功能一体机、数字印刷机、轻印刷机等。

(4) 文件打印设备:激光打印机、喷墨打印机和针式打印机等。

(5) 文件传输设备:传真机、计算机等。

(6) 文件储存设备:缩微设备、硬盘等。

(7) 文件整理设备:分页机、裁切机、装订机、打孔机、折页机、封装机等。

(8) 网络设备:网络适配器、路由器、交换机、调制解调器等。

随着技术进步及办公室工作细化而对产品不断提出的新要求,各类新型办公设备产品层出不穷,更新换代速度也越来越快。但是,大多数办公设备属于以机电为基础的耐用设备,所以在各类办公室中多种类型、多代设备同时服务于办公的现象比较常见。

11.1.3 办公自动化设备的发展

从世界范围来看,尽管各个国家情况有所不同,但办公自动化的发展过程在技术设备的使用上大都经历了单机、局部网络、一体化、全面实现办公自动化四个阶段。

随着各种技术的不断进步,办公设备的发展趋势将体现以下几个特点。

1. 彩色化

越来越多的办公文件是以图文混排的方式进行排版的,且人们的视觉越来越挑剔,黑白的文件已无法满足办公需要。所以,彩色喷墨打印机、彩色激光打印机、彩色热升华打印机、彩色数码复印机在未来必定会成为办公文印市场的主角。

2. 多功能

如果一台办公设备只具有某一种功能,只有一种情况,那就是使用者对这个功能的需求相当大,对其他的功能可以忽略,但现在人们都希望一台机器具有多种功能,这是购买一台机器的最低要求,集网络打印、复印、传真、电邮、扫描等功能于一身的机器越来越受到顾客的喜爱。

3. 高速化

人们将会越来越珍惜时间,如果有大批量的印务,肯定会购买高速机器,并且要求首张复印或打印的速度在 5s 之内,因为用户没有太多耐心。

4. 网络化

人们越来越相信网络,越来越依赖网络,未来的办公设备同样也离不开网络。

5. 智能化

将人的智能赋予计算机,一直是人类的梦想。办公设备智能化广义的理解可以包括手写输入、语音识别、多语互译等智能设备。

11.2 多功能一体机

多功能一体机是在普通打印机的基础上，增加了复印、扫描、传真等功能的办公自动化设备。理论上多功能一体机的功能有打印、复印、扫描、传真，但对于实际的产品来说，只要具有其中的两种功能就可以称之为多功能一体机了。目前较为常见的产品在类型上一般有两种：一种涵盖了三种功能，即打印、扫描、复印，其典型代表为联想 M7400；另一种则涵盖了四种功能，即打印、复印、扫描、传真，其典型代表为 Brother MFC-7450。

11.2.1 多功能一体机的基本知识

多功能一体机按照打印方式分为喷墨和激光两类，按照打印尺寸分为 A3 和 A4 两类。

基于激光技术的多功能一体机打印速度快，分辨率高，是下一代一体机市场的主流，但相对于喷墨一体机来说，购买前期成本相对较高。同样的，喷墨一体机也有自己的优势，采购的成本低，目前基本上可以用中端喷墨打印机价格就可以实现喷墨一体机的功能了，性价比相当突出，并且普遍都支持彩色输出，对于日常办公，通常会有彩色文本或文字图像混合的处理需求，而大部分的喷墨一体机都采用 4 色供墨系统，分辨率中等，对于打印和复印质量要求不高的办公用户应该能够很好地满足。特别是对追求性价比的办公用户和 SOHO 用户来说，使用喷墨一体机是一个不错的选择。

1. 多功能一体机的复印分辨率

分辨率是许多产品都具有的一个技术指标，如打印机、复印机、多功能一体机等。分辨率的单位是 dpi(dot per inch)，即指在每一个平方英寸上可以表现出多少个点，它直接关系到产品输出图像和文字质量。分辨率一般用垂直分辨率和水平分辨率相乘表示。如产品的分辨率为 600dpi×600dpi，就是表示此产品在一平方英寸区域的表现力为水平 600 个点，垂直 600 个点，总共 360000 个点。分辨率越高，数值越大，就意味着产品输出的质量越高。

复印分辨率的概念是指每英寸复印对象是由多少个点组成的，它直接关系到复印输出文字和图像质量。例如，Brother MFC-7450 的复印分辨率为 600×600 dpi。

2. 多功能一体机的传送速度

发送时间的长短，取决于多功能一体机所采用的调制解调器速度、电路形式及软件编程。中、低档多功能一体机的调制解调器速度最高为 9600 b/s，可自动调节为 7200/4800/2400b/s，而高档多功能一体机的调制解调器的最高速度为 14400 b/s，发送时间最快可达 6s。发送时间在 9s 以下的为高档多功能一体机。发送时间越短，传送效率就越高，而且如果每次发送的文件越多，所花费的电信费用也越低。

一般用户应选用传送时间不超过 15s 的多功能一体机。因为这一档的多功能一体机在收发双方正常操作的情况下，实际上传送一页 A4 尺寸的文件所需要的时间不会超过 1min，因此长途传真时的电信费用也仅按 1min 计价，否则即使超过 1s，也将按 2min 计价，长途话费也就增加了一倍。

3. 多功能一体机的复印尺寸

复印尺寸指的是多功能一体机能够复印输出的最大尺寸。一般来说,产品的最大复印尺寸大于或等于最大原稿尺寸。由于多功能一体机的复印输出是通过打印部件来实现的,因此多功能一体机的复印尺寸不可能超出产品的打印尺寸,一般都是和产品的打印尺寸一样。

4. 多功能一体机的适用平台

适用平台指的是产品可以在哪些操作系统下运行工作。任何与电脑相关的产品,在没有操作系统的支持下都是没有办法工作的,多功能一体机也是如此。能够适用的操作系统越多,多功能一体机的适用性也就越强,能够应用的范围也就越广泛。

众所周知,Windows 操作系统是目前计算机主流操作系统,因此能够在 Windows 系统的操作系统下运行是最起码的要求。而 Windows 操作系统中 Windows 95 之前的操作系统,连微软自己都已经把它们抛弃了,因此目前的产品只要能够支持 Windows 98 以上(包括 Windows 2000、XP、Vista、7)的操作系统即可。同时,多功能一体机是为与图形图像打印息息相关的。而在图形图像处理的领域中,许多用户使用的是 Apple 的产品,因此多功能一体机还应该支持 Apple 的产品使用的 Mac OS 操作系统,目前较为常见的 Mac OS 的操作系统的版本有 Mac OS X v10.2x、Mac OS X v10.4。

11.2.2 多功能一体机的构造与操控面板

Brother MFC-7450 是一款普及型多功能一体机,下面以此为例做介绍。

该款多功能一体机具有打印、复印、扫描和传真功能。尺寸为 396×428×304mm,重量只有 10kg,放置在办公室的任何一个角落,都能轻松满足用户的工作需要。特别配置的双行中/英文液晶显示面板,能够方便用户及时浏览工作进程,同时下拉式的 250 页大容量进纸盒可以简单快捷地更换纸张。

打印、复印速度达到了 22 页/分钟,同时保证了 2400×600dpi 的高质量打印分辨率,将清晰卓越的打印质量同高效率的打印速度完美地结合在一起。

扫描方面,MFC-7450 拥有高达 600×2400dpi 光学分辨率,高达 19200×19200dpi 扫描分辨率(内插值),可将文件扫描到电子邮件、OCR、图像、文件、FTP。标配为 32M 内存,此外多达 500 页的无纸接收更为用户日常的传真工作提供了人性化的解决之道,用户不用守在传真机旁等候文件传出,也不用担心因为缺少纸张而漏掉重要的传真。

MFC-7450 特别配备了传真限制拨号功能,在发送重要文件传真时,为了防止用户误发传真或拨号至错误号码,可以用拨号盘、单键拨号、速拨号来设置设备进行拨号,用户可以选择"输入号码两次"或者"手动拨号禁止,只选用速拨号"的功能来发送重要传真。MFC-7450 还具有独特的机身前后双向多功能出纸功能,可以为用户打印一些特殊纸张提供便利。

MFC-7450 激光一体机应用了鼓粉分离设计,用户可以单独更换使用完的鼓盒或粉盒,多个粉盒都用尽了才需要更换一次硒鼓,从而合理地降低用户的使用成本。图 11-1 为 Brother MFC-7450 外观图。

① 自动进稿器　② 原稿盖板　③ 控制面板
④ 手动进纸槽　⑤ 接纸口　⑥ 纸盒

图 11-1　Brother MFC-7450 外观图

Brother MFC-7450 操作面板如图 11-2 所示。

图 11-2 中,若要确保传真设备作出应答,应在拨号前按下免提拨号(Hook)键,然后按启用(Start)键。分辨率(Resolution)设置传真发送时的分辨率。报告(Reports)用于打印传输验证报告、帮助菜单、电话索引表、传真日志、用户设置等。

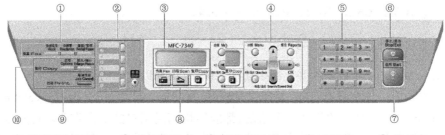

① 传真和电话键　② 单拨号键　③ 液晶显示屏　④ 功能键　⑤ 拨号盘
⑥ 停止退出键　⑦ 启用键　⑧ 模式转换键　⑨ 打印键　⑩ 复印键

图 11-2　Brother MFC-7450 操作面板

11.2.3　多功能一体机的使用

多功能一体机的使用包括传真、复印、扫描的使用。

1. 传真部分的使用

首先选择传真模式,按"传真(Fax)",随后此灯亮起为绿色。

(1) 从自动进稿器发送传真

使用自动进稿器发送传真最为简便,具体步骤如下。

① 确保设备处于传真模式。

② 将原稿正面向上放入自动进稿器。

③ 拨叫传真号码。

④ 按启用(Start)键。

设备将页面扫描到内存中,然后发送原稿。

(2) 从平板扫描器发送传真

使用平板扫描器可对单页或书本页面进行传真,具体步骤如下。

① 确保设备处于传真模式。
② 将原稿正面向下放到平板扫描器上。
③ 拨叫传真号码。
④ 按启用(Start)键。
⑤ 设备扫描页面后,液晶显示屏会提示您从以下选项中进行选择。

```
下一页?
1.是  2.否(发送)
```

■ 按1发送下一页。跳至步骤❻。

■ 按2或启用(Start)键发送原稿。
   跳至步骤❼。

⑥ 将下一页放到平板扫描器上,按"OK"键。重复步骤⑤和⑥扫描,并发送其他页面。

```
设置下一页
然后按 OK 键
```

⑦ 设备将自动发送传真。
注意从平板扫描器传真多页原稿时,必须将实时传输设定为"关"。
(3) 接收传真
接收传真时需将多功能一体机设置为接收模式,接收模式可以自动应答传真(仅传真和传真/电话)。
仅传真模式时可自动将所有来电作为传真进行应答。
传真/电话模式可自动处理来电,区分传真和语音电话,然后按照以下方式进行处理:
● 传真可被自动接收。
● 来电为语音时,设备将启动F/T振铃,提示接听。
F/T振铃是设备发出的一种快速双振铃。语音电话较少时,推荐使用此模式。
2. 复印部分的使用
复印时首先选择进入复印模式:按"复印(Copy)"键进入复印模式。
(1) 单页复印
具体步骤如下。
① 确保设备处于复印模式。
② 放入原稿。
③ 按启用(Start)键。
(2) 多页复印
具体步骤如下。
① 确保设备处于复印模式。
② 放入原稿。
③ 用拨号盘输入复印份数(最多99份)。
④ 按启用(Start)键。

3. 扫描部分的使用

扫描时由于扫描仪驱动程序并非独立的软件,所以必须从与 TWAIN 兼容的应用程序将其启动,然后才能扫描图片并将图片加载到计算机。启动扫描仪驱动程序的命令可根据应用程序的不同而有所变化。

① 将原始文档正面朝下放置在平台玻璃上,并将文档的中心与玻璃上的箭头标记对齐。

② 启动 TWAIN 扫描应用程序。

③ 从"文件"菜单中单击"选择来源"。

④ 选择或导入一台扫描仪。

⑤ 即会出现一个包含扫描设置的对话框(图 11-3)。

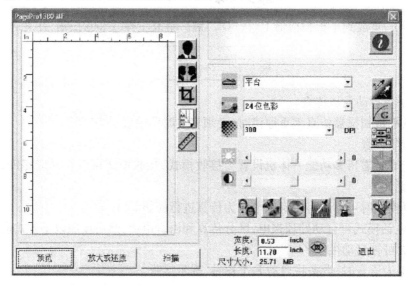

图 11-3 "扫描设置"对话框

⑥ 从"扫描方式"下拉列表中选择所需的扫描方法。

⑦ 从"图像类型"下拉列表中选择所需的扫描模式。

⑧ 从"分辨率"下拉列表中选择扫描分辨率。

⑨ 选择所需的扫描设置,如"锐化"或"去网"。

⑩ 单击"预览"或"扫描"以预览或扫描文档。

11.2.4 多功能一体机的维护与保养

多功能一体机功能复杂,对机器的维护保养提出了较高的要求。一般而言,操作人员在使用操作前都应进行适当的培训学习。多功能一体机在使用中主要应该注意以下一些问题。

1. 多功能一体机的使用环境

多功能一体机应放置在平坦、坚固的表面上,周围环境要保持良好的通风,并确认以下环境条件是否满足。

① 温度:15℃~32.5℃(59℉~90.5℉)。

② 湿度：10%～80%。
③ 避免阳光直射。
④ 设备周围有充分的空间,从而保证空气的正常流通和设备的便利操作。

2. 多功能一体机扫描平板的清洁

扫描平板如果被污染,必定会影响到设备的扫描复印质量和扫描头的定位,所以,应定期对扫描平板进行清洁。清洁具体步骤如下。

① 关闭一体机,拔掉电源。
② 使用略浸有非研磨玻璃清洁剂的软布或者海棉布清洁玻璃(注意:不要使用有化学性质的清洗剂,如研磨剂、苯、乙醛、酒精、四氯乙烷等,不要向玻璃板上直接倾倒液体)。
③ 用麂皮或者纤维海绵干擦玻璃来防污。

3. 日常使用注意事项

多功能一体机购买回来后,用户都希望它能够使用得更长一些,出的故障更少一点,而且花费在维修和耗材上的费用应该更少一点。当然这些要求并不是什么奢望,只要在操作使用一体机的过程中,掌握正确的方法,养成良好的习惯,就能很轻松地做到。

(1) 多用连续复印

与普通打印机不一样的是,一体机在每次启动时,都需要进行重新预热,如果长期频繁启动一体机的话,就很容易会影响一体机内部光学器件的寿命。为了避免这种频繁启动现象,应该尽可能地集中作业,把需要复印的材料都集中起来,使用多功能一体机的连续复印功能,来进行批量化操作,不但可以很好地保护一体机的寿命,还能提高复印的速度。该功能的具体使用也比较简单。只要在一体机控制面板上将工作方式设置成"连续复印"模式,然后再按一下"复印"按钮,多功能一体机就自动把文稿复印好。但复印的文稿在数量上有一定的限制,一般的多功能机连续复印量最多是 99 页,但这对于我们平常办公已是绰绰有余了。同时还可以进行"多份连续复印",这样能同时连续复印成多份文稿,这在拥有较大复印量的情况下,是一种非常不错的选择。操作时,在数字键盘上输入将要复印的份数,点击"复印"按钮后,多功能一体机就会帮我们处理余下的事情。对于少量的复印任务,除非特别紧急,一般不主张随用随复,而应该是连续复印,以确保一体机高效工作。

(2) 事先摆放好纸张

摆放好纸张应该包括使用优质打印纸或者传真纸及把纸张正确放置在导纸盒中,因为在一体机处于连续工作状态时,最有可能影响效率的就是复印纸张出现问题,一旦纸张在传送过程中出现什么异常,例如一体机不进纸、多页进纸或者卡纸,这样不但影响一体机的正常工作,严重的话还能损坏一体机内部的纸张传送装置。为了避免复印纸张传送出问题,应该首先确保使用高质量的复印纸,其次要求复印纸摆放要正确,平整放置在送纸器内,不要放得太满,并且将导轨调整到适应纸宽。一旦纸张卡在一体机内部时,应该尽量地关闭一体机电源,然后再小心地将卡住的复印纸从一体机内取出来。另外在安装传真纸时,建议使用标准的传真用纸,并按照说明书将感热面朝向打印头的方向。未使用的感热纸请勿放置于阳光直射或潮湿的地方,以免感热纸变质导致感热效果不佳,从而影响传真效果。此外,如果使用劣质纸张的话,其粗糙表面很容易磨损一体机内部的工作元件,从而造成打印或复印质量下降,因此使用劣质纸张绝对是一件得不偿失的事情。

(3) 使用节省工作模式

与激光打印机的使用非常相似的是,一体机在工作过程中也需要消耗大量的纸张,特别是昂贵的墨粉开支更是阻止了多功能一体机的迅速普及。为此新型的一体机都增加了"节省工作模式"功能,使用该功能能够有效地降低耗材开支。因此,在使用一体机之前,首先应该对多功能一体机进行合适的设置,让多功能一体机工作在节省工作模式状态下。现在市面上有许多类型的多功能一体机上都有一个节省墨粉的设置,只需要简单地单击一体机操作面板上的一个按钮就能实现这种节省墨粉的目的,有的需要根据操作说明书的要求,在控制面板上进行相关设置,不过操作也不是太复杂。这种节省墨粉的功能,对于少量的复印作业可能不会太明显,但是如果需要处理的信息量很大时,这种功能产生的效果就很显著了。

(4) 保护感光鼓

在多功能一体机中,感光鼓可以算得上是一种较昂贵的耗材了,要想降低一体机的使用成本,必然要做好感光鼓的保护工作。并且感光鼓对多功能一体机最终的输出效果有很大的影响,要想得到理想的输出效果,感光鼓的小心呵护是必须的。这里的保护主要是指当用户从一体机中取出碳粉盒时对感光鼓的保护。由于感光鼓对工作环境的要求较高,它如果长时间受太阳光照射的话,可能就会影响最终的打印效果,甚至还会影响碳粉盒的使用寿命。因此,在一体机需要更换墨粉或者检查故障需要拿出碳粉盒时,一定要避免感光鼓放在阳光下直接照射,也不能在室内灯光下放置超过10min。另外还需要将碳粉盒放在一个干净、平滑的表面上,而且要避免用手触摸感光鼓,因为人手指上的油脂往往会永久地破坏它的表面并会直接影响输出效果。在更换墨粉时,还要及时把废粉收集仓中的废粉清理干净,因为废粉堆积太多时,在输出的文稿上会出现麻点现象,严重的话还可能损坏感光鼓。

(5) 定期清洁

一体机被视为把传真、复印、打印、扫描等功能模块固化在一个整机之内的特殊办公自动化设备,因此一体机对工作环境的要求就应该与扫描仪、复印机、传真机及打印机这些设备是一样的了。除了要按照处理扫描仪、复印机、传真机及打印机的清洁要求来维护一体机外,还应该特别注意保护一体机的光学成像部分,因为一体机的光学成像部分设计最为精密。光学镜头或反射镜头的位置稍有变动就会影响CCD成像的质量,甚至可能使CCD接收不到图像信号。一体机在进行复印工作时,光从灯管发出后到CCD接收期间要经过玻璃板及若干个反光镜片和镜头,其中任何一部分落上灰尘或其他微小杂质都会改变反射光线的强弱,从而影响复印的效果。因此,工作环境的清洁及光学成像部分的保护是确保文件复印质量的重要前提。在对一体机进行清洁时,可以先用柔软的细布擦去外壳的灰尘,然后再用清洁剂和水对其认真地进行清洁,接着再对玻璃平板进行清洗。由于该面板的干净与否直接关系到复印质量的高低,因此在清洗该面板时,先用玻璃清洁剂擦拭一遍,接着再用软干布将其擦干擦净。用完以后,一定要用防尘罩把一体机遮盖起来,以防止更多的灰尘来侵袭。

同时注意切忌乱动多功能一体机内的接插件及调整螺钉。非专业维修人员不要随便调节机内部件、卸下运动部件、插拔接插件等,否则会影响正常运行及某些关键部件的寿命。

11.3 投影机

投影机(图11-4)是以精确的放大倍率将物体放大投影在投影屏上来测定物体形状、尺寸的仪器,现在几乎成了会议室和报告厅的必备设备之一。在这里主要针对会议室和报告厅等办公场所的运用,介绍投影机的性能指标、种类和使用知识。

图11-4 投影机

11.3.1 投影机的性能指标

1. 亮度

亮度的国际标准单位是 ANSI(流明)。它是在投影机与屏幕之间距离为2.4m、屏幕大小为60英寸时,使用测光笔测量投影画面的9个点的亮度,然后求出这9个点亮度的平均值(勒克斯)。目前,大多数投影机的亮度都在3000lm 以上。

2. 对比度

对比度是指黑与白的比值,也就是从黑到白的渐变层次。比值越大,渐变层次就越多,色彩表现就越丰富,图像效果更加清晰,颜色更加艳丽。当前,投影机对比度一般在2000:1以上。

3. 分辨率

投影机的分辨率包括两种。一种是物理分辨率,是指 LCD 液晶板的分辨率。液晶板按照网格划分液晶体,一个液晶体就是一个像素。如投影机的输出分辨率为1024×768像素,则表示液晶板的水平方向上有1024个像素点,垂直方向上有768个像素点。一般来说,物理分辨率越高,投影机的应用范围越广。另一种是最大分辨率,它是指能够接收比物理分辨率大的分辨率,是通过压缩的方式实现的。投影机使用的分辨率越高,显示的画面越清晰。

4. 均匀度

它是指对比度和亮度在屏幕上的平均值。投影机要尽可能地将投射到屏幕上的光束保持相同的亮度和对比度。

11.3.2 投影机的种类

投影机按照其显示技术可分为三类,即 CRT 投影技术、LCD 投影技术及近些年发展起来的 DLP 投影技术。

1. CRT 投影机

CRT 是英文 Cathode Ray Tube 的缩写,译作阴极射线管。作为成像器件,它是实现最早、应用最为广泛的一种显示技术。这种投影机可把输入信号源分解成 R(红)、G(绿)、B(蓝)三个 CRT 管的荧光屏上,荧光粉在高压作用下发光,系统放大、会聚,在大屏幕上显示出彩色图像。光学系统与 RT 管组成投影管,通常所说的三枪投影机就是由三个投影管组成的投影机,由于使用内光源,也叫主动式投影方式。CRT 技术成熟,显示的图像色彩丰富,还原性好,具有丰富的几何失真调整能力;但其重要技术指标,即图像分辨率与亮度相互制约,直接影响 CRT 投影机的亮度值,到目前为止,其亮度值始终徘徊在 300lm 以下。另外,CRT 投影机操作复杂,特别是会聚调整繁琐,机身体积大,只适合安装于环境光较弱、相对固定的场所,不宜搬动。

2. LCD 投影机

LCD 是英文 Liquid Crystal Device 的缩写。LCD 投影机分为液晶板和液晶光阀两种。液晶是介于液体和固体之间的物质,本身不发光,工作性质受温度影响很大,其工作温度为 -55℃～+77℃。以下介绍两种 LCD 投影机的原理。

(1) 液晶光阀投影机

它采用 CRT 管和液晶光阀作为成像器件,是 CRT 投影机与液晶光阀相结合的产物。为了解决图像分辨率与亮度间的矛盾,它采用外光源,因此也叫被动式投影方式。它是目前为止亮度、分辨率最高的投影机,亮度可达 6000lm,分辨率为 2500×2000,适用于环境光较强、观众较多的场合,如超大规模的指挥中心、会议中心及大型娱乐场所,但其价格高,体积大,光阀不易维修。

(2) 液晶板投影机

它的成像器件是液晶板,也是一种被动式的投影方式。利用外光源金属卤素灯或 UHP(冷光源),若是三块 LCD 板设计的则把强光通过分光镜形成 R、G、B 三束光,分别透射过 R、G、B 三色液晶板;信号源经过模数转换,调制加到液晶板上,控制液晶单元的开启、闭合,从而控制光路的通过断,再经合光棱镜合光,由光学镜头放大,显示在大屏幕上。目前市场上常见的液晶投影机比较流行单片设计(LCD 单板,光线不用分离),这种投影机体积小,重量轻,操作、携带极其方便,价格也比较低廉。但其光源寿命短,色彩不很均匀,分辨率较低,最高分辨率为 1024×768,多用于临时演示或小型会议。这种投影机虽然也实现了数字化调制信号,但液晶本身的物理特性,决定了它的响应速度慢,随着时间的推移,性能有所下降。

3. DLP 投影机

DLP 是英文 Digital Light Processor 的缩写,译作数字光处理器。这一新的投影技术的诞生,使我们在拥有捕捉、接收、存储数字信息的能力后,终于实现了数字信息显示。DLP 技术是显示领域划时代的革命,正如 CD 在音频领域产生的巨大影响一样,DLP 将为视频投影显示翻开新的一页。它以 DMD(Digital Micormirror Device)数字微反射器作为光阀成像器件 DLP 投影机的技术关键点。首先是数字优势。数字技术支持的采用,使图像灰度等级达 256～1024 级,色彩达 2563～10243 种,图像噪声消失,画面质量稳定,精确的数字图像可不断再现,而且历久弥新。其次是反射优势。反射式 DMD 器件的应用,使成像器件的总光效率达 60% 以上,对比度和亮度的均匀性都非常出色。根据所用 DMD 的片数,DLP 投影机可分为:单片机、两片机、三片机。DLP 投影机清晰度高,画面均匀,色彩锐利,三片机亮度可达 1000lm 以上,它抛弃了传统意义上的会聚,可随意变焦,调整十分便利;只是分辨率不高,不经压缩分辨率为 800×600(有些机型的最新产品的分辨率已经达到 1280×1024)。但由于是新技术,维修的难度及费用并不低。

11.3.3 投影机的使用

下面以 EPSON EB-1925 为例介绍投影机的使用。图 11-5 为投影机前部各部件名称和功能,图 11-6 为投影机后部各部件名称和功能。

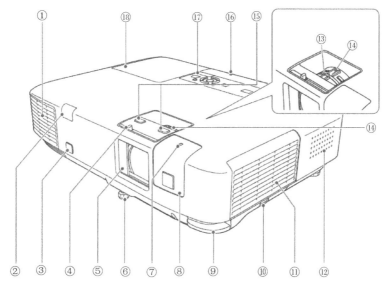

① 排气口,排出冷却投影机内部所用空气的排气孔
② 遥控接收器,接收遥控器信号
③ 感应器,当投影机自动校正投影的图像时进行测量
④ A/V 无声滑盖滑钮,可以打开或关闭无声滑盖
⑤ A/V 无声滑盖,关闭时可保护镜头
⑥ 前可调撑脚,在投影机放置在桌子等表面上时,可将该撑脚伸出来调节投影图像的位置
⑦ 无线 LAN 指示灯,显示访问状态
⑧ 无线 LAN 组件盖,当在投影机和计算机之间进行无线连接时,应卸下此盖
⑨ 撑脚调节杆,拉动撑脚调节杆可伸缩前可调撑脚
⑩ 空气过滤器盖杠,打开空气过滤器盖
⑪ 进风口,吸入空气以冷却投影机内部
⑫ 扬声器
⑬ 聚焦环,调节图像焦点
⑭ 变焦环,调节图像大小
⑮ Focus 按钮,调节图像聚焦
⑯ USB 指示灯

⑰ 控制面板
⑱ 灯泡盖,便于更换灯泡

图 11-5　投影机前部各部件名称和功能

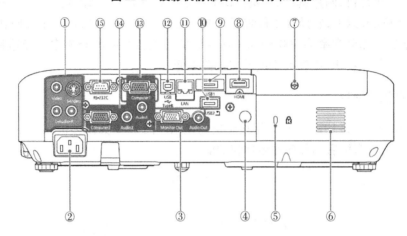

① 视频、音频输入端口,输入视频、音频信号
② 电源插座,连接电源线
③ 监视器、音频输出端口,输出信号到监视器和扬声器
④ 遥控接收器,接收遥控器信号
⑤ 防盗安全锁孔,起防盗作用
⑥ 进风口,吸入空气以冷却投影机内部
⑦ 灯泡盖固定螺丝,用于固定灯泡盖的螺丝
⑧ HDMI 输入端口,从 HDMI 兼容视频设备及计算机输入视频信号
⑨ USB1 端口,连接 USB 存储设备或数码相机,并使用 PC Free 投影图像、短片文件和脚本
⑩ USB2 端口,文件摄像机专用
⑪ LAN 端口,连接 LAN 电缆,然后连接到网络
⑫ USB(TypeB) 端口,通过 USB 电缆将投影机连接到计算机,然后投影计算机上的图像
⑬ 计算机 1（Computer 1）端口、音频 1（Audio 1）端口,用于来自计算机的视频信号和来自其他视频源的分量视频信号
⑭ 计算机 2（Computer 2）端口、音频 2（Audio 2）端口,用于来自计算机的视频信号和来自其他视频源的分量视频信号
⑮ RS-232C 端口,当从计算机控制该投影机时,需使用 RS-232C 电缆将其连接到计算机

图 11-6　投影机后部各部件名称和功能

在使用投影机前,首先要仔细阅读说明书,了解其性能特点,然后查看附件是否齐全,零部件是否松动、破损,再按以下的操作步骤进行操作。

① 在开机之前,投影机需要稳定地放置,使用环境需要远离热源,比如,避免阳光直射,避免临近供暖设备或其他强的热源。开机前,连接好其他设备,连接投影机所用的电缆和电线最好是投影机原装配置的,代用品可能引起输出画面的质量下降或设备的损坏,检查接线无误后才可以加电开机。目前,新一代投影机还具有无线网络功能、单键智能设置、快速关机、自动聚焦、局部放大等功能,以方便用户使用。

② 投影机开机后,一般需要 10 秒以上的时间,投射画面才能够达到标准的光亮度。

在投影机工作时,工作人员不能够向投影机镜头里面看,因为投影机的光源发出的光线很强,直接观看会损伤眼睛。使用投影机时,根据不同的使用环境需要对机器进行一下必要的调整,比如聚焦和变焦、进行图像定位,调整投影机的亮度、对比度和色彩,调整扫描频率以适应不同的信号源,消除不稳定的图像。

③ 投影机在关机时,首先用遥控器关闭投影机,一定要等待 2～3min,让风扇停止运转,再关电源或拔下电源线。

11.3.4 投影机的保养

1. 防污染

聚光镜、放映镜等光学元件是投影机的关键部件,光洁度要求高,极不耐磨。临时不用的投影机,应将反射镜盖下,遮住放映镜;短时间不使用的投影机还应加防尘罩;长期不使用的投影机应放入专门存放投影机的箱、柜里,尽量减少灰尘的污染。切忌用手摸触光学部件,以免留下污痕。万一投影机各个镜面上有灰尘或油污,要先用"皮老虎"除尘,再用镜头纸或软麂皮轻擦去污。要特别注意螺纹透镜集垢较多时,只能将其拆下用清水冲洗,不得使用酒精等有机溶剂。反射平面镜的反射膜镀在正面,如镜面有污垢、手指迹,可用吹气球清除或用脱脂棉蘸无水酒精小心轻擦,禁用手帕、绵纸等进行擦拭。

2. 防霉变

投影机应放置在干燥、通风的地方,防止金属部件受潮生锈和变压器受潮霉变,引起电路故障,以及光学部件受潮长霉,加速老化。

3. 防震动

投影机工作时,应防止冲击和震动,以免灯丝震断。搬运时应轻拿轻放,防止其受震动使连接处松动、脱开或光学元件受震破裂。刚使用后的投影机,应等机体冷却后再搬动。

4. 防腐蚀

投影机不能与具有腐蚀性的物品放在一起。

5. 防高温

投影机工作时会产生大量的热量,所有的投影机从开机开始,风扇都在散热,这是因为投影机内的灯泡太热太强劲,所以必须借助风扇散热,原理就像电脑 CPU 的风扇一样,但投影机更加依赖这把风扇,如果没有风扇散热,灯泡工作一会马上就会烧掉。如果一用完马上关机,连同风扇一起关掉,虽然灯泡已经不在工作,但热量仍然非常大,没有了风扇的持续散热,会对灯泡有损,而且更会缩短使用寿命。许多整部投影机价钱最昂贵的零件就是灯泡,所以正确的关机程序,应是将投影机切换至备用状态,让风扇多吹一会,才可以关机。

现在已有投影机制造商想出折衷办法,就是让投影机懂得自动慢慢关机,开投影机的同时可以储电,关机时可以立即拔去插头,投影机会使用预先存的电能继续驱动风扇,只要维持通风就行了。

11.4 数码照相机

数码照相机，英文全称是 Digital Still Camera（DSC），简称为 Digital Camera（DC），简称数码相机，又名数字式相机。数码相机是一种利用电子传感器把光学影像转换成电子数据的照相机。可简单分为单反数码相机（如图 11-5 所示）、卡片数码相机（如图 11-6 所示）。

图 11-5　单反数码相机

图 11-6　卡片数码相机

11.4.1　数码照相的基本知识

数码相机是以电子存储设备作为摄像记录载体，通过光学镜头在光圈和快门的控制下，实现在电子存储设备上的曝光，完成被摄影像的记录。数码相机记录的影像，不需要进行复杂的暗房工作就可以非常方便地由相机本身的液晶显示屏或由电视机或个人电脑再现被摄影像，也可以通过打印机完成拷贝输出。与传统摄影技术相比，数码相机大大简化了影像再现加工过程，可以快捷、简便地显示被摄画面。

1. 单反数码相机

单反数码相机简称单反，就是指单镜头反光，即 SLR（Single Lens Reflex），这是当今最流行的取景系统，大多数 35mm 相机都采用这种取景器。在这种系统中，反光镜和棱镜的独到设计使得摄影者可以从取景器中直接观察到通过镜头的影像。

单反数码相机一个很大的特点就是可以交换不同规格的镜头，这是单反数码相机天生的优点，是普通数码相机不能比拟的。另外，现在单反数码相机都定位于数码相机中的高端产品，因此在关系数码相机摄影质量的感光元件（CCD 或 CMOS）的面积上，单反数码相机的面积远远大于普通数码相机，这使得单反数码相机的每个像素点的感光面积也远远大于普通数码相机，因此每个像素点也就能表现出更加细致的亮度和色彩范围，使单反数码相机的摄影质量明显高于普通数码相机。

2. 卡片数码照相机

卡片数码相机在业界内没有明确的概念，仅指那些外形小巧、质量相对较轻质量及设计超薄时尚的相机，这是衡量此类数码相机的主要标准。

卡片数码机的优点是时尚的外观，大屏幕液晶屏，小巧纤薄的机身，操作便捷。缺点是手动功能相对薄弱，超大的液晶显示屏耗电量较大，镜头性能较差。

3. CCD

电荷耦合器件图像传感器 CCD(Charge Coupled Device),使用一种高感光度的半导体材料制成,能把光线转变成电荷,通过模数转换器芯片转换成数字信号,数字信号经过压缩以后由相机内部的闪速存储器或内置硬盘卡保存,因而可以轻而易举地把数据传输给计算机,并借助于计算机的处理手段来修改图像。CCD 由许多感光单位组成,通常以百万像素为单位。当 CCD 表面受到光线照射时,每个感光单位会将电荷反映在组件上,所有的感光单位所产生的信号加在一起,就构成了一幅完整的画面。CCD 像素数目越多,单一像素尺寸越大,收集到的图像就会越清晰。因此,尽管 CCD 数目并不是决定图像品质的唯一重点,仍然可以把它当成相机等级的重要判准之一。

4. CMOS

互补性氧化金属半导体 CMOS(Complementary Metal-Oxide Semiconductor)和 CCD 一样,同为在数码相机中可记录光线变化的半导体。CMOS 的制造技术和一般计算机芯片没有什么差别,主要是利用硅和锗这两种元素所做成的半导体,使其在 CMOS 上共存着带 N(带负电)和 P(带正电)级的半导体,这两个互补效应所产生的电流即可被处理芯片记录和解读成影像。然而,CMOS 的缺点就是太容易出现杂点,这主要是因为早期的设计使 CMOS 在处理快速变化的影像时,电流变化过于频繁而会产生过热现象所造成的。

5. ISO

ISO 感光值是传统相机底片对光线反应的敏感程度测量值,通常以 ISO 数码表示,数码越大表示感旋光性越强,常用的表示方法有 ISO 100、400、1000 等。一般而言,感光度越高,底片的颗粒越粗,放大后的效果较差。数码相机也套用此 ISO 值来标示测光系统所采用的曝光量,基准 ISO 越低,所需曝光量越高。

6. 光学变焦

光学变焦英文名称为 Optical Zoom,数码相机依靠光学镜头结构来实现变焦。数码相机的光学变焦方式与传统 35mm 相机差不多,就是通过镜片移动来放大与缩小需要拍摄的景物,光学变焦倍数越大,能拍摄的景物就越远。

7. 数字变焦

数字变焦(Digital Zoom)是数码相机的独有特异功能。与光学变焦不同,数字变焦是在感光器件垂直方向向上的变化而给人以变焦效果的。在感光器件上的面积越小,那么视觉上就会只看见景物的局部。但是由于焦距没有变化,所以图像质量相对于正常情况下较差。

8. 像素

像素(Pixel)是由 picture 和 element 这两个单词而合成,用来计算数码影像的一种单位。如同摄影的相片一样,数码影像也具有连续性的浓淡阶调,若把影像放大数倍,会发现这些连续色调其实是由许多色彩相近的小方点所组成的,这些小方点就是构成影像的最小单位"像素"(Pixel)。

像素是衡量数码相机的最重要指标。像素指的是数码相机的分辨率。它是由相机里的光电传感器上的光敏元件数目所决定的,一个光敏元件就对应一个像素。因此像素越高,意味着光敏元件越多,相应的成本就越高。

数码相机的像素分为最大像素数和有效像素数。

最大像素,也直接指 CCD/CMOS 感光器件的像素。数码相机设置图片分辨率的时候,的确也有拍摄最高像素的分辨率图片,但是,这是通过数码相机内部运算而得出的值,再打印图片的时候,其画质的减损会十分明显。

有效像素数与最大像素数不同,有效像素数是指真正参与感光成像的像素值。

11.4.2 数码照相机的使用

一般数码相机的机顶转盘上常见有 Auto/P/S/A//M 字样(图11-7),这些字符都代表什么?它们到底有什么差别?

图 11-7 数码相机机顶转盘

1. Auto 档

顾名思义,这是全自动档,在传统相机中 Auto 会根据内置测光表给定一个快门一个光圈,你所需要做的就是按下快门就可以了。在 DC 中相机还要再多做一些工作,那就是调整白平衡和设置 ISO,当然在默认模式下,也是 Auto 白平衡和 ISO。

2. P 档

就是 Program 档,程序曝光,实际就是一个 A 档和 S 档的组合。在这个档,可以调节白平衡,曝光补偿,测光模式,相机会根据内置测光系统给出一组合理的光圈快门组合,你只需要用拨盘从中间选出一个合适的,在这个模式下你不用考虑溢出。(所谓溢出,就是指亮度或者色彩超过感光材料、元件所能接受的范围。)其他的和 A/S 是一样的。

3. A(AV)档

就是指光圈优先模式。光圈优先,在这个档内你所能调节的只是光圈,相机会根据内置测光系统给出一个恰当的快门速度,保证相机正确的曝光量。当然,在 DC 内还可以手动控制白平衡,控制曝光补偿控制测光模式(点测/矩阵/中重),这些是 Auto 所不能的。光圈优先可以很好地控制景深,还可以很轻松地用光圈控制快门速度。光圈越大快门越快,反之越小。所以这个档位能让拍摄者完成基本上所有的拍摄工作。当然拍摄者要很小心快门溢出。大光圈下快门速度过快,超过相机的额定速度,此时相机会有提示。

4. S(TV)档

S 档和 A 档刚好相反,它是快门速度优先模式。在这种模式下所能调节的不是光圈,而是速度,当然也可以调节诸如白平衡曝光补偿测光模式等,相机会根据你所选定的速度给出一个合适的光圈。这个模式一般用于运动摄影,或者固定速度摄影。比如要拍流水,要固定快门速度1/4,此时用 S 档最好了。不过请注意,S 档会出现光圈溢出的情况。(高速快门时,超过最大光圈,或者低速快门时超过最小光圈)。也可以根据倒易律通过速度调节光圈。

5. M 档

就是全手动档。在这个档位,内置测光系统不能控制光圈和快门,光圈速度随意调节。如果经验不足,没有外置测光表,这个档位很容易出现曝光不足或者曝光过度,只有在一些极端的情况下才使用 M 档。

6. P 档和 Auto 档的区别

Auto 档为全自动曝光模式,它以相机的多区域自动测光为基础,自动设定合适的光圈和快门,而且会根据光线的强弱考虑快门速度与握持相机的稳定性。当快门速度过慢时,会自动弹起闪光灯,或者提示使用闪光灯,以确保获得曝光准确的清晰照片。该种模式的曝光参数完全由相机内部自动控制,比较适合初学者。但对于更多的摄影爱好者来说,这种模式很难得到理想的拍摄效果。

P档为程序自动曝光模式。它和全自动曝光模式的区别在于:全自动曝光模式下的光圈和快门速度都不能手动干预,而 P 档状态下,可以更改光圈或快门其中的一项,而另一项会由相机自动变更以保证曝光的准确,而且可以根据需要手动开启闪光灯,以及调整各种闪光模式(防红眼、强制闪等)。

在 Auto/A/S/P 档中曝光值是被内置测光表锁定的,通过调节光圈是不能改变曝光值的,所改变的只是景深。只有在 M 档中才会改变曝光值,因为 M 档中是不受内置测光表限制的。

11.4.3 数码照片的存储

数码相机三大存储格式就是 RAW、TIFF 和 JPEG,了解这三种格式的特点才能够在拍摄时正确地选择存储格式。

首先,高级数码相机支持的是 RAW 图像格式,这是一种将数码相机感光元件成像后的图像数据直接存储的格式,不经过压缩也不会损伤数码照片的质量,而且由于存储的是感光元件的原始图像数据,以后还可以对图像的正负两级的曝光调整、色阶曲线、白平衡、锐利度等参数进行调整;缺点是 RAW 需要特殊的软件来处理,同时在拍摄时,数码相机的液晶屏幕上只能看到 RAW 文件的专门为预览提供的 JPEG 副本,而且为了避免浪费存储空间,这个副本的压缩比大,图像质量比较差。这也是部分数码相机用户误以为 RAW 格式的效果比 JPEG 还差的原因。

如果拍摄的数码照片是用于印刷出版,那么只有 RAW 和采用无损压缩格式的 TIFF 格式的照片效果会比较理想。TIFF 格式是目前大部分数码相机都支持的格式,其优点是质量好而且兼容性比 RAW 高,不会受到处理软件的限制,但 TIFF 格式的缺点也非常明显,那就是图像的文件大而且在存储时也需要更多的时间。

JPEG 是三种格式中"体积"最小的,如果追求更快的存储速度和更高的软件兼容性,那么 JPEG 是最好的选择。但需要注意,JPEG 是一种有损压缩格式,也就是它在压缩的过程中丢掉了原始图像的部分数据,而且这些数据是无法恢复的。

使用了数码变焦拍摄并存储为 JPEG 格式的照片,数码变焦的效果优于后期电脑软件的插值放大效果,而对于无损的 TIFF 或 RAW 格式图像而言,后期软件处理比数码变焦的效果要好一些。

11.4.4 数码照相机的维护与保养

1. 数码相机固件升级

数码相机固件升级,可以提高系统的性能并改善其功能。数码相机的固件和电脑主板 BIOS 一样,是烧录在芯片上的。目前,大部分数码相机的固件采用了可擦写芯片,只需要利用一个简单的工具软件及相应的数据,就可以对数码相机的固件进行升级。

2. 镜头的清洁保养

照相机镜头是非常精密的部件,其表面做了防反射的涂层处理,一定要注意不能直接用手去摸,因为这样就会粘上油渍及指纹,这对涂层非常有害,而且对数码相机拍摄出来的照片质量影响也很大。

相机使用后,镜头多多少少也会沾上灰尘,最好的方法是用吹气球吹掉,或者是用软毛刷轻轻刷掉。如果吹不去也刷不掉,那就要使用专用的镜头布或者镜头纸轻轻擦拭,但要记住一个原则,那就是不到万不得已不要擦拭镜头。千万不要用纸巾等看似柔软的纸张来清洁镜头,这些纸张都包含有比较容易刮伤涂层的木质纸浆,一不小心会严重损害相机镜头上的易损涂层。在擦拭之前,要确保表面无可见的灰尘颗粒,以避免灰尘颗粒磨花镜头。擦拭时轻轻地沿着同一个方向擦拭,不要来回反复擦,以避免磨伤镜片。如果这样还是不行,市面上也有相机专用清洗液,但要注意,使用清洗液时,应该将清洗液沾在镜头纸上擦拭镜头,而不能够将清洗液直接滴在镜头上。

另外,绝对不能随便使用其他化学物质擦拭镜头,而且只有在非常必要时才使用清洗液,平时注意盖上镜头盖和使用相机包,以减少清洗的次数,清洗液多少还是会对镜头有害,而且有可能带来一些潮湿问题。

3. 液晶屏的保护

液晶显示屏是数码相机重要的特色部件,不但价格很贵,而且容易受到损伤,因此在使用过程中需要特别注意保护。首先要注意避免液晶显示屏被硬物刮伤,液晶显示屏的表面有的有保护膜,有的没有,没有保护膜的液晶显示屏非常脆弱,任何刮伤都会留下痕迹,可以考虑使用掌上电脑屏幕使用的保护贴纸,这对保护彩色液晶显示屏有一定的作用。

另外,要注意不要让液晶显示屏表面受重物挤压,同时还要特别注意避免高温对彩色液晶显示屏的伤害。随着温度的升高,彩色液晶显示屏会变黑,达到一定的温度后,即使温度降到正常的状态,彩色液晶显示屏也无法恢复。而有些彩色液晶显示屏显示的亮度会随着温度的下降而降低,温度相当低时,液晶显示屏显示的亮度将会很低,一旦温度回升,亮度又将自动恢复正常,这属于正常现象。

如果彩色液晶显示屏表面脏了,清洁的方法可以参考清洁镜头的方法,清洁完后,应该用干燥的棉布擦干。

4. 存储卡的维护和保养

对于数码摄影而言,存储卡在摄影过程中扮演着相当重要的角色。但是,由于存储卡的使用比较简单,经常会由于漫不经心的使用、处理而导致存储卡损坏。

保护存储卡的首要原则是,永远只在数码相机已经关闭的情况下安装和取出存储卡。使用者常犯的错误是,急着要将存储卡从相机中取出,虽然电源已经关闭,但有些相机的存储速度较慢,或是图档较大要花较长的时间,相机也许看起来已经处于停止状态,但事实上,存储动作仍在继续,这时存到一半的档案毁了不说,还可能造成存储卡的永久毁损。因此,建议关闭相机后等一会儿或注意相机的亮灯完全熄灭后再取出存储卡。

其次,平时不要随意格式化存储卡,在使用相机格式化存储卡时,注意相机是否有足够的电量;在使用电脑格式化存储卡时,注意选择准确的格式。如果使用 Windows XP 之类的操作系统,需要注意系统格式化时,默认的 FAT32 格式是不正确的,一般数码相机都采用 FAT 格式。

同时,还需要注意避免在高温、高湿度下使用和存放存储卡,不要将存储卡置于高温和直射阳光下。避免重压、弯曲、掉落、撞击等物理伤害,远离静电、磁场、液体和腐蚀性的物质。在拆卸存储卡时,避免触及存储卡的存储介质。如果长期使用后,存储卡插槽的接触点脏了,导致存储、读取信息的故障,这时可以使用压缩空气去吹,而千万不要用小的棍棒伸进去擦,否则可能引起更大的问题。

5. 电池的使用和保养

数码相机和传统相机不同,数码相机对电力的需求特别大。因此,锂电池和镍氢电池这些可重复使用且电量也较大的电池越来越受到数码相机用户的欢迎。但不论是锂电池还是镍氢电池,各种电池的使用、保存、携带都有很多要注意的地方。

镍氢电池有记忆效应,这种效应会降低电池的总容量和使用时间。随着时间的推移,存储电荷会越来越少,电池也就会消耗得越来越快。因此,应该尽量将电力全部用完再充电。如果使用的是专用的锂电池或锂离子电池,记忆效应的问题就不需要怎么考虑了。

在日常使用过程中,要注意保持电池绝缘皮的完整性,一旦发现有破损,应该用透明胶布粘牢。检查电池的电极是否出现氧化的情况,轻度氧化将其擦拭掉就可以,但如果是严重的氧化或脱落的情形,应该立即更换新的电池。同时,为了避免电量流失,需要保持电池两端的接触点和电池盖子内部的清洁,如有需要,可以使用柔软、清洁的干布轻轻地拂拭电池。用小的橡皮擦(例如铅笔头上的那种)伸到电池匣里清洁金属触点,但绝不能使用具有溶解性的清洁剂。

另外,当长时间不使用数码相机时,必须将电池从数码相机中或是充电器内取出,并将其完全放电,然后存放在干燥、阴凉的环境中,而且不要将电池与一般的金属物品存放在一起,这点对于非充电电池尤其重要。

6. 数码相机的机身清洁

数码相机在使用过程中,要注意防烟避尘,外界的灰尘、污物和油烟等污染可导致相机产生故障。在使用过程中,机身不可避免地会被灰尘、污物和油烟等污染物所污染,所以需要特别注意机身的清洁。

清洁机身,可以使用橡皮吹球将表面的灰尘颗粒吹走,然后将50%的镜头清洁液滴到柔软的棉布上进行擦拭。使用橡皮吹球时,注意机身的细缝是清洁的重点,而擦拭时也需要注意避免液体从细缝渗入相机内部。而且需要特别注意,千万不能轻易使用其他化学物质,酒精等化学物质都会腐蚀机身表面。

部分用户会使用压缩空气来吹走机身细缝中的灰尘,但压缩空气在使用时会引起制冷效果,甚至在镜头表面凝聚形成水汽,所以在使用压缩空气时需要特别注意。此外,在清洁后,应该将相机放置在干燥通风且无阳光直射的地方,待其干燥后,才可以继续使用或储存。

7. 温度对相机的影响

数码相机有严格并且局限的操作温度,不适于在寒冷环境和高温环境下进行拍摄。持续的高温会影响粘合光学透镜的粘合剂,也会影响相机内的其他部件。而在寒冷的环境下,相机也容易出现润滑剂凝固、机件运转失灵、电池效率降低等问题。因此,应该使数码相机远离热源和冷源,如暖气片及其他发热或者制冷设备,被太阳晒得炙热的汽车等都是需要远离的。

另外,如果不可避免地要身处阳光下,可以用一块有色但不是深颜色的毛巾或带有锡箔之类能够阻挡阳光的工具来避光,最好将相机包在浅色的、不掉绒毛的柔软的旧毛巾内,这样既通风又防晒,还能在一定程度上防震。如果要在寒冷的环境下使用数码相机拍摄,在低温下可能需要更多的电量来启动,同时在寒冷的环境下,电池的效率也较低,因此需要携带额外的电池,同时注意保持电池的温度。

此外,温度骤然变化对数码相机是非常有害的,特别是将相机从低温处带到高温处时,除了可能由于温度的变化产生结露现象引起潮湿甚至发生电路短路问题以外,而且会使相机出现一些压缩现象,肉眼不易看出但相机内部已经受到伤害。如果数码相机刚从温差很大的地点拿过来,比如在冬天从寒冷的室外拿到温暖的室内,或者在夏天从炎热的室外拿到有空调的室内,应该放置一会儿,等数码相机略微适应温差后再开机,否则有可能出现开机故障。

8. 数码相机的防水防潮

对于数码相机来说,潮湿是大敌之一。潮湿的环境会照相机镜头等光学部件和相机其他部位滋生霉菌或产生锈斑,而数码相机都装备着集成电路等电气设备,潮湿的环境对电气设备有较大影响,可导致数码相机的电器件发生失灵等严重问题。

如果不得不在潮湿的环境中使用数码相机,可以考虑为相机选购防水罩,在阴雨天或在湿热环境中使用数码相机以后,应该及时用干净细软的绒布轻轻地揩去沾附在相机表面的水滴或水汽,再用橡皮吹球将各部位的细缝吹一次,将相机放在干燥通风、且无阳光直射的地方,待干燥后测试相机有没有故障,再放入密封的容器内储存。

储存容器内可放置一些干燥剂,或者选购简易型的密封防潮箱。干燥剂有用完丢弃式和循环使用的两种,前者吸水后会膨胀并粉碎,后者即所谓水玻璃防潮剂,开始使用时为蓝色的,当吸水变成粉红色时即失效,可以经由晒干、台灯照射或是微波炉烤干,变回蓝色后再使用。若长期储存,密封防潮箱是不错的容器,较高级的电子防潮箱还可以控制要达到的湿度,但要注意防潮箱的湿度并不是越低越好,一般来说,最适合相机存放的湿度在40%~50%,调得太低的话,数码相机上有些零件上的润滑剂有可能会干涸。

 ## 11.5 平板电脑

平板电脑(英文为Tablet Personal Computer,简称Tablet PC、Flat PC、Tablet、Slates),是一种小型、方便携带的个人电脑,以触摸屏作为基本的输入设备。平板电脑由比尔·盖茨提出,应支持来自Intel、AMD和ARM的芯片架构,从微软提出的平板电脑概念产品上看,平板电脑就是一款无须翻盖、没有键盘、小到可放入女士手袋,但功能完整的PC。

平板式电脑集移动办公、移动商务、移动通信和移动娱乐为一体,具有手写识别和无线网络通信功能,是下一代移动办公的代表。

平板电脑按其触摸屏的不同,一般可分为电阻式触摸屏和电容式触摸屏。电阻式触摸屏一般为单点,而电容式触摸屏可分为2点触摸、5点触摸及多点触摸。随着平板电脑的普及,在功能追求上也越来越高,传统的电阻式触摸已经满足不了平板电脑的需求,特别是在商务办公要求越来越高,所以平板电脑必然需要用多点式触摸屏才能令其功能更加完善。

11.5.1 平板电脑的优势

平板电脑的最大特点是数字墨水和手写识别输入功能,以及强大的笔输入识别、语音识别、手势识别能力,且具有移动性。

(1) 平板电脑在外观上,具有与众不同的特点。有的就像一个单独的液晶显示屏,只是比一般的显示屏要厚一些,在上面配置了硬盘等必要的硬件设备。有的外观和笔记本电脑相似,但它的显示屏可以随意地旋转。

(2) 数字化笔记,平板电脑就像 PDA、掌上电脑一样,做普通的笔记本,随时记事,创建自己的文本、图表和图片。

(3) 扩展使用 PC 的方式,使用专用的"笔",在电脑上操作,使其像纸和笔的使用一样简单。同时也支持键盘和鼠标,像普通电脑一样的操作。

(4) 便携移动,它像笔记本电脑一样体积小而轻,可以随时转移它的使用场所,比台式机具有移动灵活性。

11.5.2 平板电脑的分类

按照标准,必须能够安装 X86 版本的 Windows 系统、Linux 系统或 Mac OS 系统才称得上平板电脑,但实际上像 iOS、Android 操作系统更适合平板电脑,虽然乔布斯也声称 iPad 不是平板电脑,iPad 划入手本,但在现在消费者看来,操作系统并不能决定平板电脑的定义,实用才是最重要的。以下介绍几种常见的平板电脑操作系统。

(1) iOS 系统:是由苹果公司为 iPhone 开发的操作系统,主要是给 iPhone、iPod touch 及 iPad 使用。其系统架构分为四个层次:核心操作系统层(the Core OS layer)、核心服务层(the Core Services layer)、媒体层(the Media layer)、可轻触层(the Cocoa Touch layer)。系统操作占用大概 240MB 的存储器空间。基于此操作系统的 iPad 系列平板电脑早已家喻户晓。

(2) Android 系统:是一种以 Linux 为基础的开放源代码操作系统,主要使用于便携设备。中国大陆地区较多人称其为"安卓"操作系统。Android 操作系统最初由 Andy Rubin 开发,最初主要支持手机。2005 年由 Google 收购注资,并组建开放手机联盟开发改良,逐渐扩展到平板电脑及其他领域上。

(3) Windows 系统:是一款由美国微软公司开发的窗口化操作系统。平板电脑中以 Windows 7 为主。Windows 7 的平板基本上可以理解为没有键盘鼠标,采用触屏的上网本。Windows 能装的软件基本都能装,但性能表现肯定不如普通的笔记本/台式机。另外,操作系统没有为触摸使用优化,也很少有专为触屏设计的应用,使用上不是很方便。

11.5.3 iPad 平板电脑简介

iPad 是苹果公司于 2010 年发布的一款平板电脑,2011 年 9 月推出 iPad 2,同期推出了 3G 版 iPad 2,2012 年 3 月苹果公司在美国芳草地艺术中心发布第三代 iPad。苹果第三代 iPad 定名为"全新 iPad"。

iPad 定位介于苹果的智能手机 iPhone 和笔记本电脑产品之间,通体只有四个按键,与 iPhone 布局一样,提供浏览互联网、收发电子邮件、观看电子书、播放音频或视频等功能,

iPad 有一个 9.7 英寸的 IPS 显示器,厚度为 0.5 英寸,重量为 1.5 磅。iPad 2 使用了苹果公司自家的 Apple A5 双核 1GHz 处理芯片。iPad 也支持多点触控,内置 16GB～64GB 的闪存。电池可提供 10 小时的续航使用时间,以及最长达一个月的待机能力。通信能力方面,iPad 支持 WiFi 802.11n 规格的无线网络,以及蓝牙(Bluetooth)2.1,iPad 亦具备内置 3G 模块的版本。另外,iPad 同时内置动态感应器、电子罗盘、喇叭、麦克风。3G 版本的 iPad 更具备 GPS 模块,可以提供更精准和快速的导航。由于 iPad 与 iPhone 采用同样的操作系统 iPhone OS,因此可直接运行所有 iPhone 的应用程序,推出时并没有支持 Adobe Flash。iPad 分为支持 WiFi 和支持 WiFi+3G 两个版本,有 16GB、32GB 和 64GB 三种容量大小。

1. iPad 的外形和界面

图 11-8 为 iPad 外观图,各键功能如下。

(1) 睡眠/唤醒按钮:如果未在使用 iPad,则可以通过将其置于睡眠状态来锁定它。如果已锁定 iPad,则在触摸屏幕时,不会有任何反应,但是音乐仍会继续播放并且可以使用音量按钮。

锁定 iPad:按下睡眠/唤醒按钮。

解锁 iPad:按下主屏幕按钮 ◻ 或睡眠/唤醒按钮,然后拖移滑块。

关闭 iPad:按住睡眠/唤醒按钮几秒钟,直到屏幕上出现红色滑块,然后拖移滑块。

打开 iPad:按住睡眠/唤醒按钮数秒,直到屏幕上出现 Apple 标志。

如果有一两分钟未触摸屏幕,则 iPad 会自动锁定。

(2) 音量按钮:使用音量按钮来调整歌曲和其他媒体的音频音量,以及提醒和声音效果的音量。

调高音量:按下"调高音量"按钮。若要设定音乐和其他媒体的音量限制,在"设置"中选取"iPod"→"音量限制"。

调低音量:按下"调低音量"按钮。

静音:按住"调低音量"按钮以使音频或视频回放静音。

不显示通知和声音效果:向下滑动"侧边开关"以使通知和声音效果静音。

(3) 主屏幕:随时按下主屏幕按钮 ◻ 以返回到主屏幕,该屏幕包含 iPad 应用程序。轻按任一图标,即可打开该应用程序。

(4) 状态图标:屏幕顶部状态栏中的图标提供有关 iPad 的信息。

✈ 飞行模式,显示飞行模式已打开,这表示不能访问互联网,也不能使用 Bluetooth 设备,但可以使用非无线功能。

3G 3G,显示运营商的 3G 网络(4G 或 3G 机型)是可用的,并且可以通过 3G 接入互联网。

E E,显示运营商的 EDGE 网络(某些 4G 或 3G 机型)是可用的,并且可以通过 EDGE 接入互联网。

O GPRS,显示运营商的 GPRS 网络(某些 4G 或 3G 机型)是可用的,并且可以通过 GPRS 接入互联网。

📶 无线局域网,显示 iPad 具备无线局域网互联网连接。信号格数越多,则信号越强。

☼ 活动,显示网络和其他活动。某些第三方应用程序也可能使用此图标来表示活跃的进程。

VPN VPN,显示已使用 VPN 接入网络。

🔒 锁,显示 iPad 已锁定。

🔄 屏幕方向锁,显示屏幕方向已锁定

▶ 播放,显示正在播放歌曲、有声读物或 Podcast。

✳ 蓝牙。白色图标:蓝牙已打开,并且诸如耳机或键盘之类的设备已连接;灰色图标:蓝牙已打开,但没有连接设备;无图标:蓝牙已关闭。

🔋 电池,显示电池电量或充电。

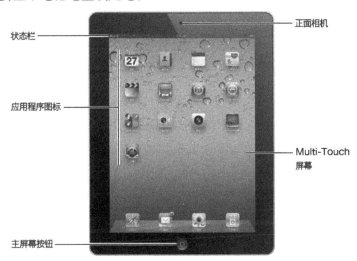

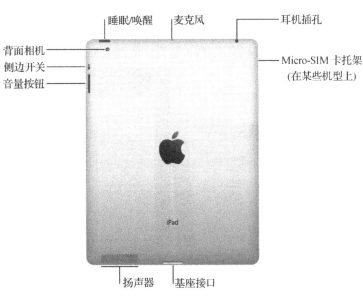

图 11-8　iPad 外观图

2. 全新 iPad 主要参数

系统:Apple iOS 操作系统,iOS 5.1

处理器:Apple A5X（双核 CPU + 四核 GPU,CPU 主频为 1GHz）

尺寸:241.2 mm×185.7 mm×8.8 mm

重量:约 0.6~0.65kg

显示屏:9.7 英寸（对角线）LED 背光镜面宽屏幕

屏幕分辨率:2048×1536

WiFi 功能：支持 802.11a/b/g/n/ac 无线协议

4G 功能:支持 LTE、HSPA+、WCDMA、CDMA2000EVDO、GSM、CDMA 网络

容量:16GB/32GB/64GB

存贮介质:闪存

摄像头:前置 30 万像素,后置 500 万 iSight 摄像头

11.5.4　iPad 平板电脑在商务办公中的运用

iPad 支持安全地访问办公网络、目录及 Microsoft Exchange,因此可随时在工作中使用。

1. 商务办公的新装备

iPad 是与同事合作、交流和展示演示文稿,以及访问、制作与共享商务信息的绝佳途径。通过宽大的高分辨率显示屏,用户可以前所未有的视觉效果观看工作内容。iPad 轻、薄得令人难以置信,按一下按钮即可瞬间开启并访问,因此工作几乎总是触手可及。

2. 一开箱,即可投入工作

iPad 的 Multi-Touch 屏幕极为精确、灵敏,用户动动手指就能工作,几乎无须任何培训或技术支持。iPad 拥有长达 10 小时的电池使用时间,时时处于待命状态,便于用户随时上手使用。

iPad 预装有 Mail、日历、通讯录、Maps、备忘录和 Safari 等一套出色的应用软件（图 11-9）。在 Mail 中,用户可以快速翻阅邮件、轻点即可回复、双指开合可以调整附件大小,利用 Maps 找到路线并在本地区域进行探索,可以使用备忘录在会议上记录并分享观点。iPad 的 Safari 网页浏览器将互联网放入商务用户的手中,无论是公共新闻、商业网站,还是受保护的内部网页,统统一网打尽,iPad 是天生的高效商务伙伴。

图 11-9　预装办公应用软件的 iPad

3. 与商务整合

iPad 与 Microsoft Exchange、Lotus Domino 和基于多种标准的消息传送环境相整合,开箱即可为用户提供推送电子邮件、日历和通讯录功能。iPad 还支持最常见的企业 VPN 和 WLAN 协议,可以安全访问公司网络。

iPad 可以对整个设备进行加密,并支持密码和其他远程管理政策,从而保证其数据安全。通过 iPad 的全球 3G 网络覆盖,用户即使在最偏远的地区,也能进行工作和交流。

4. 几乎无所不能的强劲平台

有了 iPad,App Store 中成千上万的商务应用软件可任意选择,从而帮助整体掌握工作情况。跟踪重要的商业指标、远程阅读并修订合同、审阅并管理销售计划书、筹备旅行计划等工作,只要轻点手指就能全部办妥。

还可以打造个性化应用软件,以满足公司的特定需求,例如文档管理工作流程、会计和审批程序,及财务数据跟踪。加入 Apple iOS Developer Enterprise Program,让开发团队获得所需的全部工具,用以开发、设计和部署专有的、内部用的 iPad 应用软件。

5. Office 文档处理

在 iPad 上,用户可以查看并编辑诸如 Microsoft Office 和 iWork 文件之类的 Office 文档。还可以从零开始制作美观的演示文稿、复杂的电子表格、分析 PDF 及访问公司网络上的重要文件,并将最重要的文档保存在 iPad 上。

6. 告别夹纸板和活页夹

iPad 可随身携带。它拥有强大的应用软件,可改变传统的纸张工作流程,以改进记录和管理关键业务信息的方式。从操作经理到调查员,从物流主管到技术人员,iPad 能够帮助工作人员注册、处理并共享信息,如图 11-10 所示。

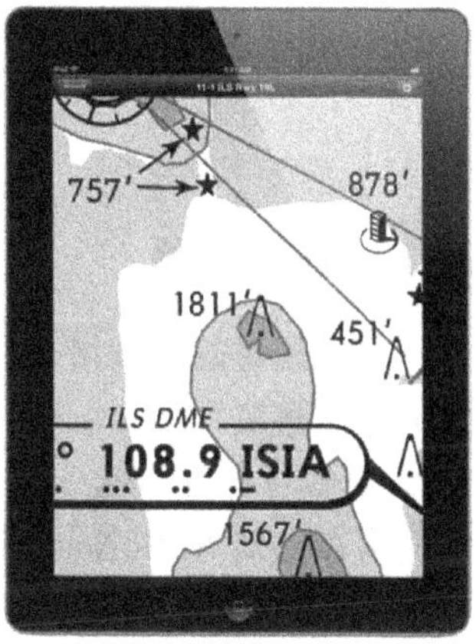

7. 以全新视角查看业务

图 11-10　iPad 的手写板功能

iPad 可提供业务情报资料,不仅可供访问,还是可见、可操作的。浏览财经图表和示意图,缩放查看特定数据组,轻点管理关键性能指标,更好的访问信息意味着更好地做出决定。

8. 精彩想法,无一遗漏

灵感来临时,可以使用 iPad 捕捉、记录并共享。模拟网站、草拟流程图、设计格式自由图表及记录语音备忘录。iPad 应用软件可随时随地记录思想和灵感,这样,用户将不再为找不到记录或记事本而烦恼了。iPad 将最好的构想随身携带。

9. 在办公室外,照样办公

离开办公室时,不论身在其他城市还是其他国家,iPad 均可让你保持连接、了解业务进度并掌握情况。

访问 Mac 或 PC 快速预览信息或文档。与同事出席在线会议,并实现 VoIP 连接。跟踪待办事项、管理备忘录和媒体、随时随地指派任务和提醒。还可以使用 iPad 制作并交付效果惊人的演示文稿。

10. 为医疗带来创新

iPad 有助于为医疗体制带来革新。应用软件可让医生安全地连接到医院的电子医疗记录,并管理电子处方。内科医生可以使用 iPad 与患者交流并提供指导,医科学生和其他医学专家可以按照需要随时查看全天的课程表和其他课程信息。

拥有一系列精彩的医疗和健康应用软件,iPad 为各路医护人员提供了一个与患者交流的理想平台。

11. IT 一路相随

iPad 应用软件可以显示丰富的 IT 信息,访问远程桌面及管理服务器和网络资源。可以迅速浏览 IT 架构的状态(图11-11),访问办公室电脑和移动设备,发现并解决 IT 故障。

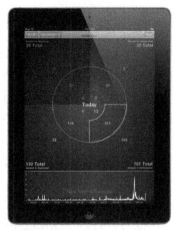

图 11-11　iPad IT 架构的状态

 11.6　其他办公设备

11.6.1　网络存储器

随着数据量的持续增长和数据的安全性的要求,企业需要的是安全、可靠、易于管理的高性能存储解决方案。

1. 网络存储器功能

网络存储器 NAS(Network Attached Storage,网络附着存储,见图 11-12)即将存储设备通过标准的网络拓扑结构(例如,以太网)连接到一群计算机上。NAS 是部件级的存储方法,它的重点在于帮助解决迅速增加存储容量的需求。它就像一台只有存储功能的终端,独立地工作,里面带有固定的系统,但可以自己设置部分参数功能,可以接入服务器或者电脑进行设置,网络存储服务器实际上就是精简的、小型化的服务器,同样由主板、CPU、内存、网络芯片等组成,虽然它是从服务器的基础上简化而来,但功能依然强大,不但可以用来做 HTTP 服务器、FTP 服务器和文件服务器,还具有完善的数据备份、网络打印机共享、用户/用户群管理功能,有的还可以自动下载 BT。

图 11-12　网络存储器

2. 网络存储器的主要应用

网络存储器 NAS 能够满足中小企业的需求,具有相当好的性能价格比。究竟哪些行业可以使用 NAS 设备呢?首先,看这个单位的核心业务是否建立在某种信息系统上,对数据的安全性要求是否很高;其次,看该信息系统是否已经有或者将会有海量的数据需要保存,并且对数据管理程度要求较高;最后,还需要判断网络中是否有异构平台,或者以后会不会用到。如果上述有一个问题的答案是肯定的,那么就有必要重点考虑使用NAS设备。

现代企事业单位的管理和运作是离不开计算机和局域网的,企业在利用网络进行日常办公管理和运作时,将产生日常办公文件、图纸文件、ERP等企业业务数据资料及个人的许多文档资料。传统的内部局域网内一般都没有文件服务器,上述数据一般都存放在员工的电脑和服务器上,没有一个合适的设备作为其备份和存储的应用。由于个人电脑的安全级别很低,员工的安全意识参差不齐,重要资料很容易被窃取、恶意破坏或者由于硬盘故障而丢失。从对企事业单位数据存储的分析中可以看出,要使整个企事业单位内部的数据得到统一管理和安全应用,就必须有一个安全、性价比好、应用方便、管理简单的物理介质来存储和备份企业内部的数据资料。NAS网络存储服务器是一款特殊设计的文件存储和备份的服务器,它能够将网络中的数据资料合理有效、安全地管理起来,并且可以作为备份设备将数据库和其他的应用数据时时自动备份到NAS上。

11.6.2 移动存储设备

移动存储设备指便携式的数据存储装置,指带有存储介质且(一般)自身具有读写介质的功能,不需要或很少需要其他装置(例如计算机)等的协助。现代移动存储主要有移动硬盘、USB盘和各种记忆卡。

1. 移动硬盘的使用

移动硬盘(Mobile Hard Disk)顾名思义是以硬盘为存储介质,计算机之间交换大容量数据,强调便携性的存储产品。市场上绝大多数的移动硬盘都是以标准硬盘为基础的,而只有很少部分的是以微型硬盘(1.8英寸硬盘等)为基础的,但价格因素决定着主流移动硬盘还是以标准笔记本硬盘为基础。目前移动硬盘的传输接口采用了现今强调性能的主流USB 3.0接口,随着时间的推移USB 3.0接口已经获得了用户的接受,并且近期推出的新型号主板已经开始支持原先USB 3.0接口,性能比USB 2.0提升了三倍,一般都可向下兼容USB 2.0,无论性能还是适用性都已经能够满足用户的需求。主流2.5英寸品牌移动硬盘的读取速度平均达到了80MB/s～100MB/s,写入速度约为50MB/s～70MB/s。

移动硬盘在Windows 2000以上版本的操作系统中使用时,是不需要安装驱动程序的。移动硬盘使用前要保证移动硬盘与主板USB接口型号一致,如果主板USB接口型号和移动硬盘的不一致,需先更新USB驱动程序。使用移动硬盘时将移动硬盘与计算机的USB端口连接,移动硬盘面板上的电源指示灯亮起,此时,打开"我的电脑"会发现新增加一个本地硬盘盘符,然后就可以在移动硬盘上进行拷贝、修改和删除文件操作。在移动硬盘读写数据时,移动硬盘面板上的工作状态指示灯会闪烁,当读写完成后工作状态指示灯熄灭。

2. U盘的使用

U盘是USB盘的简称,U盘是闪存的一种,因此也叫闪盘。其特点是小巧便于携带、存储容量大(容量从数百兆到几G不等)、价格便宜,它利用Flash闪存芯片为存储介质,采用USB接口,使用极其方便。一般的U盘容量有128MB、256MB、512MB、1GB、2GB、4GB、8GB等。

U盘有USB接口,是USB设备。如果操作系统是Windows 2000/XP/2003/Vista/7或是苹果系统的话,可将U盘直接插到机箱前面板或后面的USB接口上,系统就会自动识别。如果系统是 Windows 98 的话,需要安装 U 盘驱动程序才能使用。驱动可从附带的光盘中或者到生产商的网站上找到。

首次使用 U 盘,系统会报告发现新硬件,稍候会提示:新硬件已经安装并可以使用了。此时打开"我的电脑",会看到多出来一个图标,称为"可移动磁盘"。经过这一步后,以后再使用 U 盘的话,插上后直接打开"我的电脑"了。此时注意,在屏幕最右下角会有一个小图标,就是 USB 设备的意思。接下来,和平时操作文件一样,可在 U 盘上保存、删除文件。

3. 使用移动硬盘和 U 盘的注意事项

移动硬盘的 USB 端口支持热插拔,不过不要随意插拔它。正确插入移动硬盘的方法是,在系统关机的情况下或者系统已经启动完毕的情况下,轻轻地将 USB 接口插入到计算机中,尽量避免在系统启动过程中或处理大容量数据信息的时候插入移动硬盘,以免造成系统 CPU 无法及时应答。对于移动硬盘的拔除操作,则更不能随意了,一定要等到移动硬盘停止工作,再双击系统任务栏中的"拔下或弹出硬件"图标,然后在其后打开的界面中,将移动硬盘选中,再单击"确定",等到屏幕提示现在可以安全拔除了,才能将移动硬盘从计算机中移走。

使用移动硬盘和 U 盘时还必须注意以下几点。

① 移动硬盘分区不宜过多:移动硬盘分区最好在 2～3 个之间,不宜过多,否则在启动移动硬盘时将会增加系统检索和使用等待的时间。

② 尽量缩短使用时间:移动硬盘和 U 盘主要作用只是用来存储和临时启用交换数据,重点只在便携,所以最好不要插在主机上长期工作,特别是直接在硬盘和 U 盘上读取文件并长时间工作,因为它不是一个本地硬盘,所以应该尽量缩短工作时间。

③ 使用完之后正常退出:移动硬盘和 U 盘接入电脑后,在系统任务栏的右下角会出现一个即插即用设备,使用后在退出前一定要关闭和移动硬盘有关的所有程序和文件窗口,单击右下角即插即用设备,左击选中要移除的移动硬盘或 U 盘,等系统出现提示可安全退出后再拔除。

④ 尽量不要使用硬盘压缩技术:当压缩卷文件逐渐增大时,硬盘的读写数据大大地减慢了。如果磁盘的容量够用,没有必要使用硬盘压缩技术。

⑤ 养成正确关机的习惯:硬盘在工作时突然关闭电源,可能会导致磁头与盘片猛烈摩擦而损坏硬盘,还会使磁头不能正确复位而造成硬盘的划伤,同样也会对移动硬盘和 U 盘造成损伤,所以关机前一定要将移动硬盘和 U 盘关闭后方可关机。

4. 移动存储设备常见故障排除

①移动硬盘或 U 盘连接电脑后无法识别。首先检查计算机主板中的 USB 端口是否被激活,在确保主板 USB 端口被激活后,再在设备管理器窗口中,双击 USB 端口控制器选项,然后进入"驱动程序"标签页面,检查一下 USB 端口控制器的驱动程序是否是最新的,如果不是最新的话,那么计算机 USB 端口标准可能就会与当前移动硬盘的 USB 接口标准不一致,从而造成移动硬盘盘符出现丢失现象。此时,可以单击"更新驱动程序"按钮,然后逐步单击"下一步"按钮,当出现提示时,最好选中"Microsoft Windows Update"选项,接着再按照提示顺利完成驱动程序的更新操作;更新之后的 USB 端口,其接口标准就可能与当前移动硬盘的 USB 接口标准一致了。

②USB 移动硬盘能被操作系统识别,但却无法打开移动硬盘所在的盘符。移动硬盘对工作电压和电流有较高的要求(+5V 最大要求 500mA),如果主板上 USB 接口供电不足,会造成上述现象。解决办法是选择带有外接电源的移动硬盘盒,或者使用带有外接电源的 USB HUB。

③移动硬盘或 U 盘无法在系统中弹出和关闭。系统中有其他程序正在访问移动存储器中的数据,从而产生对移动设备的读写操作。此时需关闭所有对移动存储设备进行操作的程序,有必要尽可能在弹出移动硬盘时关闭系统中的病毒防火墙等软件。

11.6.3 考勤机

考勤机(图 11-13)分两大类。第一类是简单打印类。打卡时,原始记录数据通过考勤机直接打印在卡片上,卡片上的记录时间即为原始的考勤信息,对初次使用者无需做任何事先的培训即可立即使用。第二类是存储类。打卡时,原始记录数据直接存储在考勤机内,然后通过计算机采集汇总,再通过软件处理,最后形成所需的考勤信息或查询或打印,其考勤信息灵活丰富,对初次使用者需做一些事先培训才能逐渐掌握其全部使用功能。

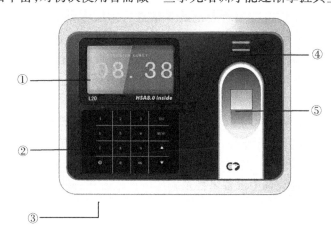

① 液晶信息显示屏 ② 键盘 ③ USB 接口 ④ 指示灯 ⑤ 指纹头

图 11-13 考勤机

1. 考勤机的种类

① 纸卡考勤设备。即考勤机内置打印设备,可以直接打印出原始考勤记录。打卡类又分电子类打卡机和机械类打卡机非接触式考勤设备。

② 磁卡考勤机。可利用计算机统计考勤数据,缺点是磁卡与磁头易损坏,适用于卫生环境较好、人员素质较高的场所(多用于门禁、银行等)。

③ 条形码考勤机。使用光电读取条形码卡号,故障率低,但卡片易伪造(专用掩股条码除外),条形码脏了后灵敏度下降并有错码。

④ 感应卡考勤机。此类考勤机考勤数据处理快,400 个员工一台,5 分钟之内可以完成;非接触读卡,卡片无磨损,无错码。

⑤ 指纹考勤机。优点是无须卡片,解决代打卡问题;缺点是考勤数据非实时上传,需要手工上传,安全性一般;指纹头要经常清洗,适用于人员较少的单位,而且指纹采集、考勤动作要规范,手指磨损、贴近角度或压力不当时,采集头很难读取指纹,轻者识别效率低,重

者识别失败。

2. 考勤的使用

新购机用户需要学习如何采集指纹,指纹采集完成后才可正常使用考勤机。

① 把考勤机通电,打开机器,使机器处于正常工作状态。

② 在考勤机操作面板上按主菜单[MENU]→[用户管理]→[用户登记]→[指纹登记],屏幕提示"新登记?",按"OK"键,这个时候要输入员工的工号,输入后按"OK"确认,此时屏幕提示"请放手指"。

③ 放手指时要注意,被采集者身体相对考勤机要站正。把从指尖开始到指肚处2/3位置非常饱满地平放在采集器玻璃片上,不要滑动手指,轻轻用力按压,听到"嘀"的一声移开手指,同样进行第2次第3次按压,按压3次为采集了一枚完整的指纹。

④ 三次按压完成后,按"OK"保存。此时屏幕提示"新登记?",可按"ESC"键,进行备份登记,每个员工可以采集至少2枚指纹,以备其中一个有磨损破裂时使用。

⑤ 备份完成后,按"OK"保存,此时屏幕提示:"继续备份吗?"如果要继续进行备份按"OK",要结束备份按"ESC",并进行下一个员工的指纹登记。

⑥ 指纹登记完成后,即可使用所登记的手指进行指纹考勤。依照采集指纹时的按压方法进行即可。按压后,屏幕显示员工的工号,并伴随有机器语音提示"谢谢"。如果按压不成功,则有语音提示"请重按手指",此时请重新按压手指或更换另一手指按压。

⑦ 在上面第6步操作中,只看到了员工的工号,没看到姓名,若要显示员工的姓名,进行以下步骤。

⑧ 在计算机上安装考勤管理系统。放入安装光盘,按屏幕提示进行安装即可。

⑨ 把考勤机和计算机进行连接。考勤机和计算机的通讯方式有RS232、RS485、TCP/IP、USB数据线4种直连方式。

⑩ 打开考勤管理系统,选中设备名称及相应的连接方式,即可连接成。

11.6.4 交互式电子白板

交互式电子白板(图11-14)可以与电脑进行信息通讯。将电子白板连接到计算机,并利用投影机将计算机上的内容投影到电子白板屏幕上,在专门的应用程序支持下,可以构造一个大屏幕、交互式的协作会议或教学环境。利用特定的定位笔代替鼠标在白板上进行操作,可以运行任何应用程序,可以对文件进行编辑、注释、保存等在计算机上利用键盘及鼠标可以实现的任何操作。交互式电子白板由硬件电子感应白板和软件白板操作系统集成。它的核心组件由电子感应白板、感应笔、计算机和投影仪组成。

交互式电子白板也支持复印,将电子白板直接与打印机连接,通过特定的白板笔进行板书,需要打印时,只需按下面板上的打印键即可实现彩色或黑白打印。还可以作为教学电子白板使用,将电子白板与计算机相连,此时的电子白板就相当于一个面积特别大的手写板,可以在上面任意书写、绘画,并即时地在计算机上显示,文件保存为图形文件。此功能一般需要一个专用的应用程序支持。如果通过特定的应用程序,交互式电子白板就可以通过网络与其他办公室、会议室进行交流,实现网络会议。交互式电子白板按原理可以分为五大类:电磁感应、红外、超声波、电阻压感、CCD等。

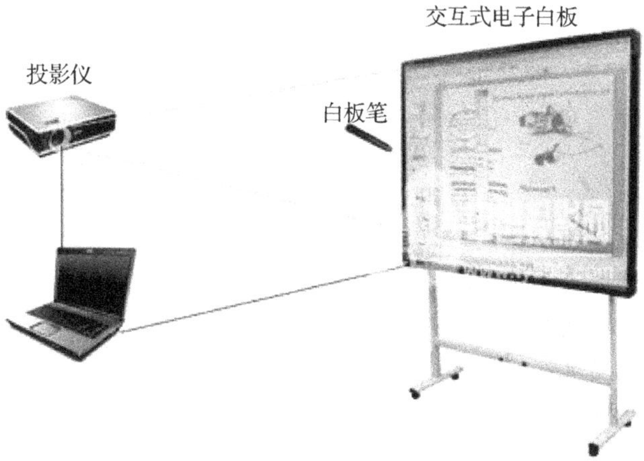

图 11-14　交互式电子白板

1. 交互式电子白板主要技术参数

① 信号传输方式：指的是电子白板与电脑系统采用何种方式进行连接。常见的接口类型有并口（也有称之为 IEEE 1284）、串口（也有称之为 RS-232 接口）和 USB 接口。

② 精确度：精确度是指经过校准后，鼠标光标尖和手写笔笔尖的重合程度。

③ 面板尺寸：是指电子白板的实际尺寸大小，单位是毫米，通常是指电子白板的长×宽。

④ 输出方式：电子白板可将白板上书写的内容通过一定的方式扫描并打印出来。打印输出的方式一般有热敏、喷墨和色带等。

2. 交互式电子白板的使用

电子白板使用需要电脑主机、投影仪、电子白板三位一体的设备环境。

首先，设备安装调整完成，物理连线连接好；第二，电脑主机安装电子白板软件，启动驱动程序，建立连接；第三，在连接程序中进行定位校准；第四，校准后就可以实现电子白板对电脑的准确控制操作，然后可以打开电子白板操作软件，就可以正常使用了。其主要使用模式是交互模式和书写模式，交互模式是指通过交互式白板用手代替计算机的鼠标在桌面上进行操作，书写模式是指利用交互式白板所提供的软件工具在计算机桌面上书写、绘画。

3. 交互式电子白板的维护

① 白板在使用过程中，除了专用的笔或者书写工具之外，最好别让任何东西与白板接触。

② 为了保证板面良好的显示效果，板面需要经常进行清洗。如果电子白板使用频繁，最好一周左右清洁一次，这样能保持最佳的清晰度。在对电子白板面板进行清洁之前，交互式电子白板首先应退出系统。因为当计算机处于其他状态（比如，某程序打开或是在桌面上）时触摸屏幕，对屏幕施压会激活程序或弄乱图标。退出系统后，将投影仪转入待机模式，这样能更容易地显示出污渍与条纹。移动电子白板时，不能碰触屏幕或对白板进行擦拭。

③ 通常情况下不要让书写物长时间留在板面上，这样字迹不容易清除干净。而且特别要注意的是，电子白板在使用的过程中，不能使用油性彩笔在电子白板上书写！万一出现这种情况，必须立即用脱脂棉蘸酒精轻轻地擦拭电子白板的板面。

习题 11

一、简答题

1. 简述办公自动化设备的分类。
2. 多功能一体机有哪些主要技术参数?
3. 多功能一体机的维护主要包括哪几个方面?
4. 什么是数码单反照相机?
5. 简述网络存储器的作用。
6. 什么是网络存储器?使用网络存储器有哪些优点?
7. 平板电脑在办公过程中有哪些运用?
8. 用数码照相机拍摄照片时,如果拍摄出的照片不清晰,可能是哪些原因造成的?应如何处理?
9. 什么是交互式电子白板?
10. 考勤机的分类有哪些?

主要参考文献

1. 刘勇生. 办公自动化实用教程. 北京:电子工业出版社,2006.
2. 周贺来. 办公自动化实用教程. 北京:高等教育出版社,2008.
3. 丛书编委会. 计算机办公软件应用实践教程. 北京:清华大学出版社,2005.
4. 黎文锋. Word + Excel + PowerPoint 在商务办公中的应用. 北京:电子工业出版社,2005.
5. 顾浩,娜日. 计算机应用基础. 北京:高等教育出版社,2007.
6. 杨小平. 计算机应用基础中级教程. 北京:清华大学出版社,2006.
7. 郭伟刚. 计算机应用基础教程. 北京:电子工业出版社,2003.
8. 顾浩,娜日. 计算机应用基础. 北京:高等教育出版社,2007.
9. 杨小平. 计算机应用基础中级教程. 北京:清华大学出版社,2006.
10. 郭伟刚. 计算机应用基础教程. 北京:电子工业出版社,2003.
11. 陈明. 多媒体技术及应用. 北京:清华大学出版社,2006.
12. 方其桂. 多媒体 CAI 课件制作实例教程. 北京:清华大学出版社,2011.

主要参考网站

1. 办公自动化精品课程网站
   http://jpkc.sdyu.edu.cn/jpkc/2009/yj/bgzdh/index.htm
2. 办公自动化管理
   http://www.tszz.com/bangongzidonghua/04/0401.htm
3. 江苏省高校多媒体教学资源网
   http://cc.njnu.edu.cn/
4. 苹果网
   http://www.apple.com.cn/
5. 百度
   http://www.baidu.com/